古典文獻研究輯刊

三三編

潘美月・杜潔祥 主編

第 35 冊

敦煌醫方整理研究

王 杏 林 著

國家圖書館出版品預行編目資料

敦煌醫方整理研究／王杏林 著 -- 初版 -- 新北市：花木蘭文
化事業有限公司，2021〔民110〕
目 2+260 面；19×26 公分
（古典文獻研究輯刊 三三編；第 35 冊）
ISBN 978-986-518-651-7（精裝）
1. 敦煌學 2. 方書 3. 注釋
011.08   110012113

ISBN-978-986-518-651-7

9 789865 186517

古典文獻研究輯刊
三三編　第三五冊　　　　　　　　ISBN：978-986-518-651-7

敦煌醫方整理研究

作　　者	王杏林
主　　編	潘美月、杜潔祥
總 編 輯	杜潔祥
副總編輯	楊嘉樂
編　　輯	許郁翎、張雅淋、潘玟靜　美術編輯　陳逸婷
出　　版	花木蘭文化事業有限公司
發 行 人	高小娟
聯絡地址	235 新北市中和區中安街七二號十三樓
	電話：02-2923-1455 ／傳真：02-2923-1452
網　　址	http://www.huamulan.tw 信箱 service@huamulans.com
印　　刷	普羅文化出版廣告事業
初　　版	2021 年 9 月
全書字數	187180 字
定　　價	三三編 36 冊（精裝）台幣 90,000 元

敦煌醫方整理研究

王杏林 著

作者簡介

王杏林，浙江紹興人，浙江大學古籍研究所博士，現為浙江師範大學講師。曾出版《敦煌針灸文獻研究》一書，發表《S.202〈傷寒論〉寫本校證》、《關於俄藏敦煌文獻 Дх.02683、Дх.11074 殘片的定名》、《跋敦煌本〈黃帝明堂經〉》、《敦煌本〈灸經圖〉的整理及其學術價值研究》、《敦煌本備急單驗藥方〔並序〕考釋》等論文。

提　　要

　　本書以敦煌醫學文獻中的醫方寫卷為研究對象，從寫卷文本入手，展開詳細的整理和考證工作，挖掘其中的文獻學價值和醫學價值。

　　本書分為兩個部分。緒論部分為研究綜述，梳理了敦煌醫方文獻的概況及近百年來的研究現狀，歸納了敦煌醫方文獻的時代和地域特徵，挖掘其獨特的價值；論述了敦煌寫卷在輯佚、校勘、文字學、版本學等方面的文獻學價值以及對於醫學研究的重要性；同時從祝由方出發，探討敦煌醫方文獻背後的民俗學價值。

　　因寫卷大多破損零碎，許多字跡模糊難辨，所以本書的校注部分則按卷整理，盡最大可能還原寫卷原貌，同時展開嚴謹的考證工作。在正確錄文的基礎上，完善每一號寫卷的定名；介紹寫卷的基本情況，包括內容的起迄、完缺情況和所存行數；考察寫卷的抄寫時代，為敦煌寫本學的研究提供材料；對部分醫方殘片進行綴合；將敦煌醫方文獻與傳世本進行比勘，糾正傳世本的訛誤脫漏，在吸收前人研究成果的基礎上，提出新的見解，指出敦煌醫方文獻在校勘上的價值。

浙江省社科規劃課題成果
項目編號：18NDJC266YB

目次

凡 例

一、收錄範圍

　　本書收錄的寫卷為敦煌藏經洞漢文醫方文獻，非漢文醫方寫卷，不在本書收錄範圍。

二、編排次序

　　本書的編排次序，按英藏、法藏、俄藏、中國國家圖書館藏、李盛鐸《敦煌秘籍》、天理大學館藏順序排列。

三、編號縮寫

　　S.　　英國國家圖書館藏敦煌漢文寫本斯坦因編號

　　P.　　法國國家圖書館藏敦煌漢文寫本伯希和編號

　　P.t.　法國國家圖書館藏敦煌藏文寫本伯希和編號

　　Дx.　俄羅斯科學院東方研究所聖彼得堡分所藏敦煌漢文寫本敦煌編號

　　Ф.　　俄羅斯科學院東方研究所聖彼得堡分所藏敦煌漢文寫本弗魯格編號

　　BD　　中國國家圖書館藏敦煌漢文寫本北敦編號

　　羽　　李盛鐸《敦煌秘籍》編號

四、定名

　　本書關於寫卷定名依據以下原則：敦煌所見各醫方寫卷未在歷代書目中有明確記載，因此，有題名的，依題名定名；沒有題名的，統一定名醫方，並在（　）後注明醫方主要內容，並注明寫卷編號，便於查對。

五、寫卷形態介紹

　　本書僅記錄寫卷內容的起訖、完缺情況、所存行數，部分寫卷有外觀資料描述。關於行數之統計，將首題尾題皆列入總數。

六、寫卷綴合

若該號寫卷可與其他號寫卷為一卷而斷裂者，則證明並綴合之。寫卷之間以「＋」表示，若寫卷之間仍有殘缺，不能直接綴合者，以「？」表示中間殘缺部分。

七、注釋

本書採用頁下注形式，為避免繁複，凡所引用之著作，只標書名及頁碼，其出版項統一在文後「參考文獻」中標出。

八、書名簡稱

《英藏敦煌文獻（漢文佛經以外部分）》，簡稱：《英藏》。

《法藏敦煌西域文獻》，簡稱：《法藏》。

《俄藏敦煌文獻》，簡稱：《俄藏》。

黃永武《敦煌遺書最新目錄》，簡稱：黃目。

劉銘恕《斯坦因劫經錄》，載《敦煌遺書總目索引》，簡稱：劉目。

王重民《伯希和劫經錄》，載《敦煌遺書總目索引》，簡稱：王目。

施萍婷《敦煌遺書總目索引新編》，簡稱：施目。

許慎《說文解字》，簡稱：《說文》

九、錄文體例

原卷缺字用「□」號表示，缺幾字用幾個「□」，不能確定者用長條的「▭」形符號表示（占三格），上部殘缺時用「⌐⌐」號，下部殘缺時用「⌐⌐」號，模糊不清無法錄出者用「▨」號表示。如原卷本身有脫字，脫字據上下文或文義補出時外加［ ］號。部分異體字未出校記的，直接在該字後用（ ）注明本字。

緒　論

一

　　敦煌莫高窟出土了大量醫學文獻，其中有醫方殘卷五十餘種，抄有內科、外科、婦科、產科、小兒等各科療治之法，也包括了一些雜症之方、偏方、房中方以及道家、佛家方書等，為中醫方劑學研究提供了新的文獻材料，大部分寫卷及所載醫方，未見傳世，於醫學研究有著極大的文獻價值與醫學價值。

（一）輯佚價值
1. 可補歷代書目闕載之方書

　　敦煌醫方文獻，除個別方書可據首題定名之外，大多為失名方書，書名難以考證。可據首題明確書名的，數量非常之少，然而也未見著歷代書目記載，如在 S.9987B₂V 殘卷上，有首題「（救）急單驗藥方卷并序」，S.9987B₂V 和 S.3395A、S.9987A、S.3347A、S.3347B 為同一卷子的不同殘片，部分可相綴合，拼接之後的順序為 S.9987B₂V ＋ ？ ＋S.3395A＋S.9987A＋S.3347A＋S.3347B，故諸家皆以此首題將綴合後的卷子名之曰《（備）〔註1〕急單驗藥方并序》；在 P.3378V 卷上，有首題「雜療病藥方」，S.6177V 與此卷可綴合，綴合後的寫卷順序為 P.3378V＋S.6177V，可據 P.3378V 首題將寫卷名之曰《雜療病藥方》；P.2635V，首題「王宗無忌單方」，也可據之定名為《王宗無忌單

〔註 1〕因首字殘缺，諸家皆定名為《（備）急單驗藥方并序》，寫卷此字只殘存右下角殘畫，根據殘缺筆劃，當是捺筆，而「備」之俗寫「俻」右下角為「田」，故從寫卷序文之內容與殘缺之筆劃來看，定名為《（救）急單驗藥方并序》比較妥當。

方》。此三書雖有名可尋，然均未見著記載，可補書目之闕載。

　　寫卷 S.4329V 有「洗面⊘（藥澡）方」，其方如下：豬胰五具，畢豆一升，皂莢三挺，蔞蕪。右件四物，和擣為散，旦起少許和水洗手面，白如素。後有「皇甫方」三字。此方亦可見於《備急千金要方》，則其產生的時代為唐孫思邈以前，或為晉皇甫謐之作。皇甫謐有《針灸甲乙經》傳世，史志中有「皇甫謐、曹歙《論寒食散方》二卷，亡」的記載，此方雖與寒食散並無關聯，但或為皇甫謐之失載醫書未為可知。

　　敦煌醫方寫卷中有三個殘片，P.3731、P.2565 和 P.2662，字體、款式、體例均相同，部分醫方後以小字抄有醫家姓名或出處，如胡爽、蘇楚、韋慈藏、張文仲、僧深方等，學者多以《唐人選方》名之。其中抄自胡爽方有 4 首，一首殘缺較多，只存服食之法和禁忌；一首抄自《僧深方》，主治病證和藥劑均殘，只存製藥方法和服食之法；一首為桃花散，「療腳氣兩煩疼，惑（或）時微腫，膀胱間有水及心膈積淡等患」；一首為「主孩兒冷利，下水穀白色，食不銷等」；醫方涉及內容較廣，屬綜合性方書。抄自張文仲方有三，一方僅存方劑，缺少證治，一方為石龍芮丸，「主上熱下冷，脾胃氣不足，不多銷食，縱食無味，不長肌膚」，一種為「療黃，身體黃，唯心下硬者方」4 首；韋慈藏方二，為四時常服方、常服補益方；蘇楚有令人省睡方一首。

　　根據《舊唐書·蘇世長傳》的記載，張文仲和韋慈藏為當時的御醫〔註2〕，曾為蘇世長之子蘇良嗣看病。張文仲著有《隨身備急方》三卷〔註3〕，韋慈藏有藥王之稱，但未有作品存世。胡爽、蘇楚二人，未見醫籍記載，應該也是同時代醫者。寫卷所抄錄的這些醫方，可為輯錄唐代醫籍提供寶貴的資料。

　　2. 新增許多失載佚方

　　敦煌寫卷 S.1467 抄有十八方，其中大多可在存世醫籍諸如《備急千金要方》等中找到相類似的內容，但第十二方「治風耶驚狂及風癲、風痙諸方」則未見相關記載。此方以丹雄雞湯治諸風歷藏、耶（邪）氣恍忽、悲傷不樂、憙（喜）怒無常，取三歲丹雄雞一頭、虵（蛇）蛻皮一枚等十七物，煎湯服之，可安神定志。而據《千金方》卷二十六「食志方」中的記載，「丹雄雞肉，味甘微溫無毒，主女人崩中漏下赤白帶，補虛溫中」〔註4〕，未見具體療病之

〔註2〕《舊唐書》第 8 冊，2630 頁。
〔註3〕《新唐書》第 5 冊，1573 頁。
〔註4〕《備急千金要方》，474 頁。

方；《千金翼方》卷三「本草中」關於丹雄雞的記載則是「味甘，微溫，微寒，無毒。主女人崩中漏下赤白沃，補虛溫中，止血久傷乏瘡，通神，殺毒，辟不祥」〔註5〕，可製成燓火丸，可辟諸疾病，惡氣百鬼等。此與《醫心方》辟諸兵刃、虎野狼、盜賊及諸邪之入軍丸相類似，均有辟不祥之功效。《肘後備急方》則以丹雄雞冠血救卒中惡死，《外臺秘要》有以丹雄雞血治小兒驚啼之方，《聖濟總錄》有以丹雄雞血治小兒腦長囟不合，或治妊娠養胎藏及治胎漏下備，心煩口乾等方。諸方書中均未見以丹雄雞作湯藥，療風耶（邪）驚狂及風癲、風瘴諸症，是為失載之方，可據敦煌寫卷補之。

S.4329V 有面膏方一首，其方曰：□（白）蠶二分，生礜石一分，白石脂一分，杏仁半兩。□□（右件）四味搗篩，和雞子白，夜臥以塗面上。□✂（旦起）以井華水洗之。老之與少同年，色□異也。後有小字注曰「樊佛奴」。樊佛奴在敦煌社會文書 S.4037V 中為春座局席承辦人，「坐社局席」泛指社日聚會飲宴，《肘後備急方》卷五有「不用藥方，療頹必差方」，就於百姓間坐社處進行〔註6〕。此外，此人名亦可見於住田智兒藏《金剛經贊》，有如下題記：「丁卯年三月十一日三界寺學士郎樊佛奴請金剛贊記」，學士郎為敦煌寺學學生〔註7〕。

丹波元胤《中國醫籍考》卷二十一「明堂經脈」記有《崔氏知悌骨蒸病灸方》，已亡佚。其自序曰：「骨蒸病者，亦名傳屍，亦謂殗殜，亦稱伏連。」〔註8〕《外臺秘要》卷十三「灸骨蒸法圖四首」小注抄於「崔氏別錄灸骨蒸方圖並序」，亦有引用此句，敦煌寫卷 S.1467V 有「療伏連傳屍，骨蒸殗殜。此惣（總）是一病，恐人不識，具其名，比來服此方者，但得好藥，効（效）驗十不失一」的論述，其後所載之方未見於《外臺秘要》「灸骨蒸法圖四首」篇中，當屬《外臺秘要》未抄錄之來源於崔知悌所著《骨蒸病灸方》〔註9〕。

寫卷 S.4329 抄錄的多為薰衣、美容類諸方。其中一首薰衣香方，曰「沉香一斤，甲香九兩，丁香九兩，麝香一✂（兩），甘松香一兩，薰陸香一兩，

〔註5〕《千金翼方》，44 頁。

〔註6〕《敦煌社會經濟文獻詞語論考》，568～571 頁。

〔註7〕《敦煌本〈證道歌〉再探討》，《敦煌學輯刊》，2016 年第 4 期，31 頁。

〔註8〕《中國醫籍考》，316 頁。

〔註9〕丹波元胤稱此書宋志作《勞灸法》、《外臺》作《崔氏別錄骨蒸方圖》，然《新唐志》此書只一卷，《外臺》云出第七卷中，那麼《外臺》所引應該是崔行功的《纂要方》十卷。同時丹波元胤在《纂要方》中考證崔行功即崔悌（《中國醫籍考》，316、693 頁）。

白檀香一兩。右件七味搗碎，然後取蘇（酥）一兩半和令相著，蜜和之」。P.3877 亦有薰衣香方一則，曰「沉香一斤，欒香、薰陸各三兩，安悉、霍香、詹唐，雀頭各一兩二分，甲香、青木各五分，零陵、艾納、鬱金各三分」，其後殘泐不可見。此二方與傳世醫書所載之薰衣香方所用香料均有出入，S.4329 薰衣香方有七味香料，與酥相和而用，P.3877 則有十二味（或更多）香料。而現存方書中，《千金方》所載薰衣香方，有「零陵香、丁香、青桂皮、青木香、雞骨煎香、鬱金香、楓香各三兩，薰陸香、蘇合香、甘松香、甲香各二兩，沉水香五兩，雀頭香、白檀香、安息香、艾納香、藿香各一兩，麝香半兩」，共計十八味，《千金翼方》中只有「薰陸香捌兩，藿香、覽採各三兩，甲香貳兩，詹糖伍兩，青桂皮伍兩」六味，《外臺秘要》所載薰衣方較多，有六味、七味、八味三種方劑，其七味之方所用香料中有「勃香、蘇合香」兩種與 S.4329 之「甘松香、薰陸香」不同。

姜伯勤在《敦煌吐魯番文書與絲綢之路》中說道，「此類香藥方亦見於唐代韓鄂著《四時纂要》，其中有薰衣方，略謂：薰衣香方甚眾，此最妙。沉香一斤，崑崙者甲香二兩半，蘇合香一兩半，白檀香屑、丁香各一兩，麝香半兩。（後略）此方與 S.4329 號文書所記《薰衣香方》之第一方大致相同。敦煌此方中之甘松香、薰陸香和白檀香均產自印度」〔註10〕。然而《四時纂要》中僅有六方，且有一方（蘇合香）與 S.4329 所抄亦不相同，製香之方法較之 S.4329 也相對繁雜許多，應該不是同一方。因此，敦煌寫卷中抄錄的兩個薰衣香方，皆為失載之方。

3. 可補存世醫方失載之內容

寫卷 S.4433 抄有關於婦人妊娠三月之禁忌，有如下記載，「妊娠三月，不得面向南澆沐，令□胎不安，向東亦然。不得兩鏡相照，令兒到產。向南小令兒瘡瘂。六畜心肉，令兒不聰明。星辰下行交，令兒無目耳聾。□□食干薑令聖。」《醫心方》卷二十二「妊婦修身法第二」中有相關記載：「孕婦三月不得南向洗浴，胎不安。孕婦三月不得兩鏡相照，令兒倒產。孕婦三月不得南向小便，令兒瘡瘂。婦人任身不得食六畜肉，令兒不聰明。」〔註11〕比 S.4433 少了「星辰下行交，令兒無目耳聾。□□食干薑令聖」兩條，可據補。

《千金方》有「治頭中風癢白屑生髮膏方」，《外臺秘要》引《集驗方》有

〔註10〕《敦煌吐魯番文書與絲綢之路》，136 頁。
〔註11〕《醫心方》，492 頁。

「療頭風癢白屑風頭長髮膏方」，二方療治病證略有差異，用藥與用法基本相同，當為同一方。敦煌寫卷 S.1467 有「治頭中風癢白屑風頭長髮生髮膏方」，其用藥與用法與上二書所抄也基本相同，則《千金方》與《外臺秘要》在抄錄此方時有所闕如，可據 S.1467 補。

（二）校勘價值

敦煌醫方的出現，可糾正傳世醫方之誤。如敦煌寫卷有「療失音不語」方，可取「苽子」熬煮，敦煌寫卷《（救）急單驗藥方》作「苽」，P.3596V 則作「芥」。《證類本草》中「芥」與「苽」的藥性不同，芥主除腎邪氣，利九竅，明耳目；瓜（案亦作苽）子則主令人說（悅）澤，好顏色，益氣不饑〔註12〕。此方療失音不語，當通九竅之「喉」，作「芥」是。存世醫籍《肘後備急方》治卒不得語方作「苽子」，而《外臺秘要》引《肘後方》則作「芥子」，並注「范汪千金同」〔註13〕，說明王燾所見《肘後備急方》、《范汪方》以及《千金方》均作「芥子」，而《肘後備急方》在傳抄過程中將「芥」誤抄作「苽」。敦煌寫卷抄錄的此方，可以糾正傳世本《肘後備急方》之誤。

P.3877P-A「療宍（肉）虛病諸方」下有「宍虛，坐不安席，好動，主胃病，寒氣所加，五枳酒方」。此處「胃」字，《千金方》作「脾」，《千金方》卷四十八「脾藏方」有云：「肉虛實之應主於脾，若其腑臟有病，從肉生熱則應臟，寒則應腑。」此主寒氣，當應腑，作「胃」是，《醫心方》與敦煌寫卷所抄相同，亦可為一證。

同卷療髓實諸病方中有柴胡發洩湯，「柴胡三兩，升麻三兩，黃芩三兩，澤寫四兩，細辛三兩，枳實三兩，支子人三兩，生地黃切一升，芒消三兩，淡竹葉切一升，九物以水九升」，「九物」二字，《千金方》作「右十味㕮咀」，《醫心方》作「凡十物」。此方雖共有十味，因「芒消」後下，則當為九味藥先煮去滓，寫卷作「九物」是。

當然，敦煌寫卷在抄錄的過程中，也會出現一些錯誤，如 S.1467「生髮方」製作方法中，「漬藥二宿」，《千金方》作「漬藥一宿」。後有「明旦以馬鬐膏等微微火煎」，則此處當是一宿，寫卷誤。再如「治百病鼉魚甲湯方，主治取氣」，《千金方》「取」作「邪」。「取」當是「耶」之形誤，「耶」與「邪」同。

〔註12〕《證類本草》，1033、1030 頁。
〔註13〕《外臺秘要》，388 頁。

（三）文字學價值

敦煌醫方文獻中保留了大量的俗字，為文字學研究提供了豐富的例證。

在醫方的抄錄中，省旁是常見之現象，如茯苓作伏令或伏苓，薯蕷作署預，石楠草作石南草，藿香作霍香，牡蠣作牡厲等等。敦煌寫卷《（救）急單驗藥方》有「療利積年出無禁止方」之又方：小豆一升，責（煮）令爛。並少汁盛，內蝎三兩，待消盡，頓服，驗。「蝎」，《醫心方》引《僧深方》作「蠍」。案：《干祿字書》：「蠍、蠟，上蠟祭，下蜜，俗字從葛，非也。」〔註14〕《說文》有「蠍」無「蠟」，是作「蠍」為正字，「蠟」為後起換旁借字。下文「療霍亂方」有「溫酒三升，蠚如彈丸，著酒中頓服之，無蠚以鹽一匙⊠（替）處亦得」，字又作「蠚」。《龍龕手鏡・蟲部》：「蠚，俗；蠍，正。」〔註15〕《說文・蟲部》：「蝎，蝤蠐也。」〔註16〕於義不通，則「蝎」當是「蠚」之省。

第二種為換旁俗寫，如寫卷 P.3596 有「療賊風入身，角弓反張，口禁不語及產婦人中風方」之又方：「有傷處風入，取椒一合，麵裏作䴾䴺，燒令熟，以物剌（刺）作孔，動風入處，不過三四遍即俞（愈）」。《（救）急單驗藥方》「䴾䴺」作「餛〔飩〕」。案：「餛」與「䴾」同。食旁常可換作麥旁，如《集韻・靜韻》：「餅，〈說文〉：『面餈也。』或從麥。」〔註17〕《晉書・惠帝記》：「後因食䴽中毒而崩，或云司馬越之鴆。」〔註18〕《集韻・鐸韻》：「餺，餺飥，餅也。亦作䴸。」《集韻・質韻》：「饆，饆饠，餅屬。或從麥。」《集韻・桓韻》：「饅，饅頭，餅也。或從麥。」〔註19〕《正字通・麥部》：「䴺，俗字，本作飩。」〔註20〕

又「療腳筋及已入腹方」之又方，以手拘隨所患腳大母指，灸腳心下急筋，七壯。拘，《醫心方》同，《龍門藥方釋疑》作「勾」，《外臺秘要》作「拗」。案：《說文・句部》：「拘，止也。」段玉裁注：「手句者，以手止之也。」〔註21〕於此處義似不順。朱駿聲《說文通訓定聲・需部》：「拘，假借

〔註14〕《干祿字書》，30 頁。
〔註15〕《龍龕手鏡》，225 頁。
〔註16〕《說文解字》，279 頁。
〔註17〕《集韻》，425 頁。
〔註18〕《晉書》第 1 冊，108 頁。
〔註19〕《集韻》，725、664、149 頁。
〔註20〕《正字通》，1391 頁。
〔註21〕《說文解字注》，88 頁。

為句。」〔註22〕《說文・句部》：「句，曲也。」段玉裁注：「古音總如鉤。後人句曲音鉤，單句音屨。又改句曲字為勾。」〔註23〕《廣韻・侯韻》：「句，俗作勾。」〔註24〕是作「句」為本字，「勾」為後起之俗寫，「拘」為「句」之借字。《玉篇・手部》：「拗，拗折也。」〔註25〕後又引申為「扭曲」之意，與「句」意相通。

再如《救急單驗藥方》「黃蘗」條之「蘗」，《醫心方》所引之《救急方》作「柏」。段玉裁《說文解字注》：「檗，黃木者，《本草經》之檗木也，一名檀桓。俗加草作蘗。」〔註26〕徐鍇認為黃木即今藥家用黃檗也〔註27〕。是「檗」為本字，「蘗」為俗寫，作「柏」為今之簡化字。

（四）版本學價值

醫方在流傳過程中，一方被多書抄錄之現象甚為普遍，因此在傳抄的過程中，常見誤抄、漏抄、改抄的現象，因此，找到最初的版本，於醫方文獻整理研究上裨益甚多。敦煌醫方文獻的出土，有助於此。

寫卷 S.1467 有「治風頭眩、口喎、目痛、耳聾，大三五七」方，傳世本《千金方》作「治頭風眩、口喎、目斜、耳聾」，而《外臺秘要》此條作「《千金》療風頭眩、口喎、目痛、耳聾」，《醫心方》此條作「《千金方》治風頭眩、口喎、目痛、耳聾」。由此可見，敦煌寫卷抄錄時依據的版本與《外臺秘要》《醫心方》成書時見到的《千金方》版本相同。再如 S.4433V 有「治陰冷熱方」，方曰：內食茱萸牛膽中令滿，陰乾百日，每取二七枚綿裏，齒嚼令碎，內陰中，熱。「內食茱萸牛膽中令滿」句，《千金方》作「內食茱萸於牛膽中令滿」，「茱萸」後多一「於」字，而《醫心方》所引《千金方》也無此「於」字，與敦煌寫卷相同。因此，敦煌本更接近《千金方》原本，而現在傳世的《千金方》是北宋時期經林億等人校正之後做了修改之後通行的版本。

《千金方》序有云：「千金方舊有例數十條，散在諸篇，凡用一法皆宜編之。」存世本《千金方》凡例之法彙總於篇首序文中，而在敦煌醫方 S.4433 中，抄有八條序例：①凡服藥不言先食後食者，皆在食前；②凡服散藥不言

〔註22〕《說文通訓定聲》，350 頁。
〔註23〕《說文解字注》，88 頁。
〔註24〕《新校互注宋本廣韻》，439 頁。
〔註25〕《宋本玉篇》，125 頁。
〔註26〕《說文解字注》，245 頁。
〔註27〕《說文解字繫傳》，108 頁。

酒水飲者，本方如此，而別說用酒水飲，此即是可通得以水飲之；③凡不云㕮咀者，皆應細切，不用之；④凡言牡鼠，是雄鼠，云之父鼠；⑤凡方錢五匕，以大錢五匕，以大錢抄取一邊，若云半錢，即是兩匕，乃全以杓抄之，並用五銖也；⑥凡藥用半夏，皆湯洗十餘遍；附子、烏頭皆炮去皮，若生用，直言生用；⑦凡巴豆等脂潤物，皆別搗如膏和之；⑧凡麻黃中去節，先煮沸，去上沫，乃同餘物。寫卷於序例之後抄錄諸條醫方，這與《千金方》序文中所說的散在諸篇體例相合。寫卷八條凡例有六條可在《千金方》序文中找到相關條文，諸方也大多可見於《千金方》中，因此，該寫卷或為《千金方》早期傳本。

S.1467 有「生髮及治頭風癢、白屑膏方」，其用法為等「藥成，先以沐頭，後以塗之」。此處，《千金方》作「去滓濾取沐髮了塗之，一方用生油三大升」，《外臺秘要》所引《集驗方》作「去滓濾收沐髮了，以塗之妙」。此方藥劑，S.1467 有十四味，《集驗方》也是十四味，然而《集驗方》多了一味辛夷，少了竹葉。《千金方》《古今錄驗》有十五味，《千金方》多了辛夷，《古今錄驗》少了松葉，多了辛夷與生麻油，卻與《千金方》注文「一方用生油三大升」又可相印證，可見林億校證《千金方》時所見此方有二版本，一為《千金方》所載，一為《古今錄驗》所載，而量劑各版本的記載略有不同。

S.1467「治百病鼉魚甲湯方」中，「白朮三兩半」下有小注「一方二兩半」，《千金方》此方「白朮」之用量確為二兩半，可見敦煌寫卷抄錄之時，所見版本有二，《千金方》只載其中之一。

（五）醫學價值

敦煌寫卷抄有大量單方，傾向於操作簡單，如 S.4329V 有「髮落不生方」，曰：常以馬駿脂塗之，即自生，不可細說也。而《千金翼方》「生髮膏，主髮鬢禿落不生方」，內容要繁雜的多：「升麻、薺苨各貳兩，莽草、白芷、防風各壹兩，蜣蜋肆枚，馬鬐脂、驢鬐脂、雄雞脂（一云熊脂）、豬脂、狗脂各伍合。右拾壹味，藥伍味，脂取成煎者，並切。以醋漬一宿，曉合煎之，沸則停火。冷更上，一沸停，三上三下，去滓。傅頭，以當澤用之，三十日生矣。」《外臺秘要》也有相類似醫方，如「療髮禿落生髮膏方」，有「馬鬐膏、驢鬐膏、豬脂、熊脂、狗脂煉成各半合，升麻、防風、薺苨各二兩，蜣蜋四枚，莽草、白芷各兩。右十一味，以脂煎諸藥三上三下，膏成去滓，收以塗之」諸般記載，雖較《千金翼方》略簡單，但還是敦煌本來得更便宜行事。

S.1467 有「染髮令黑髮」方，酢漿水煮大豆，以染漬之，黑如柒。《千金方》則以「大豆五升，酢漿水二斗，煮取五升，沐頭」，治髮黃。二方用藥與證治相類，但是《千金方》有明確的劑量要求，用藥表述也略有不同。而《醫心方》所引《隋煬帝後宮香藥方》有「染白髮大豆煎」一方，也是選用「酢漿、大豆二物，以漿煮大豆以染之，黑便如柒」。此方與 S.1467 更為接近，二者應出於同源，操作較《千金方》來得更為隨意。

（六）民俗學價值

敦煌醫學文獻中抄有大量的祝由方，所謂祝由者，是指古代用祝說病由的迷信方法治療疾病的一門學科〔註28〕。《素問·移精變氣論》云：「毒藥不能治其內，針石不能治其外，故可移精祝由而已。」王冰注曰：「祝說病由，不勞針石。」〔註29〕《靈樞·賊風》曰：「先巫者，因知百病之勝，先知其病之所從生者，可祝而已也。」由此可見，祝由之術，最早由巫來操作，故民國醫學大師惲鐵樵釋「祝由」，曰「今以祝由名科，楚人盛傳其技，有符印禁咒，治奇疾往往而驗。蓋近於古巫祝之事焉，《列子》宋陽里華子病忘，謁巫而卜之，不吉。……今操其術者，至人家輒問病由，書其人姓名，向神方祝；或吞氣服符，飲人以神水，其技類禁術而無方。」〔註30〕其與巫文化之關係由此可見一斑。

林富士在《祝由釋義：以〈黃帝內經〉為核心的文本討論》一文中指出，「祝由」在通常情況下，被解釋為神說病由，祝由的手段則包括咒法、禁法、祝法、符法等。祝由者一般包括病人自己、巫師、醫者、祝者、巫醫、禁咒師等，錢鈺、劉濤等人認為祝由者還應該包括僧人和道士等宗教人員。而醫者、宗教人員、普通人利用祝由術治病時，常常借助於咒語、圖案、物品的壓勝辟邪功效來達到壓制邪祟、治癒疾病的目的〔註31〕。存世醫籍中保留的祝由方為數不少，《肘後備急方》《備急千金要方》散見於各卷中，而到了《千金翼方》，則單列《禁經》一卷，曰：「是以醫方千卷，未盡其性，故有湯藥焉、有針灸焉、有禁咒焉、有符印焉、有導引焉，斯之五法，皆救急之術也。」到了

〔註28〕《中醫大辭典》，901 頁。
〔註29〕《黃帝內經素問》，32 頁。
〔註30〕《惲鐵樵醫學史講義》，43 頁。
〔註31〕《從桃符到春聯的演進——基於祝由文化興衰的視角》，《民間文化論壇》，2018 年第 1 期，77 頁。

元明兩代將醫學分為十三科，祝由即為其中一科，可見其在醫領域佔有一席之地。

敦煌醫方中的祝由方，反映了敦煌地區巫文化與民俗文化的特點，大致可分為以下幾類：

1. 吉凶宜忌之時

敦煌寫卷 S.1468 抄錄了十二支日得病治病之法，以子日為例：「子日得病者，須赤小豆一升，水花五升，卯上土五升，合渥儲置午地上，去舍九步，不然九尺，其病即差。」子日又分甲子日、丙子日、戊子日、庚子日和壬子日。其中壬子日常用於婦人生子方，《急就廣生集》曰：「凡陰陽會合，必擇壬子日。」〔註32〕S.4433V 中有「療無子兒方……壬子日含赤小豆二七枚，臨事吐與婦人，即有子。又方，常以壬子日午時，向西合陰陽，有〔子〕。」可見壬子日於房中術為特定之日，方位為西，物品為赤小豆。

此外，正月一日常為吉日，可取桃枝著戶上，百鬼不入家，埋財卅九文床腳下，利市；一日平旦之時，可取家長臥席於道上燒，去時氣；面向東，吞麻子二七枚，令人無患半日病。而一月二日，則有「不得歌唱、共人飲酒、祀祠，大凶（P.2882V）」之忌。

S.4433V 有治無子之法，吞馬子立有子，吞雄者兒，雌者女。吞以厭日吞之。厭日者，太陰所居辰，王念孫曰：「人猶謂陰建為月厭，是雌所居辰名為厭，不名為厭日也」〔註33〕。厭日屬陰，此為服食藥方之宜日。

此外還有月朔日洗頭、月晦沐浴等吉日的記載。

2. 壓勝辟邪之俗

醫方灸法之中，常見三姓人灸法，敦煌醫方中，治諸黃神妙灸方、治骨蒸、瘦病由三姓人操作。這些在現存醫籍中也有記載，但所療治內容略有出入。除三姓人外，還有五姓人：卯日病者，須五姓人來者人別土五升，清酒一升，生鐵九斤，置大門中埋，病即差。這與唐五代五姓相宅術應有關聯，五姓相宅術以五姓作為基本分類方式，將地形、人、宅、居家設施等按照不同的技術方法納入到五姓體系之中，符合五行相生、相序的理念〔註34〕。此為特定之人。

〔註32〕《急就廣生集》，99 頁。
〔註33〕《讀書雜志》，800 頁。
〔註34〕《敦煌寫本宅經校錄研究》，141 頁。

　　《中國巫術通史》中提到，接觸巫法的交感巫術在敦煌比較普遍，除了石頭巫術之外，婦女巫術以巫醫的形式出現，有強烈的風俗性與神秘性〔註35〕。敦煌寫卷中諸如此類的醫方很多，如自勒死，取死人腳直下，掘地可深三尺，二尺必有死炭，取之和酒灌口中，立驗；男子欲得婦人愛，取男子鞋底土，和酒與婦人服，即相愛（P.2666V）；治產後卒得欲死方，取衣中血少許口中，即活（P.3930）。此為以交感之物達到療治效果。

　　民間多求子之法，帶有很典型的民俗特色，如所用物品帶有明顯的男性特色，或為男子身上之物，如頭髮或指甲：婦人慾得多子法，取夫頭髮並指胛（甲），著婦人席下，臥，勿令知之（S.4433V）；或是男性所用器物，如弓弦：欲得男法，妊身時，以角弓弦作中衣帶，滿百日吉（S.4433V）；妊娠欲得男法，婦娠未滿月，以弓弦至產，欲變為男（S.4433V）。凡人純生女，懷始六十日，取弓弦燒作灰，取清酒服之，回女為男（P.2666V）。或是雄性生物，如雄雞翅膀上的毛：多女不男法，懷月三日，以雄雞左翅毛二七枚，著婦人席下，臥，勿令知之，即生男（S.4433V）。

　　有求子方，必然也有失子療治之法，所用有婦人生產相關之物：產人多失子，取產血作泥人，埋著產處，更不失子（P.2662V），用的是產血；有植物：治婦人數失男女，取桑根刻作小兒名字，著暮中，即不失（P.2666V），用的是桑根；有動物：療婦人八九年無子，取死白狗腳燒作灰，正月一日服之，即有子（P.3378），用的是死白狗腳。

　　妊娠欲去子，亦可用偏方，如婦人不用男女（案：即去子），產衣中安一錢，埋卻，更不生，有驗（P.2666V），用的是錢幣；壞任（懷妊）未滿三月，欲去之方：雄鳥……欲知雄鳥，先燒其羽……（Дx.4158），用的是雄鳥。

　　房中方也有許多偏方類，如女子有二心，可用獸足下土探知：知婦人造事，有外夫者，取牛足下土，著飲食中，與婦人吃時，令夜臥喚外夫名字，又道期會處，勿使人傳之（P.2666V）。婦人別意，取白馬蹄中土，安婦人枕下，物（勿）使人知，睡中自道姓名（P.2666V）。《造化權輿》云：「乾陽為馬，坤陰為牛。」或可解讀為牛屬陰，足下之土內服，馬屬陽，足下之土外用。

　　此外，敦煌醫方中雜有許多居家避邪雜用之法，部分可見於道教典籍《攝生纂籙・居處篇》中，表述略有差異：

　　正月一日，取桃枝著戶上，百鬼不入。（P.2882V）

─────────────

〔註35〕《中國巫術通史》，709頁。

正月建日，取桃斧枝及故車輾置戶內，桃置戶外，即鬼永不來。（《攝生纂籙》）

滿日，取三家井水作醬，令人大富貴。（P.2882V）

滿日，取三家水作酒，大富。（《攝生纂籙・居處篇》）

立春日取富兒家田中土作泥，泥竈，大富貴者，吉。（P.2666V）

立春以富人家田中土塗竈，令人大吉。（《攝生纂籙・居處篇》）

以破履埋庭中，仕官大吉。（P.2882V）

埋破履於庭中，子孫有印綬之貴，大吉。（《攝生纂籙・居處篇》）

馬啼埋宅西角，令人富貴，以鹿角著廁中，令人得財，富貴。（P.2882V）

埋鹿角於門中及廁中，令人得財。埋牛蹄於宅四角，亦大吉。（《攝生纂籙・居處篇》）

此處用到桃枝、水（三家井水）、土（富兒家田中土）、鞋子（破履）、馬蹄、鹿角等。

除上述諸條之外，在 P.2666V 和 P.2882V 兩個卷子中，還有諸如米、酒、席、豬、羊等，皆可為用。此類器物，除桃枝本身具有避邪之功效外，其餘皆是日常生活中家中普通之物。

3. 各類宜忌之俗

產科宜忌：

婦人懷孕後，有許多禁忌，首先是飲食上的，如不得吃狗肉、蟮魚、鳥雀之類，如婦人懷孕不得食雀肉，令子小目（BD.14709）。而在現存醫籍中，《千金方》載妊娠食雀肉、飲酒，令子心淫情亂，不畏羞恥。《醫心方》又云：勿食雀肉，令兒多所欲。又云：勿食雀肉並雀腦，令人雀盲。表述略有不同。而「不得食祭宍（肉），令胎不時，慎吉（S.4433V）」則未見記載，只有《醫心方》有「午日勿食祭肉」的記載。

除飲食外，還有行止之忌，如妊娠三月，不得面向南澆沐，令□胎不安，向東亦然；不得兩鏡相照，令兒到（倒）產；向南小令兒瘡瘂；星辰下行交，令兒無目耳聾（S.4433V）。

兒科宜忌：

《千金方・少小嬰孺方上》曰：「論曰：夫生民之道，莫不以養小為大，若無於小，卒不成大。」〔註36〕自小兒初生之時，便有各種宜忌之法。世人

〔註36〕《備急千金要方》，73 頁。

養子，皆望聰慧、長壽，敦煌寫卷《王宗忌單方》（P.2635V）中有兩首關於小兒益智之法，一是以小兒初生之月入學，一是取七月七日苽下土著臍中；也有求子長壽之方：選八月一日去臍中之垢，可長命大吉。

日常生活禁忌：

日常生活中，也有許多注意事項，如臥訖勿著燈，燂（照）人神不安。《古今醫統大全‧養生餘錄》也說「燃燈而臥，神魂不安」〔註37〕。夜間星月下勿露形俫（裸）體，一切黃起及鬼祟害人。明高濂《遵生八箋》有相似表達：「行住坐臥，莫裸體以褻三光。」〔註38〕其他還有諸如丈夫頭勿北臥，魂魄不安；人臥在床勿歌詠，令不祥事起；婦人不上灶，切忌之等日常行止之禁忌。

4. 符印、咒語之文

書字：

敦煌寫卷《救急單驗藥方》有「療即死」方，殘缺不全，其中有墨書符咒「焱」三次，「□□焱焱焱，墨書之。□□須道病人鄉里、姓名、年幾、所患處，復閉氣書咒，大驗。」

小兒警（驚）啼，書齊（臍）下，作貴字，大吉。

婦人乳中熱毒腫。……又方。朱沙書乳上，作魚字，良。（P.3596V）

P.2662 有仙人治病法，取好朱沙、麝香水研之，書頭上作九天字……腹上作白馬字，兩手作丸金，兩腳作丸土字□□此法，體上書此字，病除之。

以上為通過書寫特定的帶有意義的字來達到趨吉避凶的效果。

書咒語：

療鬼疰方。右先以墨筆圍所痛處，於圍內書作：「蠟離日蝕鬼疰，人不知，急急如律令」。若未全差，洗卻更書，永差。（P.3144V）

治女人難產方。又方。有咒法：「南無乾施婆，天使我廣說此咒偈，邪唎邪唎，邪婆怛他，邪婆怛他，莎訶」。右此咒於革皮上抄之，淨嗽口，含淨水，燒香佛前，一氣抄之，但覺欲產時，即急於瓷椀（碗）中燒作灰，令盡，研灰和清水，面向東服之即差。令人腹不痛，便即平安。此咒唯須虔誠，不得輕之。（P.3930）

以上為通過書寫道家、佛家咒語以達到治療效果。

〔註37〕《古今醫統大全》下冊，1407 頁。
〔註38〕《遵生八箋》，266 頁。

祝禱：

巳日病者，須作土人七枚，每長七寸，書人腹作鬼字，以酒脯祭之，呪曰：今日厶（某）甲疾病，今土人七箇；厶（某）乙身命，土人一，去其鬼一個，不得更住土人一發，其病即絕。五止己寒虐毀病人，不得火，急急如律令，送五道頭，勿反面，其病即差。（S.1468）

此條將書字與祝禱咒語結合，與祝由之意合。

敦煌醫方尤其是各類偏方中，保留了大量的民間習俗，夾雜了巫文化的遺風，同時也包含了許多道家、佛家養生立命之法，為研究敦煌地域民俗文化提供了寶貴的材料。

二

敦煌莫高窟出土了大量的醫學文獻，其中醫方文獻內容最為龐雜，引起了學者廣泛關注。1988 年馬繼興編著《敦煌古醫籍考釋》，是研究敦煌醫學文獻最早的一部綜述性著作，共收錄了《雜療病藥方》（P.3378V）等 25 個寫卷，辟穀、服石、雜禁方類 10 個寫卷，佛家、道家醫方寫卷 6 種，所統計敦煌醫學卷子中保存的醫方數量至少約有一千一百首以上，其中除了個別見於前代醫學方書的古方外，大都是六朝隋唐醫家通過驗證的經效醫方，而且還有不少單驗方。同年趙健雄根據《敦煌遺書總目索引》，從北京圖書館複製回敦煌遺書中醫藥部分的縮微膠卷，選擇了十五卷，按原文、校勘、注釋、按語四個部分編排成書，其中包含了醫方四卷（P.2565、P.2662、P.3930、S.5345）。其後叢春雨編《敦煌中醫藥全書》，整理敦煌醫方寫卷 27 個，道家佛家醫方 13 種，處方 1024 首，認為這些醫方大多數是隋唐五代的醫學家的經驗醫方，是以手抄本留給後人的。馬繼興在《敦煌古醫籍考釋》之後，又主持編寫了《敦煌醫藥文獻輯校》，以手抄體的方式著錄，將醫方寫卷增加至 29 個，命名方式仍承襲《敦煌古醫籍考釋》，按不知名醫方進行編號。2005 年又著《出土亡佚古醫籍研究》，概述了世界各地收藏的醫藥文獻，包括漢文與藏文，並對《備急單驗藥方》書名進行了考證。李應存《敦煌佛儒道相關醫書釋要》則整理了一些寫在佛儒道寫卷背面的醫學文獻，有《雜療病藥方》（P.3378V）等 23 個寫卷，其中包括了許多佛家與道家養生之方。郝春文《英藏敦煌社會歷史文獻釋錄中》亦收有零星醫方殘卷校釋，陳增岳的《敦煌古醫籍考證》則在叢春雨的基礎上對大部分醫方寫卷進行了校證。

　　此時諸家研究均以英、法所藏寫卷為主，俄藏涉及甚少，李應存《俄羅斯藏敦煌醫藥文獻釋要》中收集了部分俄藏醫方文獻，但並不完備，缺失仍不少。諸家錄文所依據圖版多為《英藏敦煌文獻》與《法藏敦煌西域文獻》、《俄藏敦煌文獻》中的圖影，因此在錄文上存在不少的問題，因此導致部分解讀有誤。有鑑於此，2012 年王淑民在《英藏敦煌醫學文獻圖影與注疏》一書中收錄了英藏敦煌醫學文獻彩色高清書影，並對殘卷進行了綴輯、釋讀與校勘，其中包括了醫方 10 篇，佛道類其他醫方 7 篇。2016 年，袁仁智、潘文以高清晰的國際敦煌項目組織圖影為底本，編成《敦煌醫藥文獻真蹟釋錄》，以圖版、錄文、注文對照的方式予以研究，收有醫方文獻 35 種。同年沈澍農著《敦煌吐魯番醫藥文獻新輯校》，其中醫方醫術類收醫方 23 種，道佛醫藥 17 種，黑水城醫藥文獻 9 種，每卷前亦附有高清圖影。

　　此外，還有一些學者著重從醫學的角度對敦煌醫方文獻進行研究，尋求敦煌醫方文獻的臨床實用價值。如叢春雨《敦煌中醫藥精粹發微》將敦煌醫方文獻部分分為內科、外科、婦科等九個部分，從方名、原文、來源、方解四個方面進行論述，著重介紹敦煌醫方的臨床學價值。張儂《敦煌石窟秘方與灸經圖》則將敦煌醫方寫卷按「敦煌石窟醫方」與「敦煌石窟單驗方」兩大類、同類處方為小類，對部分單方進行重新編排整理，共計 529 方。劉喜平的《敦煌古醫方研究》從方劑學的角度主要研究了敦煌古醫方的治法及特色，並以臟腑病證為綱，以方為點，疏理了敦煌醫方文獻。范新俊的《如病得醫——敦煌醫海拾零》主要研究了若干敦煌醫方的臨床應用；張景紅主編的《敦煌外治法與保健養生》涉及了一些道家養生方、佛家醫方和食療方等；2015 馬繼興又著《中國出土古醫書考釋與研究》，其中「敦煌古醫書考釋部分」，收有醫方類，辟穀、服石、雜禁方類以及佛家、道家醫方類三種敦煌醫方文獻。李金田、戴恩來主編的《敦煌文化與中醫學》，有專章介紹敦煌文獻中醫方類著作的基本情況，探討國敦煌醫方類文獻的理論體系結構，並從內治、外治、食治等角度對敦煌醫方文獻進行了專題研究。

　　除了專著之外，也有一些綜述性或是對單科、單個寫卷的研究性文章。

　　綜述性的文章，有李應存的《敦煌醫學中古醫方的研究與應用概況》、王春豔《近 20 年來敦煌古醫方研究概況》，朱定華《敦煌醫學卷子醫方類的研究述評》等，皆從敦煌古醫方的文獻研究、實驗研究（治法研究）以及臨床應用三個方面探討了敦煌古醫方的研究成果，期待其推廣價值的綜合性研究。

敦煌方書涉及面甚廣，諸學者分別從婦科、兒科、美容、房中等方面展開研究，其成果有楊佳楠等《敦煌遺書婦科相關古醫方概況》、薛實宇等《敦煌遺書之婦科方書殘卷集萃》、郭嘉成《敦煌遺書中兒科醫方闡述》、李應存等《以佛書為主的敦煌遺書中的兒科醫方概要》、僧海霞《敦煌遺書中美容醫方初探》、王春豔《敦煌遺書性醫方考》等。

對具體方書寫卷的研究，學者關注度最高的莫過於《備急單驗藥方卷》，有對《備急單驗藥方卷》的綴合輯補考釋之作：王冀青《英國圖書館藏〈備急單驗藥方卷〉S.9987 的整理復原》將 S.9987V、S.9987、S.3347、S.3395 四塊殘片拼接，完成了寫卷的綴合，其後王淑民在《英藏敦煌醫學文獻圖影與注疏》一書中，將四個殘片的高清圖影進行了拼接綴合，僧海霞《敦煌〈備急單驗藥方卷〉綴輯本考補》、《敦煌〈備急單驗藥方卷〉考補》據現有文獻對綴合後的殘卷進行了輯補工作，張瑞賢等人則將洛陽龍門石窟藥方與《備急單驗藥方卷》進行了比較分析，證明二者皆來源於《備急單驗藥方》一書〔註39〕。

其他尚有單卷研究的，如陳增岳的《敦煌醫方〈雜症方書第八種〉校勘拾遺》、范崇峰的《敦煌醫藥卷子 S.1467 校補》、《敦煌醫藥卷子 P.3930 校補》，沈澍農的《敦煌醫藥文獻 P.3596 若干文字問題考證》、《敦煌醫方卷子 P.3877 初考》，彭馨等《敦煌醫藥卷子 P.3930 校讀補遺》，李應存等人《俄羅斯藏敦煌文獻 Дх.00924 婦科疾病為主民間單驗方與 P.2666 療各科病症之單藥方等醫書對比釋要》等，多以校補為主。

三

本書所做的工作主要有以下幾個方面：

（一）儘量收羅完備醫方寫卷

本書收錄範圍為敦煌莫高窟出土醫方文獻，共計醫方寫卷 53 種，其中包括道家醫方 7 種和佛家醫方 10 種。

（二）綴合醫方寫卷殘片，盡最大可能還原寫卷原貌

在全力收集醫方殘卷的基礎上，本書對部分醫方殘片進行了綴合研究，如 Дх.10298、Дх.05898、Дх.11210、Дх.02999 四個殘片所抄錄之內容均為咳

〔註39〕《洛陽龍門石窟藥方與敦煌卷子〈備急單驗藥方卷〉同源》，《中華醫史雜誌》，1998 年第 2 期，3～5 頁。

嗽之方，Дх.05898 前九行可與 Дх.10298 上下相綴合，Дх.02999 與 Дх.11210 可上下綴合，Дх.11210 可與 Дх.10298 文字上可相連接。

　　此外，本書還調整了部分可綴合殘片的順序，如被諸家稱為「唐人選方」的 P.3731、P.2565 和 P.2662 三個卷子，P.2665「耆芷膏」一方中有「如前茵草等膏法」句，「茵草膏」方見於 P.3731，由此可進一步明確 P.3731 和 P.2665 為同一寫卷的兩個殘卷，且 P.3731 在 P.2565 之前，然兩個殘卷之間仍有闕文。因此將這三個寫卷的綴合成 P.3731＋？＋P.2565＋P.2662。

（三）完善寫卷的定名

　　關於寫卷的定名，諸研究者對許多未有題名的殘卷的定名方式各不相同，馬繼興多採用「不知名醫方第 X 種」的方式進行編號定名，其中也有部分並不屬於方書的定名錯誤，叢春雨《敦煌中醫藥全書》則採用「雜症方書第 X 種」的形式編號定名，其餘研究者亦皆類此。為便於對醫方文獻進行系統的研究，在無法確定書名的情況下，本書採用題名為「醫方」，並在其後括號內注明寫卷主要涉及的主要內容的方式給寫卷定名，如《醫方（咳嗽方）》等，便於從題名能更好地瞭解寫卷內容。

（四）展開嚴謹的校勘考證工作

　　本書醫方按卷整理，正確錄文，盡最大可能還原寫卷原貌，並展開嚴謹的考證工作。將敦煌寫卷與傳世的醫方文獻進行比較研究，通過比對可以明確字體演變的過程，盡力還原寫卷原貌，亦也糾正傳世醫籍在流傳過程中產生的錯誤。

一、醫方

（一）醫方（治頭風等雜症方）

S.1467

S.1467，起「治風頭眩轉面上游風，鴟頭酒方」不知名藥劑之「升」字〔註1〕，至「治卒中耶魅，恍惚振噤」方，凡五十六行，前五行下截殘，每行約三十字，行有界欄，存十九方，每方前有朱筆圈注，部分藥物下有雙行小字標注劑量和炮製方法。《英藏》定名為《醫藥療方》〔註2〕，劉目、施目、黃目定名為《醫方》〔註3〕，《敦煌醫海拾零》〔註4〕從之。馬繼興編為《不知名醫方第二種殘卷》〔註5〕，叢春雨定名為《治病藥名文書》〔註6〕，《敦煌外治法與保健養生》定為《治病藥名文書》〔註7〕，郝春文認為寫卷應為《失名醫方集》的一部分〔註8〕。寫卷所抄錄的十九方大多為治療頭風諸病藥方，故定名為《醫方（治頭風等雜症方）》。馬繼興據寫卷避「世」字諱，不避「治」及「恒」字諱，認為當係唐代早期寫本〔註9〕，叢春雨則認為其撰寫年代應在

〔註1〕 根據《千金方》關於此方的記載，以「升」做劑量單位的只有「山茱萸」一味。

〔註2〕 《英藏敦煌文獻》第3冊，62頁。

〔註3〕 《敦煌遺書總目索引》，138頁；《敦煌遺書總目索引新編》，45頁；《敦煌遺書最新目錄》，52頁。

〔註4〕 《敦煌醫海拾零》，291頁。

〔註5〕 《敦煌古醫籍考釋》，200頁；《敦煌醫藥文獻輯校》，266頁。

〔註6〕 《敦煌中醫藥全書》，624頁。

〔註7〕 《敦煌外治法與保健養生》，68頁。

〔註8〕 《英藏敦煌社會歷史文獻釋錄》第7卷，1頁。

〔註9〕 《敦煌醫藥文獻輯校》，266頁。

唐初以前〔註10〕。

　　《醫方（治頭風等雜症方）》並沒有傳世之本，但是寫卷所抄錄的十九方有十三方見於孫思邈《備急千金要方》（以下簡稱「《千金方》」），散見於卷十三心臟方「頭面風第八」篇、卷十四小腸腑方「風癲第五」篇和「驚悸第六」篇中；三方見於孫思邈《千金翼方》（以下簡稱「《千金翼》」），散見於卷十六中風上「風眩第六」篇和卷二十七針灸中「小腸病第四」篇；十一方見於王燾《外臺秘要》（以下簡稱「《外臺》」），散見於卷十三「鬼魅精魅方八首」篇、卷十五「風頭眩方九首」篇、卷三十二「沐頭去風方五首」篇、「頭髮禿落方一十九首」篇、「頭風白屑兼生髮方八首」篇和「頭風白屑方四首」篇；三方見於日人丹波康賴《醫心方》卷三「治頭風方第七」篇；一方與《醫心方》卷四「治白髮令黑方第四」所引《隋煬帝後宮香藥方》相類；兩方見於《肘後備急方》（以下簡稱「《肘後》」）卷三「治卒發癲狂病方第十七」篇。第十二方「治風耶驚狂及風癲風痙諸方」、第十四方「雞心湯」方未見傳世醫方有相同記載。

　　馬繼興《敦煌古醫籍考釋》（簡稱「馬繼興」）、《敦煌醫藥文獻輯校》（簡稱「馬校」）、叢春雨《敦煌中醫藥全書》（簡稱「叢春雨」）、郝春文《英藏敦煌社會歷史文獻釋錄》（簡稱「郝錄」）、沈澍農《敦煌吐魯番醫藥文獻新輯校》（簡稱「沈校」）對寫卷有校釋之作。今據《英藏》錄文，以《千金方》《千金翼》《外臺》《醫心方》《肘後》為參校本，參考諸家校勘成果，校錄如下：

錄文：

1. ☐☐（山茱萸一）升〔1〕，署預〔2〕四兩，伏〔3〕神四兩，枳實三☐（兩），☐☐☐〔4〕

2. 並細切〔5〕，以〔6〕絹囊盛。清酒四升〔7〕，漬六宿，初☐☐〔8〕

3. 治風頭眩〔9〕、口喎、目痛〔10〕、耳聾，大三五七〔11〕。天☐☐〔12〕

4. 山茱萸五兩，乾薑五兩，署預七兩，☐（防）☐☐〔13〕

5. 日再，不知稍加〔14〕。小〔15〕三五七散方：天雄三兩☐（炮）☐☐〔16〕

6. 散，清酒服〔17〕五分二〔18〕，日再，不知稍增，以知為度。治風頭〔19〕方：菊花〔20〕、獨☐（活）〔21〕

7. 茵芋、防風、細辛、蜀椒、皂莢、桂心〔22〕、杜衡、莽草，可作沐湯〔23〕

──────────

〔註10〕《敦煌中醫藥全書》，624 頁。

8. 之。治〔25〕風頭沐湯方：麻黃根二〔26〕兩，細辛一兩，豬椒▨（根）〔27〕三兩，防風二〔28〕兩，

9. 茵芋一兩，並細剉〔29〕，以水三升〔30〕，煮得〔31〕一升〔32〕，去滓〔33〕，溫以洗木頭〔34〕。

10. 治頭中廿〔35〕種病，頭眩、髮禿落、面中風，以膏摩〔36〕方：蜀椒三兩半〔37〕，半夏一兩

11. 半洗〔38〕，桂心一兩半〔39〕、茵〔40〕草二兩半〔41〕，蘆〔42〕茹一兩半，附子一兩半，細辛一兩半，

12. 干薑二〔43〕兩，搗篩〔44〕，以豬生肪脂〔45〕廿兩合搗〔46〕，令肪消盡，藥成，沐令頭淨〔47〕，以

13. 藥摩五心〔48〕上，日二〔49〕，即愈〔50〕。生髮及治頭風癢、白屑膏方〔51〕：烏喙二〔52〕兩，茵芋二兩〔53〕，

14. 石南草〔54〕二兩，細辛二兩，續斷二兩，澤蘭二兩，皂莢二兩，朮〔55〕二兩，柏葉二兩〔56〕，防風一〔57〕兩，

15. 竹葉半升，松葉半升〔58〕，白芷二兩，豬脂四升。並〔59〕㕮咀，細切〔60〕，以清酢三升〔61〕，漬一宿，明

16. 旦微火煎〔62〕，藥成〔63〕。先以沐頭，後以塗之〔64〕。治頭中風痒、白屑、風頭、長髮、

17. 生髮膏方〔65〕。蔓荊子三〔66〕兩，附子三〔67〕兩，松脂〔68〕三兩〔69〕，松葉半升〔70〕，茵草一兩，

18. 石南草二〔71〕兩，細辛二兩，零陵香二兩，續斷二兩，皂莢二兩，澤蘭二兩，

19. 防風二兩，杏人二兩，馬騌〔72〕膏二兩〔73〕，霍〔74〕香一〔75〕兩，熊脂二升，豬脂二升〔76〕，白芷二兩。

20. 並〔77〕㕮咀，細細切〔78〕，清醯〔79〕三升，漬藥二〔80〕宿，明旦以馬騌膏等微微〔81〕火煎，三上三下，白〔82〕

21. 芷小焦〔83〕黃，膏成，用如澤法〔84〕。治欲令髮長及除頭中多白屑方〔85〕。

22. 大麻人三升〔86〕，秦椒三兩〔87〕。凡二物〔88〕，熟熟研〔89〕，置〔90〕米〔91〕泔汁中〔92〕一宿，明旦〔93〕去滓，用〔94〕以沐髮〔95〕，

23. 數作之〔96〕。治頭中痒〔97〕，搔之白屑起，雞子沐湯方。新生烏雞子三枚，

先作〔98〕

24. 五升沸湯，出〔99〕揚之，忖令猶溫〔100〕，破雞子悉〔101〕內湯〔102〕中，絞〔103〕令和〔104〕，復煮令熱〔105〕，分為三〔106〕

25. 沐，三百一沐〔107〕，並治髮絕方〔108〕。染髮令黑方：酢漿水煮大豆，以染漬之，黑

26. 如柒。治風耶驚狂及風癲、風瘂諸方。丹雄雞湯，主治諸風歷藏、耶

27. 氣恍忽、悲傷不樂、憙〔109〕怒無常，安神定志方。丹雄雞一頭三歲者，蚰蛻皮一

28. 枚，麥門冬三兩去心，桂心三兩，羌活三兩，芎藭二兩，石膏五兩末，防風二兩，

29. 牡厲二兩末，柏子人二兩碎，鳴蟬十枚炙，生薑四兩，當歸二兩，人參二兩，伏神三兩，

30. 遠志皮三兩，麻黃二兩去節，大棗卅枚擘。十七物，雞如食法，勿以水，經腹裏出

31. 肝心血，以水二斗，先煮雞，取一斗五升，去雞宍，內餘藥，煎取四升，內雞肝

32. 心血也，又煎取三升半，分五服，日三夜一，餘湯明旦服。伏神湯，治風虛洪〔110〕滿，頸

33. 項強，心氣不定，不能食方。伏神四兩，人參二〔111〕兩，羌活二兩，半夏三兩湯洗〔112〕，防風三兩，

34. 遠志二兩，麥門冬四兩去心〔113〕，當歸二兩，紫石二兩末〔114〕；甘草三〔115〕兩炙〔116〕；黃耆二〔117〕兩，生薑五兩，

35. 五味〔118〕二兩，酸棗三兩〔119〕碎〔120〕。十四物切〔121〕，以水一升〔122〕，先〔123〕煮酸棗，取一升〔124〕，去滓〔125〕，內餘藥，煎取〔126〕

36. 升半，一服七合，日三夜一〔127〕。雞心湯，治虛悸驚恐，心氣𢙣𢙣〔128〕不安方。龍齒三兩，

37. 防己二兩，芍藥二兩，人參二兩，獨活二兩，白鮮皮二兩，甘草二兩炙，當歸二兩，

38. 桂心二兩，芎藭二兩，生地黃四兩，黃芩二兩，遠志二兩去心，伏苓三兩。

39. 切，以水五升，清酒五升，合煮取三升，藥欲熟，破雞取心及血內湯，煮

十沸，

40. 服八合，日三。治百病鼉魚甲湯方〔129〕，主〔130〕治取〔131〕氣，夢〔132〕寤時，涕泣不欲間〔133〕人

41. 聲，躰〔134〕中酸削，乍寒乍熱，腰背〔135〕強痛，腹內〔136〕拘急，不欲飲食。或因疾病

42. 之後，勞動疲極；或觸犯忌諱，眾諸不節。婦人產生之後，月經不利，時下

43. 有〔137〕青赤白，躰肥而〔138〕內虛，羸瘦，小便不利；或頭痛耳〔139〕發熱，旋復解散；或

44. 一〔140〕交接，弥〔141〕日〔142〕極。此〔143〕藥皆主之〔144〕。龜魚〔145〕甲七枚炙〔146〕，白微〔147〕三〔148〕兩，知母四兩，甘草二兩炙〔149〕，

45. 防風三兩，麻黃二兩半去節〔150〕，凝水石四兩半〔151〕，桂心四兩，勺〔152〕藥二兩半，伏苓四兩，

46. 石膏六兩碎〔153〕，黃芩四〔154〕兩，貝母三兩半〔155〕，白术三兩半，一方二兩半〔156〕。切〔157〕，以水二斗，煮取四升，溫

47. 服一升，日三夜一。定志丸，治大風入腹腸，憙（喜）忘，恍惚，善恐，開心，逐耶，安

48. 神藏，除百病方。人參五兩，附子六枚炮，赤米三兩，豬心五兩，牛心五兩，

49. 羊心五兩，馬心五兩，犬心五兩，昌蒲五兩，遠志五兩去心，伏苓五兩，亦可用伏神。

50. 搗下篩，蜜和服，如杏子核一枚，日三，稍益如杏大，五心皆乾，乃稱之。

51. 治男子得鬼魅欲死，所見驚怖欲走，時有休止，皆耶（邪）氣所為，不〔158〕自絕，九

52. 物牛黃丸方。荊實一兩死〔159〕人精，曾青一兩龍精〔160〕，玉屑一兩白虎精，牛黃一兩土精〔161〕，雄黃一兩地精，

53. 玄參一兩玄武精，空青一兩天精，赤石脂一兩朱雀精，龍骨一兩水精。九物〔162〕名曰九精，上通九

54. 天，下通九地，搗〔163〕下篩，蜜和服，如小豆丸〔164〕。先食吞一丸，日三〔165〕，稍加，以知為度。

55. 凡欲〔166〕發狂〔167〕即〔168〕欲走，或自高貴〔169〕稱神聖，皆須偹〔170〕諸火灸，又〔171〕乃得永差耳。若

56. ▨▨▨▨▨▨▨▨▨▨▨（或悲泣呻吟者，此為耶，非狂也）〔172〕，自依耶法〔173〕治之。▨▨▨▨▨（治卒中耶魅，恍）〔174〕惚振▨（噤）〔175〕

校記：

〔1〕「升」上寫卷殘缺，《千金方》有「鴟頭酒方」與此方抄錄大致相同，「署預」前作「治風頭眩轉面上游風，鴟頭酒方。飛鴟頭五枚，防風、芎藭（各四兩）」，無「升」字。此方寫卷殘缺較多，《千金方》中其餘各藥劑量均以「兩」計，只有「山茱萸一升」以「升」計，則寫卷「山茱萸一升」抄於「署預」之前，故於「升」前擬補「山茱萸一」四字。

〔2〕郝錄：「『署』，當作『薯』；『預』，當作『蕷』，《敦煌醫藥文獻輯校》據文義校改，『署』為『薯』之借字，『預』為『蕷』之借字。」案：《千金方》亦作「署預」，「署」為「薯」之省旁字，「預」為「蕷」之省。

〔3〕伏，《千金方》作「茯」，郝錄：「『伏』，當作『茯』，《敦煌醫藥文獻輯校》據文義校改，『伏』為『茯』之借字。」案：「伏」為「茯」之省旁字。

〔4〕「三」下寫卷殘漶約十五字位置，《千金方》「三」作「二」，其後可補「兩」字。《千金方》「枳實」後為「貫眾、蜀椒各二兩，麥門冬、石南各五兩，山茱萸一升，獨活二兩，右十八味」。據校記〔1〕，「山茱萸一升」五字當抄於「署預」之前。此外，《千金方》另有「葛根、桂心、人參、天雄、乾薑、貫眾、蜀椒」等七味各二兩。

〔5〕並細切，《千金方》作「㕮咀」。「㕮咀」意為咀嚼，用在中醫中，早期指用口咬碎藥物，便於煎服，後指將中藥切片亦用此二字，所以「細切」與「㕮咀」義同。

〔6〕以，《千金方》無。

〔7〕升，《千金方》作「斗」。案：一斗等於十升，一升等於十合，此方製成後，初服二合，第二日服二次，可稍加，若以四斗酒漬，其量過大，此處「斗」應為「升」之形誤。

〔8〕「初」下寫卷殘漶約十三字位置，《千金方》作「服二合，日再服，稍加，以知為度」。

〔9〕風頭眩，《千金方》作「頭風眩」。「風頭」與「頭風」之病症醫書中均常見，

此方後接口喎、目痛、耳聾，是作「風頭眩」於體例更適合。《外臺》《醫心方》引《千金方》此條亦作「風頭眩」。

〔10〕痛，《千金方》《千金翼》作「斜」。而《外臺》《醫心方》引《千金方》此條亦作「目痛」，是敦煌寫卷與《外臺》《醫心方》所引《千金方》係出同源，現存本《千金方》經宋林億等校正，略有不同。

〔11〕「七」下《千金方》《外臺》有「散方」，寫卷第二方即為「小三五七散方」，此處可據《千金方》《外臺》擬補「散方」二字。

〔12〕「天」下寫卷殘泐約十二字位置，《千金方》作「雄、細辛各三兩」。《千金翼》「天雄」下有「炮去皮」小字注文。據寫卷所殘缺位置及《千金方》《千金翼》，可擬補「雄三兩炮去皮，細辛三兩」。

〔13〕防，寫卷殘缺右下角殘畫，其下殘泐約十三字位置，《千金方》作「風七兩，右六味治下篩，清酒服五分匕」。「治下篩」，《千金翼》《外臺》作「搗篩為散」。根據下文小三五散方之行文以及所存之「散」字，可知此處當作「搗篩為散」。因此若據《千金翼》《外臺》補「風七兩，右六味搗篩為散，清酒服方寸匕」，計十六字，於此處殘泐位置字數卻略有差異。查看前後幾方體例，每味藥及劑量之後，並未有「右 X 味」等總計之數之表述，其後或跟「並細剉」，或是「並咬咀細切」，直言藥劑處理之法，故可刪去「右六味」，補「（防）風七兩，搗篩為散，清酒服方寸匕」。

〔14〕加，《千金翼》作「增」，義同。其下《千金翼》有「以知為度」，《外臺》有「之，忌豬肉生菜」。

〔15〕「小」上《千金方》有「治頭風目眩耳聾」。

〔16〕「兩」下寫卷各字均殘存左邊殘畫，《千金方》作「山茱萸五兩，署預十兩。右三味治下篩」。「治下篩」，《千金翼》《外臺》作「搗篩為散」。寫卷下一行首字作「散」，則此處當依《千金翼》《外臺》擬補「搗篩為」三字。「署預十兩」，《千金翼》《外臺》作「七兩」。沈校認為根據方名應改為「七」。

〔17〕清酒服，《千金方》《外臺》作「以清酒服」，《千金翼》作「以酒服」，《醫心方》引《千金方》作「漬酒服」。

〔18〕二，《千金方》作「匕」。「分匕」為劑量單位，「二」為「匕」之形誤。

〔19〕風頭，諸本均作「頭風」。郝錄：「『風』，當作『頭』；『頭』，當作『風』，《敦煌醫藥文獻輯校》據文義校改。」案：從以上幾個方子來看，寫卷和諸本關於此類頭疾或寫作「頭風」，或寫作「風頭」，可見這兩種表達方式應該都適合。

〔20〕菊花，《外臺》引《集驗方》作「甘菊花」。《本草綱目》引范致能《菊譜》序，言惟甘菊一種可食，仍入藥餌。其餘黃白二花，皆味苦，雖不可餌，皆可入藥。其治頭風，則白者尤良。李時珍據此二說認為菊類自有甘苦二種，食品須用甘菊，入藥則諸菊皆可，但不得用野菊名苦薏者爾。〔註11〕此方「菊花」、「甘菊花」皆可，甘菊花即菊花中選味甘者。

〔21〕活，寫卷殘泐，茲據《千金方》擬補。

〔22〕桂心，《千金方》在「莽草」後，下有「各等分」小字注文以及「右十味」大字正文。

〔23〕沐湯，《千金方》作「湯沐」。《外臺》引《集驗方》作「水煮以沐頭」。

〔24〕尉，寫卷殘泐，茲據《千金方》擬補。《醫心方》作「慰」。尉作「熨燙」之意解時，與「熨」為古今字，作「慰問」之意解，後寫作「慰」，此處以水洗頭，作「慰」解於意不合。

〔25〕治，《千金方》無。《外臺》作「主」。寫卷全篇體例均為「治」某病症，此處作「治」更合體例。

〔26〕二，《外臺》作「一」。

〔27〕根，寫卷殘存右旁「艮」。

〔28〕二，《外臺》作「一」。

〔29〕並細剉，《千金方》作「右五味㕮咀」，《外臺》作「右五味，切」，義同。

〔30〕三升，《千金方》作「三斗」，《外臺》作「二斗」。沈校認為作「斗」是，此為沐頭方，一升水沐頭，水量太少。

〔31〕得，《千金方》作「取」，義同。

〔32〕升，《千金方》作「斗」。同校〔30〕

〔33〕去滓，《外臺》無。

〔34〕溫以洗木頭，《千金方》作「溫以沐頭」，《外臺》作「以沐頭甚妙」。郝錄：「『木』，當作『沐』，據文義改，『木』為『沐』之借字。」案：「木」為「沐」之省，「沐」與「洗」義同。

〔35〕廿，《千金方》作「二十」，義同，下凡同此不復出校。

〔36〕「摩」下《千金方》有「之」。

〔37〕三兩半，《千金方》作「二兩」。

〔38〕一兩半洗，《千金方》作「一兩」。

〔註11〕《本草綱目》，930 頁。

〔39〕「半」下寫卷原有「茵芋」二字，旁有刪除符號，《千金方》無「茵芋」二字。郝錄：「底本『半』下另有『茵芋』二字，旁有刪除符號，應不錄。」今從之不錄。

〔40〕茵，《千金方》作「莽」。黃征《敦煌俗字典》：「P.2794《伍子胥變文》：『潛形茵草，匿影藜蘆。』P.2378、P.2755 張仲景《五藏論》：『茵草殺齒內之蟲，藜蘆除鼻中宿肉。』按：《廣韻·養韻》：『茵，茵草。』，《龍龕手鏡》：『茵，草名。』《本草綱目·穀部茵草》引陳藏用《本草拾遺》：『茵草生水田中，苗似小麥而小。四月熟，可作飯。』字亦作『芒』、『莽』等。」〔註12〕「茵」為「茵」之俗字，亦可寫作「莽」。

〔41〕二兩半，《千金方》作「二兩」。

〔42〕蘆，《千金方》作「蔄」。案：字本當作「閭」，亦可作「盧」，「盧」與「閭」二字聲近相通。《本草經》作「閭茹」，《太平御覽·藥部第八》有「閭茹」條，曰「《建康記》曰：『建康出草盧茹。』」「閭」後增旁作「蔄」，「盧」後增旁作「蘆」。

〔43〕二，《千金方》作「一」。

〔44〕搗篩，《千金方》作「右八味㕮咀」。

〔45〕脂，《千金方》無。

〔46〕搗，《千金方》作「擣」。《正字通·手部》：「搗，俗擣字。」〔註13〕

〔47〕沐令頭淨，《千金方》作「沐頭令淨」。

〔48〕五心，《千金方》作「顖」。沈校認為「顖」義勝，原卷當為其異體「恖」之訛。案：「顖」與「囟」同，《說文·囟部》：「囟，頭會𡿺蓋也。」〔註14〕是本字作「囟」，「顖」為後起俗字。寫卷作「五心」應是「顖」之省。「恖」為「思」之俗，於此處意不合。

〔49〕二，《千金方》作「一」。

〔50〕「愈」下，《千金方》有「如非十二月合，則用生烏麻油和塗頭皮，沐頭令淨乃揩之。一頓生如昔也」句。

〔51〕生髮及治頭風癢白屑膏方，《千金方》作「治頭風養白屑、生髮膏方」。《外臺》引《集驗方》（以下仍稱《外臺》）「治」作「療」。

〔註12〕《敦煌俗字典》，419 頁。
〔註13〕《正字通》，418 頁。
〔註14〕《說文解字》，216 頁。

〔52〕二，《外臺》同，《千金方》作「三」。

〔53〕茵芋二兩，《外臺》《千金方》無。

〔54〕草，《千金方》無。

〔55〕朮，《千金方》《外臺》作「白朮」。

〔56〕二兩，《千金方》作「半升」，《外臺》作「切二升」。

〔57〕一，《千金方》《外臺》作「二」。

〔58〕半升，《外臺》作「切二升」。

〔59〕並，《千金方》作「右十五味」，《外臺》作「右十四味」。寫卷此方藥材共計十四味，《千金方》無「茵芋」，多「莽草」「辛夷」兩味。《外臺》無「茵芋」「竹葉」，多「莽草」「辛夷」兩味。

〔60〕細切，《千金方》無。

〔61〕清酢三升，《外臺》作「苦酒」。

〔62〕明旦微火煎，《千金方》作「明旦微火以脂煎，三上三下」，《外臺》作「以脂煎三上三下」。

〔63〕藥成，《千金方》作「白芷色黃膏成」，《外臺》作「膏成」。

〔64〕先以沐頭，後以塗之。《千金方》作「去滓濾取沐髮了塗之，一方用生油三大升」，《外臺》作「去滓濾收沐髮了，以塗之妙」。此方藥劑，敦煌本有十四味，《集驗方》也是十四味，然而《集驗方》多了一味辛夷，少了竹葉。《千金方》、《古今錄驗》有十五味，《千金方》多了辛夷，《古今錄驗》少了松葉，多辛夷與生麻油，但與《千金方》注文「一方用生油三大升」又可相印證，可見林億校證時所見此方有二，一為千金所載，一為《古今錄驗》所載。量劑各版本均略有不同。

〔65〕治頭中風癢白屑風頭長髮生髮膏方，《千金方》無「風頭、長髮」四字，《外臺》無「中」字，無「生髮」二字。

〔66〕三，《千金方》作「二」。

〔67〕三，《千金方》作「二」。

〔68〕松脂，《千金方》作「松膏」。《本草經集注》：「松脂，一名松膏。」〔註15〕《外臺》缺此味。

〔69〕兩，《千金方》作「升」。

〔70〕半升，《千金方》作「三兩」。《外臺》「半升」前有「切」字。

〔註15〕《本草經集注》，191頁。

〔71〕二，《千金方》作「三」。

〔72〕騲，《外臺》作「鬐」。《龍龕手鏡・馬部》：「騲，馬頂上騲，與鬐同。」〔註16〕

〔73〕二兩，《外臺》同，《千金方》作「三升」。

〔74〕霍，《千金方》《外臺》作「藿」。《說文通訓定聲・豫部》：「霍，假借為藿。」〔註17〕

〔75〕一，《千金方》作「二」。

〔76〕二升，《千金方》作「三升」。《外臺》熊脂、豬脂劑量均作「二兩」。

〔77〕並，《千金方》作「右十八味」。《外臺》作「右十七味」，缺「松脂」一味。

〔78〕細細切，《千金方》《外臺》無。

〔79〕清醯，《千金方》作「以清醋」，《外臺》作「以苦酒」。《說文・皿部》：「醯，酸也。」〔註18〕弘景曰：「醋酒為用，無所不入，愈久愈良，亦謂之醯。以有苦味，俗呼苦酒。」〔註19〕三者義相同。

〔80〕二，《千金方》作「一」。下文有「明旦」二字，則當是一宿，寫卷誤。

〔81〕微，《千金方》無。

〔82〕「白」上《千金方》有「以」。

〔83〕小焦，《千金方》作「色」。

〔84〕用如澤法，《千金方》作「用以澤髮」，《外臺》作「用以塗頭中甚妙」。寫卷「用如澤法」指用如沐頭之法，與《千金方》《外臺》意相通。

〔85〕治欲令髮長及除頭中多白屑方，《外臺》作「療頭癢搔之白屑起方」。

〔86〕「三升」下《外臺》有「擣碎」。

〔87〕三兩，《外臺》作「二升」。

〔88〕凡二物，《外臺》作「右二味」。

〔89〕熟熟研，《外臺》作「擣」。

〔90〕置，《外臺》作「內」，義同。

〔91〕米，《外臺》無。

〔92〕「中」下《外臺》有「漬之」。

〔93〕「旦」下《外臺》有「濾」。

〔註16〕《龍龕手鏡》，292 頁。
〔註17〕《說文通訓定聲》，457 頁。
〔註18〕《說文解字》，104 頁。
〔註19〕《本草綱目》，1554 頁。

〔94〕用，《外臺》作「溫」。

〔95〕「髮」下《外臺》有「訖」。

〔96〕數作之，《外臺》作「用後方」。

〔97〕治頭中癢，《外臺》作「主頭風」。

〔98〕先作，《外臺》作「右一味，以」。

〔99〕出，《外臺》無。

〔100〕忖令猶溫，《外臺》作「使溫溫」。

〔101〕悉，《外臺》無。

〔102〕湯，《外臺》無。

〔103〕絞，《外臺》作「攪」。郝錄：「『絞』，當作『攪』，據文義改，……『絞』為『攪』之借字。」

〔104〕和，《外臺》作「勻」。

〔105〕復煮令熱，《外臺》無。

〔106〕「三」下《外臺》有「度」。

〔107〕三百一沐，《外臺》無。

〔108〕並治髮絕方，《外臺》作「令髮生去白屑風癢差」。

〔109〕憙、喜古今字。下凡同此不復出校。

〔110〕洪，《千金方》無。

〔111〕二，《千金方》作「一」。人參、羌活、遠志、當歸、紫石、五味這六味藥材，寫卷均為「二兩」，《千金方》作「一兩」。不再單獨出校。

〔112〕湯洗，《千金方》無。

〔113〕去心，《千金方》無。

〔114〕末，《千金方》無。

〔115〕三，《千金方》作「一」。

〔116〕炙，《千金方》無。

〔117〕二，《千金方》作「三」。

〔118〕五味，《千金方》作「五味子」。

〔119〕兩，《千金方》作「升」。

〔120〕碎，《千金方》無。

〔121〕十四物切，《千金方》作「右十四味㕮咀」。

〔122〕一升，《千金方》作「一斗三升」。沈校：「一升」與下文煎出量不合，當作

「一斗」。

〔123〕先，《千金方》無。

〔124〕升，《千金方》作「斗」。

〔125〕滓，《千金方》作「棗」。先煮酸棗，取煮棗之水，所去為煮完之棗渣，用「滓」更適合。

〔126〕取，《千金方》下有「三」。

〔127〕一，《千金方》作「二」。沈校：當作「二」，共三升五合，每服七合，應有五服。

〔128〕箂箂，張小豔楷定為「箂箂」，認為「箂」為「策」的俗字，因傳世醫籍中未見「策策」有形容心氣不安者，此條「心氣策策不安」之「策策」為「築築」之誤，在漢以降的醫書中，「築築」多用來形容心氣悸動不安〔註20〕。

〔129〕治百病鼉魚甲湯方，《千金方》作「鼉甲湯」。「鼉」為「鼉」之俗字。

〔130〕主，《千金方》無。

〔131〕取，《千金方》作「邪」。案：「取」當是「耶」之形誤。「耶」與「邪」同。

〔132〕「夢」下《千金方》有「寐」。

〔133〕間，《千金方》作「聞」。郝錄：「『間』，當作『聞』。」後跟「人聲」二字，當作「聞」，「間」為「聞」之形誤字。

〔134〕躰，《千金方》作「體」，「躰」為「體」之俗寫。下凡同此不復出校。

〔135〕背，《千金方》作「脊」。

〔136〕內，《千金方》作「中」，義同。

〔137〕有，《千金方》無。

〔138〕躰肥而，《千金方》作「肌體不生」。

〔139〕痛耳，《千金方》作「身」。

〔140〕「一」下《千金方》有「度」。

〔141〕弥，《千金方》作「彌」。《集韻·支韻》：「彌，或作弥。」

〔142〕「日」下《千金方》有「困」。

〔143〕此，《千金方》無。

〔144〕「之」下《千金方》有「方」。

〔145〕魚，《千金方》無。

〔146〕炙，《千金方》無。

〔註20〕《〈敦煌醫藥文獻真蹟釋錄〉校讀記》，《敦煌吐魯番研究》第十七卷，16頁。

〔147〕微,《千金方》作「薇」。「微」為「薇」之同音借字。

〔148〕三,《千金方》作「二」。

〔149〕炙,《千金方》無。

〔150〕去節,《千金方》無。

〔151〕半,《千金方》無。

〔152〕勺,《千金方》作「芍」,古通用字。

〔153〕碎,《千金方》無。

〔154〕四,《千金方》作「二」。

〔155〕三兩半,《千金方》作「二兩」。

〔156〕白尤三兩半,小字注有「一方二兩半」,《千金方》正作「二兩半」。

〔157〕切,《千金方》作「右十四味㕮咀」。

〔158〕「不」下《千金方》有「能」。

〔159〕死,《千金方》《外臺》無。

〔160〕龍精,《千金方》《外臺》作「蒼龍精」。據下文玉屑白虎精、玄參玄武精、赤石脂朱雀精,此處應作「蒼龍精」。

〔161〕「土精」下,《千金方》有「一云火精」。

〔162〕九物,《千金方》作「右九味」。《外臺》作「凡九物」。

〔163〕搗,《千金方》無。《外臺》作「擣」,同。上有「右」。

〔164〕丸,《千金方》無。

〔165〕「三」下《千金方》有「服」。

〔166〕欲,《千金方》《肘後》無。

〔167〕發狂,《肘後》作「狂發」。

〔168〕即,《千金方》《肘後》作「則」,義同。

〔169〕貴,《千金方》作「賢」。

〔170〕須俻,須,《肘後》作「應」,義通。俻,《千金方》、《肘後》作「備」,「俻」為「備」之俗字。

〔171〕又,《千金方》《肘後》無。

〔172〕或悲泣呻吟者,此為耶非狂也,寫卷「或悲」殘存右半,「呻」殘存右半「申」,「吟了」殘存右半「今」,「者」殘存右半「此」殘存右半「匕」,「為」殘存右半「耶」殘存右半「阝」,「非」殘存右半,「狂」殘存右半「王」,「也」殘缺左邊殘畫。

〔173〕法,《千金方》《肘後》作「方」。

〔174〕治卒中耶魅,恍,寫卷「治」殘存右半「台」,「卒中」殘存右半,「耶」殘存
右半「阝」,「魅」殘缺左邊殘畫,「恍」殘存右半「光」。

〔175〕噤,寫卷殘存右半「禁」,其下寫卷殘泐,《千金方》作「灸鼻下人中及兩手
足大指爪甲,本令艾丸半在爪上半在肉上各七壯,不止十四壯,炷如雀矢
大」。《千金翼》作「鼻下人中及兩手足大指爪甲,令艾炷半在爪上,半在肉
上,七炷不止,十四壯,炷如雀矢大作之」。《肘後》作「治卒中邪魅恍惚振
噤之方。灸鼻下人中及兩手足大指爪甲本,令艾丸在穴上,各七壯,不止至
十四壯,愈」。《外臺》引《肘後》作「療卒中邪魅恍惚振噤之方。灸鼻下人
中、及兩手足大指爪甲本,令艾丸、半在爪上,半在肉上,各七壯,不止至
十四壯,便愈」。各本著述文字略有差異。

(二) 醫方 (虎骨酒、伏連等方)

S.1467V

S.1467V,起「虎骨酒」方「虎骨一具」,至「療髓實」方「下芒消,分三
服」,凡二十八行,方名、藥名單行大字,量劑、服用方法等雙行小字。《英
藏》、郝錄、叢春雨等未將寫卷與 S.1467 分開定名,《英藏》定名為《醫藥療
方》〔註21〕,劉目、施目、黃目定名為《醫方》〔註22〕,郝春文仍定名為《失
名醫方集》〔註23〕,《敦煌中醫藥全書》也是定名為《治病藥名文書》〔註24〕。
馬繼興則編為《不知名醫方第一種殘卷》,並據寫卷未避唐高祖之祖李虎諱的
「虎」字,但避「世」字和「治」字諱,認為係唐代早期寫本〔註25〕。

《醫方(虎骨酒、伏連等方)》沒有傳世之本,敦煌寫卷所抄錄十方中,
有 3 方可見於《千金方》,散見於卷七「風毒腳氣方」和卷十二「膽腑方」中,
6 方見於《外臺》卷十三「痃氣骨蒸三方」、「骨蒸方一十七首」、「伏連方五
首」、卷十五「風毒方五首」以及卷十六「髓虛實方二首」。郝錄、馬繼興、馬
校、叢春雨、沈校對寫卷有整理研究,今據《英藏》錄文,以《千金方》《外

〔註21〕《英藏敦煌文獻》第 3 冊,63 頁。

〔註22〕《敦煌遺書總目索引》,138 頁;《敦煌遺書總目索引新編》,45 頁;《敦煌遺
書最新目錄》,52 頁。

〔註23〕《英藏敦煌社會歷史文獻釋錄》第 7 卷,11 頁。

〔註24〕《敦煌中醫藥全書》,624 頁。

〔註25〕《敦煌古醫籍考釋》,194 頁;《敦煌醫藥文獻輯校》,295 頁。

臺》為參校本，參考諸家研究成果，校錄於下：

錄文：

1. 虎骨〔1〕一具，炭火炙令黃色，刮取炙盡〔2〕，搗〔3〕得數升，絹囊盛〔4〕，清酒六升浸五宿，隨〔5〕多少稍〔6〕飲之〔7〕。**療伏連、傳屍、骨**

2. **蒸、殗殜。**此惣（總）是一病，恐人不識，具其名，比來服此方者，但得好藥，効驗十不失一。皂莢一尺〔8〕，去皮子，炙令黃，栢子

3. 口兩，苦參一兩，百部根一兩，金柒腐木一兩，如無，干柒二兩替。右五味，搗篩，取餳和為丸，丸如兔屎大。

4. 服時先取精羊宍一雞子大，熟煮訖，分作兩分。先取一分，熟嚼咽汁，取所嚼肉淬裏六丸藥，丸別各裏，平旦以飲服之後，如人〔9〕十五里久。又取前一分熟羊肉，嚼宍

5. 咽汁，如前法，還取淬，更各裏六丸藥，準前服之。通前惣（總）十二丸，名為一劑。如不⊿，依前法服之，不過兩三度服，無不愈者。疾輕者痢出黃青綠水，重者出口

6. 蝦蟇蟲田父等。服藥後一月內，不得食羊肉、油麵、熱物等，大忌。**療痃癖氣，壯熱兼嗽**〔10〕，久為骨蒸，極〔11〕驗方。**柴胡四兩，**

7. ⊿（伏）〔12〕苓三兩，白術三兩，枳殼〔13〕三兩。右〔14〕以水七升，煮取二升半，分三分服〔15〕，壯〔16〕熱不歇，即加芒消六分，取痢〔17〕熱歇〔18〕之後，每三日服一劑，差後，每月服〔19〕一

8. 劑，肥白終身永除〔20〕。**療人患骨蒸，瘡在腳脛上生者方。**取藜〔21〕蘆酢漬，塗之即差。

9. **療纏屍骨蒸，瘡在腳，蜀漆丸主之，漸瘦並小兒壯熱方。**恒山二兩，麻黃二兩，甘草二兩，知口（母）

10. 二兩，杏人二兩，牡厲二兩，蜀柒一兩，大黃三兩，黃芩二兩。下篩，蜜和為丸，丸如悟〔22〕子大，

11. 口口飲，進一服五丸，日三，忌魚豬等肉，頃暢方。**療五蒸下利方，力弱方。**苦參三〔23〕兩，青葙二兩〔24〕，甘草

12. 二〔25〕兩。已上三味〔26〕切，以水四升，煮取一升半，分為三分〔27〕，灌下部更良〔28〕。**療骨蒸，以骨汁淋方。**枯〔29〕朽骨〔30〕五大升，一切骨皆堪

13. 用，唯淨〔31〕洗刷刮，不得遣微有土氣，但似有土氣，即不差病。**桃枝三大升，剉，柳枝三大升，剉，枯**〔32〕**棘針三大升，**

14. 已上四物〔33〕，以清水五大石，煮之減半，乃接〔34〕出汁。別取清漿兩大石投釜中，和骨重煮三兩沸，然後惣濾出，淨拭釜，取〔35〕前後湯相和，更報暖〔36〕，隨須〔37〕⊿

（取）〔38〕

15. 用，使患者解髮令散，以此湯發項〔39〕淋之，其湯唯〔40〕熱，但不破宍〔41〕為准〔42〕。一舉淋湯遣盡，若覺心悶〔43〕，即喫三五〔44〕口冷飯，如不能坐，即臥淋。淋湯之時，自當大汗，汗出囗（少）〔45〕

16. 處，仍遍〔46〕淋之，務取汗昀〔47〕，以袪惡氣。淋訖，可食一大椀熱蔥豉粥，便〔48〕暖覆囗（取）〔49〕汗，汗解，以粉摩身，連手足〔50〕周遍。患重者不過再淋，欲重淋時，須〔51〕量氣

17. 囗（力）〔52〕禁淋，乃〔53〕淋此湯，若飲之尤佳。**斷伏連解法**。右〔54〕先覓一不開口匏〔55〕蘆，入月取，離日開〔56〕，煮取三匙脂粥內其中。又剪紙錢財將〔57〕

18. 新塚上，使病兒面向還道，北〔58〕塚坐，以紙錢財〔59〕乃〔60〕新綜團〔61〕塚及病人，使匝遍〔62〕，別將少許紙錢圍外與五道將軍，使病〔63〕人一手捉瓠蘆，一手於坐傍，以

19. 片鐵〔64〕穿地，即以瓠蘆坐所穿處〔65〕穿地，及坐瓠蘆了，使一不病人捉兩箇囗〔66〕病〔67〕背，呪曰：伏連、伏連〔68〕。

20. 療髓虛方

21. 治髓虛痛惣（總）下安〔69〕，膽府中寒，羌活補髓丸方。羌活二〔70〕兩，桂心二兩，芎藭二〔71〕兩，囗（當）〔72〕

22. 歸三兩，人參四兩，棗肉一升〔73〕，研為〔74〕脂，大麻人二升，熬研為〔75〕脂，羊髓一升，蜀囗（蘇）〔76〕

23. 一升，牛髓二〔77〕升，前〔78〕搗五種干〔79〕藥為散〔80〕，下棗膏、麻人，又更〔81〕搗，相柔〔82〕囗（為）

24. 口囗（一家）〔83〕，下三髓〔84〕，內銅缽中〔85〕湯中〔86〕調〔87〕之，取好為丸，丸〔88〕如梧子，一〔89〕服卅〔90〕，日再〔91〕，加至卌〔92〕，為囗口，囗（並）煖清酒進之〔93〕。

25. 囗囗（療髓）〔94〕實方

26. 囗（治）〔95〕髓實勇悍驚熱，主〔96〕熱，柴胡發泄湯〔97〕。柴胡三兩，升麻三兩，黃芩三兩，澤寫

27. 囗（四）〔98〕兩，細辛三兩，枳實〔99〕三兩，支〔100〕子人三兩，生地黃切〔101〕一升，芒消三兩，囗（淡）

28. 囗囗（竹葉）〔102〕切〔103〕一升。凡九物〔104〕，以水九升，煮囗（取）〔105〕三升，絞〔106〕去滓，下芒〔107〕消，分三服〔108〕。

校記：

〔1〕「虎骨」上寫卷殘泐，《千金方》作「虎骨酒，治骨髓疼痛，風經五藏方」。《外

　　臺》作「備急虎骨酒。療男子女人骨體疼痛，風毒流灌藏腑，及至骨肉方」。

〔2〕刮取炙盡，《千金方》作「槌刮取淨」。《外臺》作「刮削去脂血，搥碎取盡」。

〔3〕搗，《千金方》作「擣」，「搗」為「擣」之俗。「搗」下《千金方》有「碎」，《外臺》有「篩」。

〔4〕絹囊盛，《千金方》無。《外臺》作「絹袋盛」。「囊」與「袋」義同。

〔5〕「隨」下《千金方》有「性」。

〔6〕稍，《外臺》作「稍稍」。

〔7〕「之」下，《千金方》有「《易》云：虎嘯風生，龍吟雲起，此亦有情與無情相感。治風之效，故亦無疑」。《外臺》有「日二三杯，酒盡更添」。

〔8〕郝錄：「『尺』，當作『只』，據文義改。」案：《本草綱目》第五十卷獸部「羊」下有以羊肉治骨蒸傳屍，所用皂莢亦作「一尺」〔註26〕。此一尺指皂莢的長度，如《外臺秘要》卷第十三「骨蒸方一十七首」中「療骨蒸傳屍方」，皂莢下小字有云：「長一尺者，無相續取，炙令微焦，去黑皮，碎之，綿裹。」〔註27〕不必改作「只」。

〔9〕馬校認為「人」下脫「行」字。

〔10〕嗽，《外臺》作「欬」，義同。

〔11〕極，《外臺》無。

〔12〕伏，寫卷殘存下半。

〔13〕枳殼，《外臺》作「枳實」，下有「炙」。《本草綱目》第三十六卷木部「枳」條下有「子名枳實、枳殼。宗奭曰：『枳實、枳殼一物也。』」〔註28〕

〔14〕「右」下《外臺》有「四味切」。

〔15〕分三分服，《外臺》作「分為三服」。

〔16〕壯，《外臺》作「積」，上文療治病症為「壯熱兼嗽」，此處作「壯熱」是。

〔17〕痢，《外臺》作「利」，古今字。

〔18〕歇，《外臺》作「除」。歇，止也；除，去也。上文言「壯熱不歇」，此處作「歇」是。

〔19〕服，《外臺》無。

〔20〕「除」下，《外臺》有「忌桃李雀肉大醋」。

〔註26〕《本草綱目》，2726頁。

〔註27〕《外臺秘要》，351頁。

〔註28〕《本草綱目》，2078頁。

〔21〕藜，藜蘆之「藜」今醫書多作「藜」。《說文通訓定聲·履部》：「梨，梨果也，從木古文利聲，字亦作梨。……假借為黎。」〔註29〕寫卷作「藜」為「藜」之異體，「藜」與「藜」亦可通。

〔22〕郝錄：「『悟』，當作『梧』，據文義改。」

〔23〕三，《外臺》作「二」。

〔24〕「青葙」下《外臺》有「艾葉一兩」一味。

〔25〕二，《外臺》作「一」。

〔26〕已上三味，《外臺》作「右四味」，多艾葉一味。

〔27〕「分」下，《外臺》有「用羊胞盛之，以葦」。

〔28〕更良，《外臺》作「中」。

〔29〕「枯」上《外臺》有「取」。

〔30〕「骨」下《外臺》有「碎」。

〔31〕淨，《外臺》無。

〔32〕枯，《外臺》無。

〔33〕已上四物，《外臺》作「右四味」。

〔34〕接，《外臺》作「濾」。此為取汁之法，下文有「別取清漿兩大石投釜中，和骨重煮三兩沸，然後捴濾出」，似作「濾」更為適合。

〔35〕「取」下《外臺》有「此」。

〔36〕暖，《外臺》作「煖」。《說文》有「煖」無「暖」，「暖」為「煖」之後起換旁字。

〔37〕須，《外臺》作「次」。

〔38〕取，寫卷殘泐，茲據《外臺》擬補。

〔39〕發項，《外臺》作「潑頂」，此處當是以湯淋髮，則作「頂」義順。「發」為「潑」之省旁字。

〔40〕唯，《外臺》作「令」。

〔41〕宍，《外臺》作「肉」，「宍」為「肉」之俗字。

〔42〕准，《外臺》作「準」。《玉篇·冫部》：「准，俗準字。」〔註30〕「準」與「準」同。《正字通·水部》：「準，或謂宋寇準為相，行文書不敢成字，去其『十』則嫌於准，故改氵為冫。」〔註31〕

〔註29〕《說文通訓定聲》，581 頁。
〔註30〕《宋本玉篇》，364 頁。
〔註31〕《正字通》，602 頁。

〔43〕悶，《外臺》作「悶」。《集韻·恨韻》：「悶，莫困切，《說文》：『懣也。』或作惛，亦書作悶。」〔註32〕

〔44〕五，《外臺》作「兩」。

〔45〕少，寫卷殘缺下邊筆劃。

〔46〕遍，《外臺》作「徧」。《說文通訓定聲》：「徧，字亦作遍。」〔註33〕遍、徧，周也。從文義上看此處作「遍」是，《外臺》作「偏」為「徧」之訛。

〔47〕畇，《外臺》作「匀」。《集韻·諄韻》：「匀，均也。……畇，墾田也。」〔註34〕寫卷作「畇」為「匀」之誤。

〔48〕便，《外臺》作「仍」。

〔49〕取，寫卷殘泐，茲擬《外臺》擬補。

〔50〕「足」下《外臺》有「使」。

〔51〕須，《外臺》無。

〔52〕力，寫卷模糊不可辨，茲據《外臺》擬補。

〔53〕禁淋，乃，《外臺》無。

〔54〕右，《外臺》無。

〔55〕匏，《外臺》作「葫」。《說文·包部》：「匏，瓠也。」〔註35〕「匏蘆」，亦有作「壺蘆」，今多作「葫蘆」。《正字通·士部》：「壺蘆與瓠同，俗作葫。」〔註36〕下凡同此不復出校。

〔56〕入月取，離日開，《外臺》作「埋入地，取上離日開之」。

〔57〕「將」下《外臺》有「向」。

〔58〕北，《外臺》作「背」，古今字。

〔59〕財，《外臺》無。

〔60〕乃，《外臺》作「及」。「乃」為「及」之形誤字。

〔61〕團，《外臺》作「闔」。《說文·口部》：「團，圜也。」《說文·門部》：「闔，門扇也，一曰閉也。」〔註37〕此處意指以紙錢圍冢和病人環繞一周（匝遍），故作「團」義勝，「闔」應是「團」之形誤。

〔註32〕《集韻》，551頁。
〔註33〕《說文通訓定聲》，840頁。
〔註34〕《集韻》，125頁。
〔註35〕《說文解字》，188頁。
〔註36〕《正字通》，210頁。
〔註37〕《說文解字》，129、248頁。

〔62〕遍，《外臺》無。郝錄：「『遍』，當作『便』，據文義改，『遍』為『便』之借字。」
案：此處「匝遍」應是作繞一圈解，遍，周也。

〔63〕病，《外臺》無。

〔64〕片鐵，《外臺》作「一刀」。

〔65〕穿處，《外臺》無。

〔66〕寫卷此處模糊不可辨，《外臺》作「鑷拍」。

〔67〕「病」下《外臺》有「人」。

〔68〕「連」下《外臺》有「解，伏連伏連不解，刀鑷解。又咒曰：生人持地上，死鬼持地下，生人死鬼即各異路。咒訖，令不病人即擲兩鑷於病人後，必取二鑷相背。不背更取擲，取相背止，乃並還勿反顧。又取離日，令病人騎城外車轍，面向城門。以水三升，灰三重圍病人。又作七個不翻餅，與五道將軍。咒曰：天門開地戶閉，生人死鬼各異路。今五離之日，放捨即歸，咒訖乃還，莫回頭。此法大良。」可做參考。

〔69〕痛惣（總）下安，《千金方》《外臺》作「腦痛不安」。「下」為「不」之形誤。

〔70〕二，《千金方》《外臺》作「三」。

〔71〕二，《千金方》《外臺》作「三」。

〔72〕當，寫卷殘存上半。

〔73〕升，《外臺》引《千金方》作「斤」。

〔74〕為，《千金方》作「如」。

〔75〕同上。

〔76〕蜀蘇，寫卷「蘇」殘存上邊殘畫，《千金方》《外臺》作「酥」，二字可通用。「蜀」，《千金方》《外臺》無。

〔77〕二，《外臺》引《千金方》作「一」。

〔78〕前，《千金方》作「先」，義同，其上《千金方》有「右十味」。

〔79〕干，《千金方》作「乾」。《說文通訓定聲·乾部》：「干，段借為乾。」〔註38〕

〔80〕散，《外臺》所引《千金方》同。《千金方》作「末」。

〔81〕更，《千金方》無。

〔82〕柔，《千金方》作「濡」。

〔83〕為一家，為，寫卷殘存上邊殘畫，「一」，寫卷殘泐，茲據《千金方》擬補。「家」，寫卷殘存下半「豕」。

〔註38〕《說文通訓定聲》，729頁。

〔84〕三髓，《千金方》作「二髓並酥」。

〔85〕「中」下《千金方》有「重」。

〔86〕中，《千金方》無。

〔87〕調，《千金方》作「煎」。

〔88〕丸，《千金方》無。

〔89〕一，《千金方》作「酒」。

〔90〕卅，《千金方》作「三十」，義同，其下《千金方》有「丸」。

〔91〕再，《千金方》作「二服」，再，二也。其下有「稍」。

〔92〕卌，《千金方》作「四十」，義同，其下《千金方》有「丸」。

〔93〕為▨□並煖清酒進之，《千金方》無。《外臺》引《千金方》亦無，後有「忌生葱」。

〔94〕療髓，寫卷「療」殘泐，「髓」字存下半，據《千金方》擬補。

〔95〕治，寫卷殘存右下，《外臺》引《千金方》作「療」。

〔96〕「主」下《千金方》《外臺》有「肝」。

〔97〕「湯」下《千金方》《外臺》有「方」。

〔98〕四，寫卷殘泐，茲據《千金方》、《外臺》擬補。

〔99〕「枳實」下《外臺》有小字「炙」。

〔100〕支，《千金方》、《外臺》均作「梔」。《說文‧又部》：「支，去竹之枝也，從手持半竹。」《說文‧木部》：「梔，木實可染，從木卮聲。」〔註39〕《正字通‧支部》：「黃支，木名，一名鮮支，實可染黃，即今支子木。俗作梔。」〔註40〕根據《說文》對「梔」、「支」二字的釋義，作為可染黃之木實，以「梔」字為本字，而「支」後借用此義。「梔」與「梔」同，《說文解字注》與《龍龕手鏡》字皆作「梔」。《說文句讀》：「卮、支，皆梔之借字，今語正呼為梔子。」〔註41〕《正字通》所謂「支」為正字，「梔」為俗字，誤也。

〔101〕切，《千金方》無。

〔102〕淡竹葉，寫卷殘泐，茲據《千金方》擬補。

〔103〕切，《千金方》無。

〔104〕凡九物，《千金方》作「右十味㕮咀」，《外臺》作「右十味切」。「㕮咀」與「切」

〔註39〕《說文解字》，65、126頁。

〔註40〕《正字通》，434頁。

〔註41〕《說文句讀》，14頁。

同。自「柴胡」至「淡竹葉」有十物,「芒消」後下,則共九物。

〔105〕取,寫卷殘泐,茲擬《千金方》《外臺》擬補。

〔106〕絞,《千金方》《外臺》無。

〔107〕芒,《千金方》無。

〔108〕分三服,《外臺》作「分為三服,忌生菜蕪荑」。

(三)醫方(薰香、美容等方)

S.4329V

S.4329V,起「薰衣香方」,至「玉屑面脂方」中「伏苓四分」,共四十九行,存方十一首。《英藏》定名為《醫方》〔註42〕,劉目、黃目、《敦煌醫海拾零》定名為《香藥方》〔註43〕,施目定為《藥方十幾帖》〔註44〕,馬繼興編為《不知名醫方第十二種》〔註45〕,《敦煌外治法與保健養生》編為《美容方書第一種》〔註46〕,叢春雨定名為《美容方書》〔註47〕,王卡定名為《駐顏美容保健藥方》〔註48〕。寫卷抄錄薰香方兩首,面脂等方七首,另有治口氣臭方和發落不生方各一首,現據寫卷內容定名為《醫方(薰香、美容等方)》。叢春雨認為寫卷寫於早唐時期,而撰著年代必更在此之前。

《醫方(薰香、美容等方)》無傳世之本,寫卷所存十一方,有五方可見於《千金方》,其中四方見於卷六「七竅病方」的「面藥第九」,一方見於同卷「口病第三」。其餘諸方如薰衣香方、裛衣香方、面脂方等,均可在《千金方》、《千金翼方》中找到方名,然用藥略有差異。

馬繼興《敦煌醫藥文獻輯校》(簡稱「馬校」)、叢春雨《敦煌中醫藥全書》(簡稱「叢春雨」)、沈澍農《敦煌吐魯番醫藥文獻新輯校》(簡稱「沈校」)對寫卷有校釋之作。今據《英藏》錄文,其中五方以《備急千金要方》(簡稱「《千金方》」)為參校本,校錄於後。

〔註42〕《英藏敦煌文獻》第六冊,35頁。
〔註43〕《敦煌遺書總目索引》,198頁;《敦煌遺書最新目錄》,153頁;《敦煌醫海拾零》,291頁。
〔註44〕《敦煌遺書總目索引新編》,133頁。
〔註45〕《敦煌醫藥文獻輯校》,408頁。
〔註46〕《敦煌外治法與保健養生》,68頁。
〔註47〕《敦煌中醫藥全書》,641頁。
〔註48〕《敦煌道教文獻研究》,257頁。

錄文：

1. 薰衣香方：

2. 沉香一斤，甲香九兩，丁香九兩，麝香一▨（兩）〔1〕，

3. 甘松香一兩，薰陸香一兩，白檀香一兩。

4. 右件七味擣碎，然後取蘇一兩半，和令

5. 相著，蜜和之。

6. 裛衣香方：

7. 苓陵十兩，吳藿六兩，甘松四兩，

8. 丁香四兩，青木香三兩，沉香三兩。

9. 上件藥擣，生絹袋盛之。

10. 面脂方：

11. 蓽麻仁二升，桃仁二升去皮，萎蕤仁一合。

12. 右件三味，擣蒸，以絹三尺絞取汁，並

13. 及熱臘一大兩，鍊令白如面脂，稀

14. 即更加臘。苓陵香一小兩，

15. 藿香一小兩，辛夷人一小兩去皮，香附子一小兩，

16. 土瓜根一小兩。

17. 右件五味，細切，綿裹，以文火煎蓽麻

18. 等脂，內臘及香等，火勿使急，煎半

19. 日始熟，其滓各和半升許豬脂，更

20. 煎使之如面脂。

21. 洗面▨方〔2〕：

22. 豬胰〔3〕五具〔4〕，畢豆〔5〕一升，皂莢三挺，萎蕤〔6〕。

23. 右件四物〔7〕，和擣為散〔8〕，旦起少許和水〔9〕

24. 洗手面，白如素〔10〕。皇甫方〔11〕。

25. 面膏方：

26. 玉屑一兩，白芷一兩，白蚕一兩，白朮一兩，

27. 章陸三兩，辛夷一兩，白附子三兩，土瓜根一兩，

（中缺）

28. ▨▨▨（洗面藥）〔12〕方：

29. 白芷、白蚕〔13〕、萎蕤、白朮、杏仁〔14〕、桃仁、瓜仁〔15〕。

30. 已上各一兩〔16〕，擣和綿裹〔17〕，洗面〔18〕即用之〔19〕。

31. 面散方〔20〕：

32. 白〔21〕珂倍多〔22〕，珊瑚少許〔23〕，白附子少与〔24〕，鷹糞〔25〕少与。

33. 右件〔26〕四味各一兩〔27〕，細研為屑〔28〕，乳和〔29〕，夜夜

34. 🔲（塗）〔30〕之〔31〕。面膏方〔32〕：

35. □（白）蚕〔33〕二分〔34〕，生礜石〔35〕一分〔36〕，白石脂一分〔37〕，杏仁半
兩〔38〕。

36. □□〔39〕四味擣篩〔40〕，和雞子白，夜臥以〔41〕塗面上。

37. □🔲（起）〔42〕以井華〔43〕水洗之。老之与少同年，色

38. □異也。樊佛奴。治口氣臭〔44〕方：

39. 丁香三分〔45〕，甘草三分炙〔46〕，細辛五兩〔47〕，桂心半兩〔48〕，芎藭〔49〕四
兩〔50〕。

40. 右件〔51〕五味擣篩〔52〕，蜜為丸〔53〕，如彈子大〔54〕，臨臥〔55〕

41. 服兩〔56〕丸。髮落不生方：

42. 常以馬駿〔57〕脂塗之，即自生，不可細說

43. 也。玉屑面脂方：

44. 玉屑四分，芎藭四分，章陸根一分，土瓜根四兩，

45. 辛夷仁二分，黃芩二分，防風二分，藁本三分，栝樓三分，

46. 桔梗三分，白附子四分，白彊〔58〕蚕三分，萎蕤四分，

47. 木蘭皮三分，冬瓜仁五分，白芷三分，蜀水花四分，

48. 桃仁四分去皮，鷹矢白四分，薰陸香二分，伏苓四分，

49. 🔲□□四分，□□一分，□□四分，□🔲（芷）四分，草麻仁二分

校記：

〔1〕兩，寫卷殘存上半。

〔2〕「面」下寫卷模糊不可辨，《千金方》作「藥澡豆」，可據之擬補。

〔3〕胰，《千金方》作「胒」。《龍龕手鏡·肉部》：「胒，音夷，豬胒也。」〔註49〕，
胰本意為夾脊肉〔註50〕，是作「胒」為本字，「胰」為後起之音借字。

〔4〕「具」下《千金方》有「細切」二字。

〔5〕畢豆，《千金方》作「畢豆面」。《本草綱目·穀部》：「張揖《廣雅》：『畢豆、

〔註49〕《龍龕手鏡》，406頁。
〔註50〕《集韻》，46頁。

豌豆，留豆也』。……作澡豆，去䵟䵢，令人面光澤。……《千金》《外臺》洗
面澡豆方，盛用畢豆面，亦取其白膩耳。」〔註51〕

〔6〕萎蕤，《千金方》作「栝樓實三兩（一方不用），萎蕤、白茯苓、土瓜根各五
兩」。

〔7〕右件四物，《千金方》作「右七味」，較寫卷多栝樓實、白茯苓、土瓜根三味。

〔8〕和擣為散，《千金方》作「擣篩，將豬胰拌和，更擣令勻」。

〔9〕旦起少許和水，《千金方》作「每旦取」。

〔10〕白如素，《千金方》作「百日白淨如素」。

〔11〕皇甫方，《千金方》無。

〔12〕洗面藥，寫卷殘存左半。

〔13〕蚕，《千金方》作「斂」。案：白蠶，即白僵蠶也，其主治有「滅黑䵢，令人面
色好」。白斂，可「生肌止癰……今醫治風及金瘡、面藥方多用之」〔註52〕。
從證治來看，此為美容洗面之方，似用「白蠶」更為妥當。

〔14〕仁，《千金方》作「人」，二字可通用，以下桃仁、瓜仁皆同，不復出校。

〔15〕瓜仁，《千金方》作「冬瓜人」，後尚有「皂莢」一味。

〔16〕各一兩，《千金方》作「各等分」，皂莢一味倍其數。

〔17〕擣和綿裏，《千金方》作「絹篩」。

〔18〕面，《千金方》作「手面」。從方劑證治來看，「手」應是衍字。其下《千金方》
有「時」字。

〔19〕之，《千金方》無。

〔20〕面散方，《千金方》作「治䵟䵢烏靨，令面潔白方」。

〔21〕白，《千金方》作「馬」。「珂，馬勒飾也。此貝似之，故名。《別錄》曰：『珂
生南海。採無時。白如蚌。』」〔註53〕傳世醫籍多作「馬珂」，取其形也。寫
卷作「白珂」，當是取其色也。

〔22〕倍多，《千金方》無。

〔23〕少許，《千金方》無。

〔24〕少与，《千金方》無。

〔25〕糞，《千金方》作「屎」，義同。

〔註51〕《本草綱目》，1518頁。
〔註52〕《本草綱目》，2247、1297頁。
〔註53〕《本草綱目》，2543頁。

〔26〕件,《千金方》無。

〔27〕各一兩,《千金方》「馬珂」為二兩,其餘三味為一兩。

〔28〕細研為屑,《千金方》作「研成粉」。其義大致相同。

〔29〕乳和,《千金方》作「和勻,用人乳調以傅面」。

〔30〕塗,寫卷殘存下半「土」,《千金方》作「著」。

〔31〕「之」下《千金方》有「明旦以溫漿水洗之」。

〔32〕面膏方,《千金方》作「治面黑䵟生皰方」。

〔33〕蚕,《千金方》作「斂」。其上寫卷殘泐,據上「洗面藥方」及《千金方》擬補「白」。

〔34〕二分,《千金方》作「十二銖」。

〔35〕生礜石,《千金方》注「救急方無礜石」。

〔36〕一分,《千金方》作「六銖」。

〔37〕一分,《千金方》作「六銖」。

〔38〕半兩,《千金方》作「三銖」。

〔39〕□□,此處寫卷殘泐兩字位置,《千金方》作「右」。沈校補「右件」二字。據寫卷上下文,可補「右件」二字。

〔40〕搗篩,《千金方》作「研」。

〔41〕以,《千金方》無。

〔42〕□▨,寫卷殘存「起」下半,其上殘泐一字,《千金方》作「旦」。可擬補「旦起」二字。

〔43〕華,《千金方》作「花」,二字古通用。

〔44〕「臭」下,《千金方》有「穢常服含香」五字。

〔45〕三分,《千金方》作「半兩」。

〔46〕三分炙,《千金方》作「三兩」。

〔47〕五兩,《千金方》作「一兩半」。

〔48〕半兩,《千金方》作「一兩半」。

〔49〕藭,《千金方》無。

〔50〕四兩,《千金方》作「一兩」。

〔51〕件,《千金方》無。

〔52〕搗篩,《千金方》作「末之」,義同。

〔53〕蜜為丸,《千金方》作「蜜和」。

〔54〕如彈子大，《千金方》在「服兩丸」後。

〔55〕「臥」下《千金方》有「時」字。

〔56〕兩，《千金方》作「二」，義同。

〔57〕駿，《千金方》作「髻」。案：S.1467作「騌」，《龍龕手鏡・馬部》：「騌，馬頂
上騌，與髻同。」寫卷作「駿」為「騌」之形誤字。

〔58〕彊，《千金方》作「殭」。「蠶病風死，其色自白，故曰白僵（死而不朽曰僵）。」
〔註54〕《說文・人部》：「僵，偃也。」段玉裁注曰：「僵謂仰倒，……今人語
言乃謂不動不朽為僵，《廣韻》作殭，死不朽也。」〔註55〕《字彙・歹部》：
「殭，蠶白也。凡死後不朽者皆曰殭，故蠶死而白，謂之殭蠶。」〔註56〕《集
韻・漾韻》：「殭，死不朽也。」〔註57〕但《說文》有「僵」無「殭」，則本字
作「僵」，「殭」為後起換旁字，「彊」與「殭」可相通。

（四）醫方（服藥凡例及房中養生方）

S.4433V

S.4433V，起服藥凡例「凡服藥不言先食後食者」，至重出之方「治女人
快樂、男子彊好」方「虵床子」之「虵」，凡四十八行，末五行上截殘缺，行
約二十五字。《英藏》定名為《醫方（服藥、治丈夫風虛方、治陰冷熱方等）》
〔註58〕，黃目定名為《醫方（眼藥、治身虛目暗精氣衰方、治陰冷熱方、治
女人交接輒血出方、治陽令大方）》〔註59〕，《敦煌醫海拾零》定名為《醫療
法》〔註60〕，馬繼興編為《不知名醫方第十七種》〔註61〕，叢春雨則名為《求
子方書》〔註62〕，李應存定名為《用藥指南及男、婦兩科方》〔註63〕，王卡
定名為《房中養生治病藥方》〔註64〕。寫卷首抄服藥凡例，後抄房中養生方
二十首，一首重出，今擬定名為《醫方（服藥凡例及房中養生方）》。馬繼興、

〔註54〕《本草綱目》，2247頁。

〔註55〕《說文解字注》，380、381頁。

〔註56〕《字彙字彙補》，234頁。

〔註57〕《集韻》，599頁。

〔註58〕《英藏敦煌文獻》第六冊，73頁。

〔註59〕《敦煌遺書最新目錄》，157頁。

〔註60〕《敦煌醫海拾零》，291頁。

〔註61〕《敦煌醫藥文獻輯校》，444頁。

〔註62〕《敦煌中醫藥全書》，645頁。

〔註63〕《敦煌佛儒道相關醫書釋要》，271頁。

〔註64〕《敦煌道教文獻研究》，217頁。

叢春雨認為寫卷為唐以後寫本，撰著年代則在唐以前。

《醫方（服藥凡例及房中養生方）》無傳世之本，其服藥凡例部分可見於《備急千金要方》序文中，五方散見於卷二女人方「求子第一」，卷三婦人方「雜治第八」，一方可見於《千金翼方》卷第五「婦人一」，兩方見於《外臺秘要》卷三十三「推貴宿日法」和卷三十四「交接輒血出痛方」。十一方見於《醫心方》，散見於卷二十一「治婦人陰冷方第十二」、「治婦人陰臭方第十三」、「治婦人陰大方第十五」、「治婦人陰丈夫傷方第十七」，卷二十二「任婦修身法第二」，卷二十四「治無子法第一」，卷二十八「玉莖小第廿七」，均為婦人、丈夫或房中方。

馬繼興《敦煌醫藥文獻輯校》（簡稱「馬校」）、叢春雨《敦煌中醫藥全書》（簡稱「叢春雨」）、李應存《敦煌佛儒道相關醫書釋要》（簡稱「李釋」）對寫卷有校釋，今據《英藏》錄文，以《備急千金要方》（以下簡稱《千金方》）、《千金翼方》《外臺秘要》《醫心方》為參校，校錄於後。

錄文：

1. 凡服藥不言〔1〕先食後食者，皆在食前。凡服散藥〔2〕不言酒水飲
2. 者，本方如此，而別說用酒水飲，此即〔3〕是可通得以水飲之〔4〕。凡不
3. 云父〔5〕咀者，皆應細切，不用之。凡言牡鼠，是雄鼠，云之父鼠。凡方
4. 錢五匕，以大錢五匕，以大錢抄取一邊，若云半錢，即是兩匕，乃全以
5. 杓抄之，並用五銖也〔6〕。凡藥用半夏，皆湯洗十餘遍；附子、烏頭
6. 皆炮去皮；若生用，直言生用。凡巴豆等脂潤物，皆別搗如膏
7. 和之。凡麻黃中去節，先煮沸，去上沫，乃同餘物。
8. 治丈夫風虛目暗，精氣衰少，無子，并〔7〕補諸〔8〕不足方。五味子八分〔9〕，鹿茸八〔分〕，
9. 牡荊子八分，菟絲子八分酒漬一宿〔10〕，附子六分炮之〔11〕，虵床〔12〕子六分，車前
10. 子八分，蕡析〔13〕子八分，署預〔14〕八分，芎藭六分，山茱萸六〔15〕分，天雄五〔16〕分
11. 炮〔17〕，人參五分，伏苓五分，桂〔18〕心十分，巴戟天〔19〕三兩去心〔20〕，干〔21〕地黃八分，石斛八分，
12. 牛膝五分，杜仲八分，黃耆五分，遠志〔22〕八分，鐘乳二兩〔23〕，縱〔24〕蓉七分〔25〕。

13. 廿〔26〕四味，合搗〔27〕下篩，蜜為散，溫〔28〕酒服方寸三〔29〕匕，日再服〔30〕，不知，增至兩

14. 三〔31〕匕，以知為度，禁食〔32〕如藥法。不能飲酒〔33〕，蜜和為〔34〕丸服亦得。

15. 治陰冷〔35〕熱方。內食茱萸〔36〕牛膽中令滿，陰乾百日，每取二七枚綿裹〔37〕，齒

16. 嚼令碎，內陰中，熱〔38〕。治陰令〔39〕急熱方。吳茱萸、五味子、石榴黃〔40〕等分。

17. 右搗篩，蜜和為丸如梧子，內玉門，立差。治〔女〕人玉門寬方。取石榴〔41〕黃末

18. 兩指撮，內酒中，以洗玉門，便小。治陰冷大方。白斂、桂心、甘草、苦參、

19. 附子分等，以水一升煮，取洗陰中，香熱，急有子。治女人交接輒血

20. 出方。桂心二分，伏龍〔42〕二分，為散〔43〕，酒服方寸匕〔44〕。治男〔45〕令〔46〕大方。縱

21. 蓉、牡蠣、石斛各兩，和香脂塗陰莖即大，驗。又方，柏子人五分，

22. 馬陰筋〔47〕四分，尤〔48〕七分，桂心二〔49〕分，附子二〔50〕分，右〔51〕散，酒〔52〕服方寸匕，日再服〔53〕，

23. 廿日倍〔54〕。療長。山茱萸二兩，食茱萸二兩，天雄二兩。右搗篩，蜜

24. 和為丸如梧子，一服二丸，日三服，日覺倍。無子。山茱萸、桂心、酸棗、

25. 五味子，右等分，丸如麻子，一服一丸，廿日有子女。

26. 女人快樂，男子彊好。五味子、遠志、蛇床子。三物等分，末，著

27. 陰頭，內子道中，令深，良久乃搖動。又方，五味子、桂心、白斂三分，

28. 篩末，唾和丸如米，著陰深入。須臾出，大熱快。

29. 治婦人〔55〕▨（陰）〔56〕寬大，令〔57〕小。菟矢〔58〕二分〔59〕，乾柒一分〔60〕，鼠頭骨二枚，雌雞肝

30. 三枚〔61〕，陰乾百日。四味搗篩〔62〕，和〔63〕丸如小豆，初月〔64〕七日〔65〕。

31. 療無兒子方，以右手把赤小豆二七枚，訖事，過與婦人右手，因使

32. 吞之一方二枚。又方，壬子日含赤小豆二七枚，臨事吐與婦人，即有子。

33. 又方，常以壬子日午時，向西合陰陽，有〔子〕。又方，婦人欲得多子法，
    取夫頭

34. 髮並▨（指）〔66〕肵（甲），著婦人席下，臥，勿令知之。又方，以月運夜，
    令婦人北首

35. 臥，令夫御之，即生男。又治無子法，吞馬子立有子，吞雄者兒，

36. 雌者女。吞以厭日吞之。多女不男法，懷月三日，以雄雞左翅毛

37. 二七枚，著婦人席下，臥，勿令知之，即生男。

38. 欲得男法。妊身時，以角弓弦作中衣帶，滿百日吉。妊娠欲得

39. 男法，婦娠未滿月，以弓弦至產，欲變為男。

40. 婦人妊娠，取鯉魚二頭食之，必生貴子不疑。一云，牛心令智，牛肝必生
    貴▨（子）。

41. 婦人娠，不得食祭宍，令胎不時，慎吉。妊娠三月，不得面向南澆沐〔67〕，
    令□

42. 胎不安，向東亦然。不得兩鏡相照，令兒到〔68〕產。向南小〔69〕令兒瘖
    瘂〔70〕。

43. 六畜心〔71〕肉，令兒〔72〕不聰明。星辰下行交，令兒無目耳聾。

44. □▨食干薑令聖。五味子、遠志、虵床子，陰頭。五味子、桂心、白斂三

45. ▭頭刾女深入，須臾出，大熱快。芎藭、吳〔茱萸〕、蛇床子、桂心

46. ▭內玉門中，須臾搖動，極佳。

47. ▭鼠頭骨、雌雞肝三枚，陰乾□□（百日）

48. ▭▨（菟）〔73〕絲子、巴戟天、虵▨（膚）▭▭

校記：

〔1〕言，《千金方》作「云」，義同。

〔2〕散藥，《千金方》作「丸散」。

〔3〕此即，《千金方》作「則」，「即」與「則」義同。

〔4〕得以水飲之，《千金方》作「用三物服也」。

〔5〕「父」，為「咬」之省。

〔6〕此條《千金方》作「錢匕者，以大錢上全抄之，若云半錢匕者，則是一錢抄取
    一邊爾，並用五銖錢也」，馬繼興認為「以大錢五匕」五字衍。

〔7〕并，《千金方》無。

〔8〕諸，《千金方》無。

〔9〕分，《千金方》作「銖」，此方劑量「分」《千金方》均作「銖」，不復出校。

〔10〕酒漬一宿，《千金方》無。

〔11〕炮之，《千金方》無。

〔12〕床，《千金方》作「牀」，「床」為「牀」之俗字。

〔13〕「蓂析」，《千金方》作「菥蓂」。馬繼興、叢春雨乙易二字。「菥」為「析」之後起增旁字。

〔14〕攪，《千金方》作「預」，寫卷當是承上「署」字而增「罒」旁。

〔15〕六，《千金方》作「三」。

〔16〕五，《千金方》作「三」。以下「人參」、「伏苓」、「黃耆」、「牛膝」劑量「五分」《千金方》均作「三銖」。

〔17〕炮，《千金方》無。

〔18〕桂，寫卷原作「圭」，音誤字，茲據《千金方》改。下凡同此不復出校。

〔19〕巴戟天，寫卷原作「巴天戟」，今乙正。

〔20〕三兩去心，《千金方》作「十二銖」。

〔21〕干，《千金方》作「乾」，同。

〔22〕遠志，寫卷原作「志遠」，茲據《千金方》乙正。

〔23〕鐘乳二兩，《千金方》作「鐘乳粉八銖」。

〔24〕縱，《千金方》作「蓯」。《集韻・鍾韻》：「蓯，蓯蓉，藥名。」〔註65〕「縱」為「蓯」之換旁借字。

〔25〕七分，《千金方》作「十銖」。

〔26〕廿，《千金方》作「二十」，義同。「二十」上有「右」字。

〔27〕合搗，《千金方》作「治」。

〔28〕蜜為散，溫，《千金方》無。

〔29〕三，《千金方》無。所謂方寸匕者，作匕正方一寸抄散，取不落為度〔註66〕。「三」為衍字。

〔30〕再服，《千金方》作「二」，義同。

〔31〕兩三，《千金方》作「二」。

〔32〕食，《千金方》無。

〔33〕飲酒，《千金方》作「酒者」。

〔註65〕《集韻》，17 頁。
〔註66〕《備急千金要方》，12 頁。

－50－

〔34〕為，《千金方》無。

〔35〕「冷」下《千金方》有「令」。

〔36〕「茰」下《千金方》有「於」。《醫心方》所引《千金方》無。

〔37〕「裏」下《千金方》有「之」。

〔38〕熱，《千金方》作「良久熱如火」。

〔39〕令，李釋：「為「『冷』之訛。」

〔40〕榴，《醫心方》有作「留」，亦有作「流」。李應存認為石榴黃為石硫磺之訛。S.5345作「流黃」，「留」與「流」通，寫卷作「榴」當是「留」增旁之誤，作「黃」為「磺」之省旁字。

〔41〕分，《千金方》作「兩」。

〔42〕「龍」下《千金方》有「肝」。

〔43〕散，《千金方》作「末」。

〔44〕「匕」下《千金方》有「立止」二字。

〔45〕「男」下《醫心方》引《玉房指要》（簡稱《玉房》）有「子」。

〔46〕「令」下《玉房》有「陰長」。

〔47〕馬陰筋，《玉房》作「白斂」。案：馬陰筋，當作「馬陰莖」，又作「白馬莖」。《神農本草經》曰：「白馬莖……主傷中，脈絕，陰不起，彊志益氣，長肌肉，肥健生子。」繆希雍疏曰：「馬，火畜也。其陰莖又純陽之物也。故能主男子陰痿，堅彊，房中藥多用之。」〔註67〕《本草綱目》：「宗奭曰：『白斂，服餌方少用，惟斂瘡方多用之，故名白斂。』」所以白斂主治病症為「癰腫疽瘡」，或「女子陰中腫痛」〔註68〕。故此處作「馬陰莖」更妥當。

〔48〕朮，《玉房》作「白朮」。二者相同，《本草綱目》曰：「古方所用朮者，皆白朮也。」〔註69〕

〔49〕三，《玉房》作「二」。

〔50〕二，《玉房》作「一」。

〔51〕「右」下《玉房》有「五物，為」。

〔52〕酒，《玉房》作「食後」。

〔53〕服，《玉房》無，其下有「十日」。

〔註67〕《神農本草經疏》，372 頁。
〔註68〕《本草綱目》，1297 頁。
〔註69〕《本草綱目》，733 頁。

〔54〕倍，《玉房》作「長大」。

〔55〕婦人，《千金方》無。

〔56〕陰，寫卷殘缺右上角殘畫。

〔57〕「令」下《千金方》有「窄」。

〔58〕「菟矢」，《千金方》作「兔屎」，「菟」與「兔」二字可通，「矢」與「屎」二字可通。《醫心方》引《千金方》作「兔絲子」。

〔59〕二分，《千金方》作「半兩」。

〔60〕一分，《千金方》作「半兩」。

〔61〕三枚，《千金方》作「二箇」。

〔62〕搗篩，《千金方》作「末之」。

〔63〕和，《千金方》作「蜜」。

〔64〕初月，《千金方》作「月初」。

〔65〕「七日」下《千金方》有「合時著一丸陰頭，令徐徐內之。三日知，十日小，五十日如十五歲童女」。

〔66〕指，寫卷殘存右半「旨」。

〔67〕澆沐，《醫心方》引《養生要集》（簡稱「《養生》」）作「洗浴」。

〔68〕到，《千金方》作「倒」。二字古通用。

〔69〕「小」下《養生》有「便」。

〔70〕瘖瘂，《養生》作「喑啞」。「瘖」與「喑」通，「瘂」與「啞」通。

〔71〕心，《養生》無。

〔72〕兒，寫卷原作「而」，音誤字，茲據《養生》改。

〔73〕菟，寫卷殘存下部「兔」。

（五）醫方（外治雜症方）

S.5435

S.5435，起不知名醫方「落，服流黃蘇方」，至「療樸損手足痛不」，冊葉裝，存十九葉，每葉七、十四行，共二百五十二行，下截殘缺，行有界欄，抄錄「落服流黃蘇方」等三十二方，又方5首，共計36方。據第三十方「栢聖轉腹中諸滯物☒（癥）」中十五味藥皆有抄錄，則第209行，「鬱」下當闕「李仁」及兩小字注文劑量，212行「羚」下當闕「羊角（屑）」，這樣看來，寫卷行約13～14字。

　　關於寫卷的定名，諸家均略有不同，《英藏》定名為《失名醫方》〔註70〕；劉目、黃目定名為《醫方》〔註71〕，施目定名為《醫方殘卷》〔註72〕，三書均有具體醫方說明；馬繼興編為《不知名醫方第四種》〔註73〕；叢春雨、張景紅則編為《雜症方書第二種》〔註74〕。寫卷抄錄藥方較雜，兒科、婦科、外科、五官均有涉及，且以外治法為多，今據其內容及首方定名為《醫方（外治雜症方）》。寫卷內抄有「史館崔名協相公有此腫」一句，「崔協為五代後唐人，卒於公元九二九年」，馬繼興、叢春雨認為該醫方當撰於五代時期，抄寫年代亦與之相近。

　　馬繼興《敦煌古醫籍考釋》（簡稱「馬繼興」）、《敦煌醫藥文獻輯校》（簡稱「馬校」）、叢春雨《敦煌中醫藥全書》（簡稱「叢春雨」）、沈澍農《敦煌吐魯番醫藥文獻新輯校》（簡稱「沈校」）對寫卷有校記，趙健雄《敦煌醫粹》（簡稱「趙健雄」）對其中兩個醫方有校記。

　　《醫方（外治雜症方）》無傳世醫方，除「療大便不通方」等個別醫方於《證類本草》及日人丹波元堅所著《雜病廣要》中有相類似治法之外，大部分未見於傳世醫籍中，今據《英藏》錄文，校錄於後。

錄文：

1. 落，服流黃蘇方。

2. 白上流黃一兩細研，石膏一◻︎◻︎，

3. 秫米酒三升。右取鐵▨（鋤）〔1〕◻︎◻︎

4. 者，置於慢火上，先安石▨（膏）〔2〕◻︎◻︎

5. 遂下蜜，煎令魚▨▨▨▨◻︎〔3〕

6.

7.

8.

9.

10. 煮藥十數沸，又▨（傾）〔4〕漿水，別▨◻︎〔5〕

〔註70〕《英藏敦煌文獻》第七冊，53頁。
〔註71〕《敦煌遺書總目索引》，218頁；《敦煌遺書最新目錄》，191頁。
〔註72〕《敦煌遺書總目索引新編》，167頁。
〔註73〕《敦煌古醫籍考釋》，17頁；《敦煌醫藥文獻輯校》，279頁。
〔註74〕《敦煌中醫藥全書》，456頁；《敦煌外治法與保健養生》，72頁。

11. 取流黃置灰梡，實按於上，紙▨☐

12. 邊上散劈流黃，日中曝乾▨☐

13. 其石膏即不使如是，見▨☐

14. 前蜜酒二合，調藥一▨☐

15. 以一二合酒下，如恐風▨（者）〔6〕☐

16. 紙，研之丸，流黃如梧同（桐）▨（子）〔7〕☐

17. 酒下，旋旋添秫米酒於▨（蜜）〔8〕☐

18. 是面上。夫人娘子多風瘡▨☐

19. 者，每夜以▨▨▨（暖水洗面）〔9〕了，取前☐〔10〕

20.

21.

22.

23.

24. 早年於李轂郎中處，施惠▨（像）〔11〕☐

25. 肯傳与，自後凡有人者，不▨（曾）〔12〕☐

26. 療頗多，半月內鬚眉卻生☐

27. 療人身上忽有熱腫，漸長☐

28. 坐臥不得，三兩日內不▨☐

29. 右取石灰半升，於▨（厚）〔13〕☐

30. 時極熱，遂傾入冷水，盆☐

31. 別傾淨盆中，近底腳不使☐

32. 水便清泚。盡水，疊紙數▨（重）〔14〕☐

33. 半匙紙上滲，稍稠，先以蘇▨（盛）〔15〕☐

34.

35.

36.

37.

38. 皮膚雖熱，毒已散，▨（以）〔16〕其膿〔17〕☐

39. 針，針破出盡膿便乾。若是已▨（有）〔18〕☐

40. 兼四面腫甚，其瘡口即貼▨（黃）〔19〕☐

41. 面即塗石灰藥，膿旋捏☐

42. 史館崔名協相公有此☒（腫）〔20〕□

43. 此法尋修，果獲効驗☒（方）〔21〕。□

44. 李郎中有神術，救余☒（危）〔22〕□

45. 感，不廢此藥，使餘曝☒（乾）〔23〕□

46. 修得，將行急疾，免修不及□

47. 療諸瘡膏藥方。

48. 黃丹二兩，洛粉三兩，麻油五兩□

49. 一兩。右取黃丹，洛粉於□

50. 鐵器中，炒令黑色，遂入麻☒（油）〔24〕□

51. 令至稠，入蠟〔25〕了，點於外邊，試□

52. 為膏，即住火，收於瓷器，凡☒（是）〔26〕□

53. 故帛怗，看瘡大少著藥☒□

54. ＝〔27〕杆損手指，抹少許膏□

55. 療大便不通方。

56. 生羊膽一箇，葦☒（子）〔28〕□

57. 右件法，蓋是方☒□

58. 涼冷物不欲轉瀉，如☒（至）〔29〕□

59. 兌脹滿，切要通踈，取前□

60. 線前開破小許，插葦筒子於膽上□

61. 以☒☒（濕紙）〔30〕□□□☒（卻）〔31〕內入下部一☒（寸）〔32〕□

62. □良久☒（也）□〔33〕

63.

64.

65. □轉危☒□

66. 右取白☒☒（檳榔）〔34〕一箇，劈破一半□

67. 生，爛擣，不羅。蔥兩莖，一莖☒（煨）〔35〕□

68. 甘草二寸，一半生，一半炙☒□

69. 小便兩茶椀，煎取半□

70. 又方。

71. 頭如有噦不下物，未☒（曾）〔36〕□

72. 吐，吐了，依前在心頭，此乃☒（痰）〔37〕□

73. 撓悶，積成此狀，服厚朴丸。☐☐

74. 右取厚朴一兩，生薑汁十兩，炙。如無生薑，杵乾薑末三兩，調稀炙☑（盡）〔38〕☐☐

75. 銚子中煉乾，山茱萸一兩，☑（青）〔39〕☐☐。

76. 右四味杵羅，以棗藝溲，丸如梧☐☐

77. 大，每日空心酒下三十丸，見患稍☐☐

78. 日晚空心更服，如校，每三日一服☐☐

79. 延範得力，疾愈則不宜常服，☐☐

80. 校冷。忌動風氣物也。

81. 療患肺不計新舊方。

82. 右取杏人半升，以童子☐☐

83. 經二七日後去皮，於流水☐☐

84. 控乾，卻取童子少☑（便）〔40〕☐☐

85. 蒿葉半斤同煎，水☐☐

86. 研爛。試看堪為丸，放冷☐☐

87. 茶椀，更研丸如常。每日空☐☐

88. 下三十丸，十五日後方校。

89. 療男子冷疾方。

90. 右取葫蘆子二升，以冷水盆☑☐☐

91. 小，須掏，有浮者汼下，又更著☐☐

92. 遍已來，方得浮者盡，即以鍋子〔41〕☐☐

93. 半日後煮得牙〔42〕出，乃取芭豆☐☐

94. 皮瘼研碎，生附子五箇，劈碎☐☐

95. 置鍋中，并葫蘆炒，直待☑（煙）〔43〕☐☐

96. 火亦不得急，極乾，即取出☐☐

97. 禹餘糧五兩如紫色爛石，別☑（杵）〔44〕☐☐

98. 諸藥中，大鐵臼擣☑（羅）〔45〕☐☐

99. 桐大，每日空心酒下二☐☐

100. 人雖有冷疾，秖〔46〕可服十☐☐

101. 鮝先生法，甚効驗。

102. 療小兒頭瘡久不校方。

103. 右取大麥，燒作黑色，杵羅☑（中）〔47〕☐☐

104. 三兩遍，便差。

105. 又方。理療少髮多瘡痂白色▨□□

106. 右取人糞燒灰，油調塗一遍，▨（經）〔48〕□□

107. 療惡瘡久不校方。

108. 右取雞子三箇打破去黃▨（留）〔49〕□□

109. 亂頭髮如一雞子大，鐵器共▨（熬）〔50〕□□

110. 煙，旋以銀或鐵匙按取汁，□□

111. 取，每日小少塗瘡上，以□□

112. 三五上，即校。

113. 療赤眼方。

114. 右取黃連少許，黃▨（芩）〔51〕□□

115. 碎，厚以綿子裏，妳（奶）〔52〕汁浸，▨□□

116. 汁，別以少綿子點，仰臥點□（眼）〔53〕。

117. 又方。療人因夜後不睡，忽眼▨（赤）〔54〕

118. 痛方。

119. 右取白鹽末一匙子半兩已來

120. 酒一茶椀，調，頓服，即不得別更。

121. 療風赤眼。

122. 右取蕤人五十箇，生杏仁三▨（箇）〔55〕，

123. 碎研入膩粉半錢，熟絹裹（裏）□

124. 浸良久，担汁，細細小綿縛□□

125. 方校，退，半月來愈。

126. 腫〔56〕毒方。

127. 右若無石灰煉修□□

128. 章陸根擣爛，入少塩塗□□

129. 又方。

130. 右取牛糞暖水調，令稍稀□

131. 上，極神驗。如村人不能收石▨（灰）〔57〕，

132. 教以此法，州中見有人得力。

133. 療腳氣方。

134. 右取槐葉置鐵火爐中，一斗▨〔58〕□□

135. 著火候極熱，以醋一茶椀匀澆□□

136. 人踏槐葉候冷，更澆醋，每隔□□

137. 使一料十數度方校。

138. 療惡刺入肉後諸藥不能□□〔59〕

139. 右取荊子枝濕葉，置□□

140. 出以療腫，煙上，就煙□□

141. 火及荊葉，一食須放□□

142. 療產後痢方。

143. 右艾莖葉一把□□

144. 服之即⊠（愈）〔60〕□□

145.

146.

147.

148.

149.

150.

151. 兩度便□□

152. 療諸冷氣，男□□

153. 右取雞烏頭一斤，細剉□□

154. 了，同於大釜中煮水□□

155. 候水至，少取二藥同□□

156. 乾，杵羅，麴糊丸，如黃⊠（米）〔61〕□□

157. 及腰冷者，日服二十丸。無忌。

158. 療耳⊠（聾）〔62〕方。

159.

160.

161.

162.

163.

164.

165. 升，攪⊠（取）〔63〕汁更⊠⊠（研旋）〔64〕以掏⊠（取）〔65〕□□

166. 為度，取精羊肉一斤，將▨□□

167. 至水極少，漉出，研肉▨（為）〔66〕□□

168. 下十丸，此法今華州□□

169. 甚有效，不可令失□□

170. 療口瘡方。

171. 右取露蜂窠一兩，燒為□□

172. 絹羅兩遍，黃薛一兩，杵羅□□

173. 中，更入膩粉一錢，同更以絹羅，漱□□

174. 款款貼之。如小兒患者貼藥了□□

175. 並不落，亦無毒。大人患者半□□

176. 更漱口了，更上藥，立効。

177. 療鼻衄方。

178. 右取冷水添大口瓶中，令滿□□

179. 蓋頭，索子令緊繫，到合□□

180. 腦心，別人扶之，必吸定，良▨（久）〔67〕□□

181. 卻待血脉凝方差。

182. 又方。

183. 右取剌芥汁半盞，▨（吃）〔68〕□□

184. 骨兩面，從項至腰即□□

185. 療忽患腰痛方。

186. 右取削下鐵，爛擣了一□□

187. ▨▨半兩，同於▨（鐵）〔69〕□□

188.

189.

190.

191.

192. 療諸冷疾腰▨（腹）〔70〕□□

193. 右取蕭州艾葉半斤▨〔71〕□□

194. 西州棗二升，醲醋五升同▨（煎）〔72〕□□

195. 爛，去卻核，卻入煎以至□□

196. 攪至乾，都出於杵〔73〕□□

197. 爛擣，兩日後丸如▢▢

198. 人不，兼鬲上有熱，止於▢▢

199. 者，每服酒下，空心二▢▢

200. 見，已有人得力不少。

201. 療小兒風疳瀉痢，兼至眼▨▢▢

202. 不多見物方。

203. 右於臍下橫一指地，灸初破肉▢▢

204. 罰，都一百罰，永差。如止於痢▢▢

205. 四十丸罰，若女孩兒灸已下即▢▢

206. 子息。

207. 療咳嗽久遠未校方。

208. 右取沙糖二兩，如無，使寒食餳代之，桂▨（心）〔74〕▢▢

209. 皂莢二寸熟炙，去皮，塗酥更炙。三味▢▢

210. 大絹子裛（裹），含嚥▢▢

211. 療風胗，渾身▨（癢）〔75〕▢▢

212. 者惡心吐戶方。

213. 右以黃櫨枝半斤，槌碎▨▢▢

214. 礬末一兩，淋洗遍身訖，披被▢▢

215. 羅，羌活取末一匙半兩來▢▢

216. 臥良久便差。如無黃櫨，只取苦參根洗浴。

217. 療人有諸打損瘡將校，痂落▢▢

218. 卻腫，瘡中如針扎痛，救理▨▢▢

219. 手足抽痛害人方。

220. 右取豉一撮，點少許湯入塩▢▢

221. 爛，團作餅子，於瘡口上餅▢▢

222. 大艾罰一七箇，三四箇後▨（熱）〔76〕▢▢

223. 忍痛灸瘡熟，即便抽▢▢

224. 白，即貼黃丹膏，便▢▢

225. 療乾癬方。

226. 右取稍乾棘皮，燒以根▢▢

227. 有藝出，塗癬上三兩，上▢▢

228. 療濕癬方。

229. ⬜黃丹⬜

230.

231.

232.

233. ⬜▨▨▨（子一兩熟）〔77〕⬜

234. ⬜▨（麪）〔78〕糊丸，如常⬜

235. 服卅丸，空腹米飲下，立効。

236. 療多冷氣常服楮實丸⬜

237. 右取乾薑四兩，楮實▨（四）〔79〕⬜

238. 別擣，牛膝四兩桂心▨（二）〔80〕⬜

239. 棗穰，丸如梧桐子▨（大）〔81〕，⬜

240. 下三十丸。無忌。

241. 抯〔82〕聖轉腹中諸滯物▨（癥）〔83〕⬜

242. 青木〔84〕一分，桂心一分，檳榔一兩，郁⬜〔85〕

243. 甘草半兩，麻人二兩，生，芭豆兩顆⬜〔86〕

244. 皮厚著帋（紙）慢裹（裏），大石壓一宿去油，其帋（紙）燒卻不用，芎藭半兩，▨（皂）⬜〔87〕

245. 半兩，羌活半兩，麝香半錢，人參一兩，羚⬜〔88〕

246. 二兩，防風二兩，橘皮半兩。

247. 右一十五味，共杵，羅為散，每⬜

248. 轉取藥半錢，空心甘草湯⬜

249. 後，更以湯米〔89〕飲投，瀉六七⬜

250. 療傷中血不止方。

251. 右急取燈心一小束▨（毫）〔90〕⬜

252. 療樸〔91〕損手足痛，不⬜

校記：

〔1〕鋤，寫卷殘缺右下角殘畫。

〔2〕膏，寫卷殘存上半「高」。

〔3〕「魚」下寫卷有四字，第一字可辨識右半「艮」，末字為下，殘缺左邊筆劃，其餘模糊不可辨，其下殘泐，後殘缺四行。

〔4〕傾，寫卷殘存左半。

〔5〕∅，「別」下一字殘存上邊「吅」。

〔6〕者，寫卷殘存左上角殘畫。

〔7〕同子，同為「桐」之省旁字；子，寫卷殘存上半。

〔8〕蜜，寫卷殘缺下邊筆劃。

〔9〕暖水洗面，寫卷「暖」殘缺左半「日」，「水」殘存右半，「洗」殘存右半「先」，「面」殘存右半。

〔10〕「前」下寫卷殘缺，其後殘缺四行文字。

〔11〕像，寫卷殘存上邊殘畫。

〔12〕曾，寫卷殘缺下半「日」。

〔13〕厚，寫卷殘存上半。

〔14〕重，寫卷殘存上半。

〔15〕盛，寫卷殘存上半「成」，其下殘泐，後寫卷殘泐四行文字。

〔16〕以，寫卷只抄錄左半。

〔17〕膿，寫卷殘缺左下角。

〔18〕有，寫卷殘存上半。

〔19〕黃，寫卷殘存上邊殘畫。

〔20〕腫，寫卷殘存右上角殘畫。

〔21〕方，寫卷殘存上邊殘畫。

〔22〕危，寫卷殘存上半。

〔23〕乾，寫卷殘存上半。

〔24〕油，寫卷殘存上半。

〔25〕蠟，為「蠟」的俗字。

〔26〕是，寫卷殘存上半。

〔27〕此重文符號應承上行，然上行末尾殘缺，未知何字。

〔28〕子，寫卷殘存上半。

〔29〕至，寫卷殘存上半。

〔30〕濕紙，寫卷殘存右半。

〔31〕卻，寫卷殘存右半「卩」。

〔32〕寸，寫卷殘存上半「十」。

〔33〕也，寫卷殘存上半，其下殘泐，後殘缺兩行文字。

〔34〕檳榔，檳，寫卷殘存左半，榔，寫卷殘存左邊「木」。

〔35〕煨，寫卷殘存上半。

〔36〕曾，寫卷殘存上邊殘畫。

〔37〕痰，寫卷殘存上半。

〔38〕盡，寫卷殘存上半。

〔39〕青，寫卷殘存上半。

〔40〕便，寫卷殘存右半「更」。

〔41〕子，寫卷殘存上半。

〔42〕牙，《普濟方》關於莨菪子的炮製方法為「一兩水淘去浮者，水煮芽出，焙乾，炒黃色令冷，研為末」，與此方中的處理方法較為類似，「牙」字作「芽」。《說文·艸部》：「芽，萌芽也。」段玉裁注曰：「古多以牙為芽。」〔註75〕「牙」與「芽」同。

〔43〕煙，寫卷殘存上半。

〔44〕杵，寫卷殘存上半。

〔45〕羅，寫卷殘缺左下角筆劃。

〔46〕秖，祇也。《集韻·支韻》：「祇，適也。或從禾。」〔註76〕

〔47〕中，寫卷殘存上半。

〔48〕經，寫卷殘存上邊殘畫。

〔49〕留，寫卷殘存上邊殘畫。

〔50〕熬，寫卷殘存上半。

〔51〕芩，寫卷殘存上邊「艹」。

〔52〕妳，當是「奶」之形誤字。《本草撮要》卷八「驢溺」條，有「乳浸黃連。取汁點風火赤眼良」〔註77〕句，與寫卷「妳汁浸」義同。

〔53〕眼，寫卷殘缺，據文意擬補。

〔54〕赤，寫卷殘存上邊「十」。

〔55〕箇，寫卷殘存上邊「⺮」。

〔56〕「腫」上馬校補「療」。

〔57〕灰，寫卷殘存上半。

〔註75〕《說文解字注》，37 頁。

〔註76〕《集韻》，24 頁。

〔註77〕《珍本醫書集成》第一冊，462 頁。

〔58〕寫卷殘存上半「口」,未知何字。

〔59〕「能」下馬校補「出方」二字。

〔60〕愈,寫卷殘存右上角殘畫,其下殘泐,其後殘缺五行文字。

〔61〕米,寫卷殘存上半。

〔62〕聾,寫卷殘存右半。

〔63〕取,寫卷殘存左半「耳」。

〔64〕研旋,寫卷「研」殘存左半「石」,「旋」殘存左半「方」。

〔65〕取,寫卷殘存左半「耳」。

〔66〕為,寫卷殘缺左下角筆劃。

〔67〕久,寫卷殘存右上角殘畫。

〔68〕吃,寫卷殘存左上角殘畫。

〔69〕鐵,寫卷殘缺左邊「金」,其下殘泐,後殘缺四行文字。

〔70〕腹,寫卷殘存左半「月」及右上角「宀」。

〔71〕囝,寫卷殘存上邊「十」。

〔72〕煎,寫卷殘存上邊殘畫。

〔73〕杵,寫卷殘存右半。

〔74〕心,寫卷殘存右上角殘畫。

〔75〕癢,寫卷殘缺下部「良」。

〔76〕熱,寫卷殘存上半。

〔77〕子一兩熟,寫卷殘缺右邊筆劃。

〔78〕麵,寫卷殘存左半麥。

〔79〕四,寫卷殘存右上角殘畫。

〔80〕二,寫卷殘存右半。

〔81〕大,寫卷殘存左上角殘畫。

〔82〕抵,抵也。《龍龕手鏡·手部》:「抵,同抵。」「氐」之俗寫作「互」,「抵」實為「抵」之俗寫。抵聖者,有湯、散、丸等,此方十五味藥共杵羅為散,故為抵聖散也。

〔83〕癥,寫卷殘缺右下角筆劃。

〔84〕「木」下馬校認為脫「香」字。《聖濟總錄纂要》卷五「瘧疾門」以抵聖散「治霍亂宿食不消心腹疼痛」〔註78〕,其中一味為「木香」,則馬說可從之。

〔註78〕《聖濟總錄纂要》,168 頁。

〔85〕「郁」下有殘泐，《本草綱目・木部》：「（郁李）核仁……主治大腹水腫……消宿食下氣，破癖氣，下四肢水。……郁李仁甘苦而潤，其性降，故能下氣利水。」〔註79〕根據殘泐之位置，可擬補「李仁」二字，其下應有劑量，殘泐不可知。

〔86〕芭豆，醫籍常作「巴豆」，《本草綱目・木部》：「時珍曰：「此物出巴屬，而形如菽豆，故以名之。」〔註80〕故本字當作「巴」，「芭」為「巴」之增旁俗寫。「顆」下殘泐當為巴豆炮製之法，李時珍說：「巴豆有用仁者，用殼者，用油者，有生用者，麩炒者，醋煮者，燒存性者，有研爛以紙包壓去油者。」〔註81〕本方中巴豆應是以紙包壓去油者，故「顆」下所缺二字之位置當是四字小字注文。

〔87〕皂，底卷殘存上半「白」，《本草綱目・木部》：「皂莢，療腹脹滿，消穀……破堅癥，腹中痛。」〔註82〕故於「皂」下擬補「莢」字。

〔88〕「羚」下寫卷殘泐，據《本草綱目・獸部》可補「羊角」二字。

〔89〕湯米，馬校疑二字互倒。

〔90〕奄，底卷殘存上半「旲」，「奄」為「晻」之異體，「晻」與「奄」可通用，《說文通訓定聲》：「奄，覆也。……《武班碑》「晻忽徂逝」，以晻為之。」〔註83〕《荀子・儒效》：「張法而度之，則晻然若合符節。」……《韓詩外傳》作奄然。《爾雅》：「弇，同也。」郭引詩「奄有龜蒙」，弇、奄、晻竝通〔註84〕。

〔91〕樸損，醫籍多作「撲損」，敦煌寫卷中「木」旁與「扌」旁可通用。

（六）醫方（目錄）

S.6084

S.6084，凡八行，上下均殘缺，行有界欄，存未知名醫方書目錄第二七方「消渴方」至第六十三方「屾下（方）」。《英藏》定名為《醫方目錄》〔註85〕，施目定為《醫方目錄殘卷》〔註86〕，馬繼興等編為《不知名醫方第十五種殘

〔註79〕《本草綱目》，2098頁。
〔註80〕《本草綱目》，2052頁。
〔註81〕《本草綱目》，2053頁。
〔註82〕《本草綱目》，2015頁。
〔註83〕《說文通訓定聲》，128頁。
〔註84〕《讀書雜志》，669頁。
〔註85〕《英藏敦煌文獻》第十冊，75頁。
〔註86〕《敦煌遺書總目索引新編》，190頁。

卷》〔註87〕，叢春雨定名為《無名方書目錄》〔註88〕，《敦煌醫海拾零》定名為《醫方》〔註89〕。寫卷抄錄醫方目錄三十七個，當為某醫方的卷首目錄，茲定名為《醫方（目錄）》。馬繼興以「字體書法推之，當係唐人寫本」〔註90〕。

此目錄不知屬於何方書，現存醫籍中關於諸方有零星記載。如《千金方》有「消渴方」一卷；《丹溪治法心要》卷八有「癲狂方」一組；《外臺秘要》有「五痔方」一十二首；「腰痛方」六首；「五淋方」三首；狐剌方四首。《醫心方》有「治肉刺方」一組，其中有兩方為療腳下肉刺方；所引《救急單驗方》有治頭癰骨陷方一首。《楊氏家藏方》有「腳氣方」一卷。

馬繼興《敦煌古醫籍考釋》（簡稱「馬繼興」）、《敦煌醫藥文獻輯校》（簡稱「馬校」）、叢春雨《敦煌中醫藥全書》（簡稱「叢春雨」）、沈澍農《敦煌吐魯番醫藥文獻新輯校》（簡稱「沈校」）對寫卷作過校釋。今據《英藏》錄文，校錄於後。

錄文：

1. ▨▨（廿七）〔1〕消渴方　廿□（八）〔2〕▭▭

2. ▭□□（卅一）〔3〕癲狂方　卅二時▨（氣）〔4〕生䑪方　卅三▨▨▨方▭▭

3. ▭□▨（卅六）〔5〕五痔方　卅七腳下宍（肉）剌（刺）方▨▨（卅八）〔6〕▭▭

4. ▭▭卅一火燒瘡方　卅二湯爛瘡方　卅三▭▭

5. ▭▭卅六頭癰骨陷方　卅七腰痛方　卅八▭▭

6. ▭▨（五）〔7〕十一腳氣方　五十二一切虐方　五十三▭▭

7. ▭□□□（五十六）〔8〕五淋方　五十七遺溺不禁方　五十八溺▭▭

8. ▭▨〔9〕狐剌（刺）方　六十二□痺方　六十三衄下▭▭

校記：

〔1〕廿七，寫卷殘存左邊殘畫。

〔2〕八，寫卷殘泐，茲據上文擬補。

〔3〕卅一，寫卷殘泐，茲據下文擬補。

〔註87〕《敦煌醫藥文獻輯校》，429 頁。

〔註88〕《敦煌中醫藥全書》，658 頁。

〔註89〕《敦煌醫海拾零》，292 頁。

〔註90〕《敦煌醫藥文獻輯校》，429 頁。

〔4〕氣，寫卷殘缺左下角筆劃。

〔5〕卅六，卅，寫卷殘缺，六，寫卷殘存左半。

〔6〕卅八，寫卷殘存右邊殘畫，其下殘泐。

〔7〕五，寫卷殘存下邊「一」。

〔8〕五十六，寫卷殘泐，茲據下文擬補。

〔9〕此字模糊不可辨，寫卷存下半「心」。

（七）醫方（雜抄）

S.9517

S.9517，起「薑一分」，至「烏犬後足不可畜」，凡三行，上下均殘缺。第一行大字書藥名，雙行小字書藥量，不知所治為何症，其中二味胡桐淚與莨䓝常並用治齒蟲。後二行抄錄為畜犬之吉凶，與《太平御覽‧獸部》摘自《雜五行書》的「黃犬白尾，代有衣冠；黃犬白前兩足，利人」句頗類似，此寫卷似雜抄，《英藏》及《英國圖書館藏敦煌漢文非佛教文獻殘卷目錄（S.6891～13624）》均定名為《醫方》〔註91〕。今據內容定為《醫方（雜抄）》。

此三行內容未見傳世醫籍記載，今據《英藏》錄文，校錄於後。

錄文：

1. ▢▢姜一分，胡桐淚一兩，猿〔1〕䓝半兩▢▢

2. ▢▢黃〔2〕犬二足白，利家；食，貴人。黃犬烏尾▢▢

3. ▢▢犬四節黃，不可畜，大凶；烏犬後足，不可畜▢▢▢

校記：

〔1〕猿，猿毒草，此處藥本作「莨䓝」，「猿」為「莨」之增旁俗寫。䓝，䓝蒙，菟絲草，此處為「䓝」之音借字。

〔2〕黃，寫卷殘存下半。

（八）救急單驗藥方卷并序

S.9987V＋？＋S.3395A＋S.9987A＋S.3347A＋S.3347B

敦煌本《（救）急單驗藥方〔并序〕》有五個殘卷，分別為 S.9987B2V、S.3395、S.9987A、S.3347，其中 S.3347 由兩個碎片組成，將稍大碎片編號為

〔註91〕《英藏敦煌文獻》第十二冊，269 頁；《英國圖書館藏敦煌漢文非佛教文獻殘卷目錄（S.6891～13624）》，135 頁。

S.3347A，小號碎片編號為 S.3347B。

S.9987B₂V，起首題「（救）急單驗藥方卷並序」，至序文末「深可救之」，凡九行，前四行上截殘缺。《英藏》定名為《〔備〕急單驗藥方卷並序》〔註92〕，後學者多從之。

S.3395，起「治人心痛欲死方」之「如梧桐子大」，至「療利積年出無禁止方」之「（不過）者再，驗」，存三十二行，首尾均殘，上截殘缺，從第十五行起可與底三相拼接。《英藏》、劉目、施目、黃目均定名為《醫方》〔註93〕，馬繼興定名為《不知名醫方第三種殘卷》〔註94〕，叢春雨根據寫卷內容為雜記各種病症的簡便醫方，定名為《簡便醫方方書》〔註95〕。

S.9987A 起「療黃方」第四種「內芒消」，至「療賊風入身，角口反張，口禁不得語及產婦復風方」之「不得」。存四十三行，首尾均殘，前六行上下均殘，下部與底二第十五行至第二十行文字相連，可相綴合。《英藏》定名為《〔備〕急單驗藥方卷並序》〔註96〕。馬繼興定名為《不知名醫方第十八種殘卷》〔註97〕。

S.3347A，起「療霍亂方」第一「以鹽一匙替處亦得」之「處」，至「療諸漏瘡方」之「綿裹內下部中，驗」。凡一百二十五行，首尾均殘，前十九行與底三可相綴合。《英藏》、劉目、施目、黃目均定名為《醫方》〔註98〕，馬繼興定名為《不知名醫方第十三種殘卷》〔註99〕。

S.3347B 為殘存三行文字的小殘片，《英藏》將其放在底四甲第十七至十九行上方，編為同一號，案其內容當為底四甲第一百零四行「苦偏風項強，一邊緩縱，服前湯，並摩後膏」方中殘缺文字。

王淑民發現了「S.3347、3395、9987A 三個殘卷的拼合點，並將三個殘卷的文字成功拼合，加之卷首殘片 S.9987B₂V，構成《備急單驗藥方卷》綴

〔註92〕《英藏敦煌文獻》第十三冊，5 頁。
〔註93〕《英藏敦煌文獻》第五冊，73 頁；《敦煌遺書總目索引》，179 頁；《敦煌遺書總目索引新編》，104 頁；《敦煌遺書最新目錄》，121 頁。
〔註94〕《敦煌醫藥文獻輯校》，275 頁。
〔註95〕《敦煌中醫藥全書》，637 頁。
〔註96〕《英藏敦煌文獻》第十三冊，5 頁。
〔註97〕《敦煌醫藥文獻輯校》，425 頁。
〔註98〕《英藏敦煌文獻》第五冊，50 頁，《敦煌遺書總目索引》，178 頁；《敦煌遺書總目索引新編》，103 頁；《敦煌遺書最新目錄》，119 頁。
〔註99〕《敦煌醫藥文獻輯校》，413 頁。

輯本」〔註 100〕。序文與藥方之間有殘缺，卷尾殘，方名或「又方」用粗墨抄書，藥名及劑量等用小字單行或雙行抄寫，王冀青據「治」字避諱改為「療」，「葉」字避諱改為「茱」，判定寫卷是唐高宗以後的唐朝寫本，書寫時間極有可能在公元 8～9 世紀。

馬繼興《敦煌醫藥文獻輯校》（簡稱「馬校」）、叢春雨《敦煌中醫藥全書》（簡稱「叢春雨」）、王淑民《敦煌〈備急單驗藥方卷〉首次綴輯》（簡稱「王輯」）、王冀青《英國圖書館藏〈備急單驗藥方卷〉S.9987 的整理復原》（簡稱「王冀青」）、沈澍農《敦煌吐魯番醫藥文獻新輯校》（簡稱「沈校」）均對寫卷有過校釋之作。

綴合後的《救急單驗藥方（並序）》仍然殘缺嚴重，如 S.3395 首行「如梧桐子大，酒服」句，「如」上殘缺，不知療何疾，「服」下亦殘泐，未明服藥之法。按其下接療心痛方，龍門石窟藥方有「又冷心痛，吳茱萸一升，桂心三兩，當歸三兩，搗末，蜜和丸，如梧子，酒服廿丸，日再加卅丸，以知為度」，與之類似，可作輯補。僧海霞將 S.9987A、S.3347 綴合部分進行了考補，對於寫卷的輯復工作作出了貢獻〔註 101〕。

《備急單驗藥方》無傳世刊本，其所載醫方可在傳世方書《外臺秘要》、《肘後備急方》、《醫心方》、《龍門藥方》以及敦煌寫卷 P.3596V 及 P.2666V 中找到相同或相似文字。今寫卷均據《英藏》錄文，以《外臺秘要》（簡稱「《外臺》」）、《肘後備急方》（簡稱「《肘後》」）、《醫心方》、《龍門藥方釋疑》簡稱「《龍門》」）及敦煌寫卷 P.3596V、P.2666V 為參校本，校錄於後。

錄文：

S.9987B$_2$V

1. ▨（救）〔1〕急單驗藥方卷　并序
2. □▨時人遇病，枉死者多，良藥目前，對之不識。葛氏▨（之）〔2〕□□
3. □□鄙，恥而不服，誤之深矣。且如豬零、人糞，能療熱病，急□□□
4. ▨（並）〔3〕，取對目前，豈得輕〔4〕其賤穢，棄而不服者哉？人之重□□
5. 信古疑今，似幸黃帝、倉公、和、緩、扁鵲之能，依用自取□□□
6. 鳩集單驗，始晤天地所生，還為天地所用，觸目能療，而□□

〔註 100〕《敦煌〈備急單驗藥方卷〉首次綴輯》，48～53 頁。
〔註 101〕僧海霞《敦煌〈備急單驗藥方卷〉綴輯本考補》，《石河子大學學報（哲學社會科學版）》，2014 年第 1 期，103～110 頁。

7. 救急易得，服之立効（效）者，一百八方，以人有一百八煩惱，合成此▢▢

8. 勞市，求刊之巖石，傳以救病，庶往來君子錄之俻（備）急，目▢▢

9. 驗，代勞致遠，深可救之。

S.3395A＋S.9987A＋S.3347

1. ▢▢如〔5〕梧桐子，酒服▢▢

2. ▢▢〔又〕方。干漆、款冬、訶▢▢

3. ▢▢耳，▨灰痛發▢▢

4. ▢▢以水下之，即▢▢

5. ▢▢▨▨（服，頓）〔6〕服，秘驗。

6. ▢▢闕。其〔7〕巨闕穴，在心下一寸，灸二七壯〔8〕。

7. ▢▢椎骨數下至弟（第）七莭（節）上，灸卅壯。

8.

9. ▢▢取一升，日再服。

10. ▢▢▨三種黃俱療。

11. ▢▢▨著，絞取一升，服之。

12. ▢▢▨（半）〔9〕，內芒消二兩攪，須頓服，須臾快利，即差。

13. ▢▢跟〔10〕，周迴至前足指，以此繩圍項向後，灸繩頭。男圍左腳，女圍右腳。

14. ▢▢黃水，立差。

15.

16. ▢▢末〔11〕之傅瘡，立驗。又方。人新糞頭塗，神驗。

17. ▢▢又方。灌白馬尿一升，蟲揔（總）出，驗。又方。干地黃、雄黃、甘草、細辛

18. ▢▢又方。取▨矢〔12〕燒灰，和臘月豬脂塗，人並驗〔13〕。

19. 〔14〕

20. 取鼠尾草花曝二▨（升）〔15〕▢▢又方。取人▨頭髮如雞子大，燒作灰，▨▨▨▨，服驗。又方。甘草一兩，

21. 切，以水二升，煎減半，去滓，頓服之，神驗。若核子量多少，神妙。

22. 又方。赤利。黃連三兩，黃蘗〔16〕三兩，支子〔17〕二兩，切，以水九升，煮取三升，▢▢▢▢，驗。

23. 又方。黃連三兩，黃芩一兩，擣篩，以羊腎脂和為丸，一▨百丸，如梧子。

又方，擣車前草取汁二升。

24. 又方。黃連末，和水服方寸匕〔18〕，以差為度，驗。又方。桑葉□□以水
一升，煮取半升，米一勺，煮作粥，空腹服之□。

25. 又方。取驢蹄燒作灰，和酒服之。又方。從心眥骨〔19〕取齊（臍）□中灸
三壯，神秘。又方，黃蘗一兩，細剉，以水半升，酒□升，□□

26. 取半升頓服。又方。取蛞蝓擣碎，取酸棗子□（許）〔20〕大，綿裏內下部
中，唯須深，立定，重者再，差。

27. 療白利〔21〕。取麻子，研取汁，煮（煮）菉〔22〕豆，空腹飽喫，即定。又
方。赤石脂五兩，干薑二兩，擣末，飲服三升，七日差。

28. 又方。以手熟撋〔23〕烏豆，服大一抄，不過再〔24〕三。又方。大蒜十頭
〔25〕燒灰，以酒一升和，溫服。不過三兩度，驗。

29. 又方。白龍骨，白石脂，白礬燒令汁盡，胡粉熬令黃，各六分，黃連二兩，
並擣篩，蜜和為丸，空服卅丸。

30. 又方。取酢漿水泮麵，還以酢漿水煮。勿著塩，飽食之定，兼除腹痛又方。
杏人湯煮（煮）熟，用麵作餺飥□

31. 療利方。阿膠二兩炙，黃連二兩，龍骨一兩，赤石脂一兩，黃□□□（一
兩）〔26〕，乾〔27〕薑二分，等飽喫，立差。

32. 療積利腸癖食不消方。大黃十分，青木香七分，□□□六分，桂心六分，
檳榔六分，枳殼□□（六分），擣篩，蜜和為丸，以無灰酒服十五丸，漸
加至廿五丸，忌大醋油膩。

33. 療利〔28〕積年出無禁止方。取韮兩手握，細切，豉□□□□□（一升，酒
三升）〔29〕，煮（煮）取一升，頓服，不過三劑。

34. 又方。小豆一升，煮（煮）令爛。并少汁盛，內蝎〔30〕三兩，待消盡，頓
服，驗。又方，煮（煮）韮空腹熱服一椀〔31〕，不過者，其酸膩□□。

35. 療霍亂方。

36. 溫酒三升，蠟〔32〕如彈丸，著酒中餌服之，無蠟以塩一匙□（替）處亦得。
又方。□（桂）〔33〕皮〔34〕三兩，以水半升，煎取一盞，頓服，神驗。

37. 又方。蓼香葉〔35〕細切二升，以水五升，頓煮（煮），取一升，頓服，□
（驗）〔36〕。蓼香者，香葉是也。又方。竈底黃土，和水煮（煮）服一升，
立驗。

38. 又方。高良薑三兩，以水一升煮（煮），服半升，頓服，驗。□（又）方。

若不滿，取雞矢白，末之，服方寸匕，以酒和服。

39. 又方。若煩歐（嘔）熱者，取扁竹葉、服子，擣，和水服之。又方。桑葉一握，以水一大升，煎取半升，頓服立差。秘妙。

40. 又方。黃連二兩，以水二升，煎取二合，去滓，內犀角末四分，煎取一合，內麝香一分相和，旦、中、暮三時，各服半雞子許。

41. 療腳筋〔37〕及已入腹方。

42. 取雞矢白方寸匕〔38〕，以水六合，煮（煮）三沸，去滓，頓服，勿令病者知。又方。燒鷹經繩灰〔39〕三指撮，酒服之。

43. 又方。以手拘〔40〕隨所患腳大母〔41〕指，灸〔42〕腳心下急筋上，七壯。又方。筋已入腹者，令患人伏地，以繩絆〔43〕跌上踝下，兩腳中

44. 間出繩繫柱，去地稍高，患者身去柱可五尺，即以棒極折繩，令掣〔44〕患者，驗。

45. □（又）方。令病者伏地，長舒腳脛後健肉，次下提腳筋▨間大作，艾炷灸不過三壯即差，若重者不過七壯。秘驗。

46. ▢▢痛〔45〕不可忍得方。

47. ▢▢腫〔46〕，頭如大〔47〕錢，等院〔48〕中滿，填〔49〕椒，還以〔50〕麵作餅蓋上，炙令麵燋〔51〕熱〔52〕徹，痛立止，驗〔53〕。

48. ▢▢腫，取竈底〔54〕黃土和酢塗之，立差〔55〕。又方。所〔56〕患邊，灸〔57〕肩節縫上〔58〕七壯。

49. ▢▢瓮〔59〕盛水，近下鑽孔，令水射腫上〔60〕，令遍〔61〕身冷徹，驗。又方。大黃、石灰、小豆等分，擣末，白酒和塗，効〔62〕。

50. ▢▢擣，以水和塗腫上，干即易之。又方。酢研大〔63〕黃塗，驗〔64〕。

51. ▢▢療即死。

52. ▢▢焱焱焱，墨書之。

53. ▢▢須道病人鄉里、姓名、年幾、所患處，復閉氣書咒，大驗。

54.

55. ▢▢者二枚，滿▨（溢）〔65〕熱漿合腫上，覺稍冷，即急換丸，以差為度，此方立驗。

56. ▢▢中潰，驗。又方。以馬糞傅〔66〕之，中干即易。婦人發乳亦唯此療。

57. ▢▢驗。▨入者何是，誰識？

58. ▢▢不〔67〕得〔68〕▨（語）〔69〕及產婦〔70〕復〔71〕風方。

59. ▭急〔72〕攪，以酒頓服，覆取汗，不過三劑，極重者〔73〕，

60. ▭之薰法。燒一顆石，令極熱，即取驗酢點石上，酢氣

61. ▭發，當薰時，密遮四邊，勿令風得入，非常神驗。

62. ▭餛▨（飩）〔74〕，▨（燒）〔75〕令熱，以筯〔76〕剌（刺）破〔77〕作孔，▨▨▨（動風入）〔78〕處，不過三四〔79〕，驗〔80〕。

63. ▭又方。酢淀〔81〕、麥麩、▨▨（酒糟）〔82〕、塩、椒，

64. ▭冷〔83〕即易〔84〕，若〔85〕血〔86〕不止，擣生蔥〔87〕白入〔88〕口，更嚼封上，初痛酸癢即▨〔89〕。

65. ▭作〔90〕湯熱浸，驗〔91〕。又方。莨菪根，燒令熱，微切頭，熱注瘡上，冷即易。

66.

67. ▭▨（煮）〔92〕減半酒，蜜覆勿洩〔93〕氣，去莨菪子取汁，內不破青州棗卅枚，煮

68. ▭枚〔94〕，棗盡即差。又方。灸兩乳下黑白際〔95〕各百壯，即差。灸

69. ▭▨（心）〔96〕下一寸差〔97〕。又方。若〔98〕咳嗽腹〔99〕滿體腫欲死方。楸葉五升，水五升，煮一百沸，去▨（滓）〔100〕

70. 煎堪丸，丸〔101〕如小棗，以竹筒內下部，腫消氣下，神驗。▨▨▨（蠱甘瘑）〔102〕久〔103〕利並差。

71. □□（又方）。桑根白皮切三升，生薑半升，吳茱萸半升，以〔104〕酒五升，煮上件藥〔105〕三▭〔106〕

72. 千金不傳。又方。從下〔107〕項大椎數下至〔108〕第五節上空間，灸百〔109〕壯。

73. 又方。白錫半斤，蜜半升，生薑汁二小升，右相和，取瓷瓶盛，密蓋，頭熱▭

74. 又方。桔梗、貝母、五味子、山茱萸〔110〕、秦膠，桑根白皮，檳榔人▭

75. 切，以水九升，煮取二升，去滓，分溫三服，如人行五里一服，忌生冷、酢▭

76. 又方。杏人去皮尖及雙人，劈破，以好牛蘇煮令黃，紫蘇子□（炒）令香，▭

77. 右細擣，蜜和丸如梧棗大，含之細細嚥汁，立差。擣▨，少時必須▨心如▨即▭

78. 又方。五味子，甘草炙，桔梗。已上各一大兩，切，以水三升，煎取半升，分作三服，如不能▢▢

79. 廿丸得驗。又方。若涎唾多，坐臥不得者，並除之。▢▢

80. 錫一兩，蘇一兩，蜜一兩，臘半兩，已上並大兩。右以清酒半升相和，煎令臘消散，即得服，頓服彌佳。再服▢▢

81. 又方。好牛酥一大兩，母蔥一握，細切，著子者謂母蔥。右煎蘇令沸，然後下蔥白，熬令熟，欲黃即出之，頓服之▢▢

82. 療蠱水遍身洪腫方。

83. 椒目，牡厲炙，亭厤子熬，甘遂。已上〔111〕各一兩，擣篩，蜜和〔112〕丸如梧子大〔113〕，一服▢▢〔114〕

84. 又方。亭歷子一大兩，大棗十枚，以水三升，煮取一升半，分再服，即寫，寫訖，開▢▢〔115〕

85. 又方。牽牛子三兩，亭歷子五兩〔116〕，海藻〔117〕三兩，昆布三兩，一名白〔118〕，豬〔119〕苓三兩▢▢〔120〕。

86. 右〔121〕擣篩，蜜和〔122〕丸如梧子，飲服十五丸，日再〔123〕漸加〔124〕，以知為度。

87. 又方。取嫩楮細〔125〕枝并葉並兩手〔126〕握，大豆一升，水一石，煮去滓，汁別煎〔127〕，取三升，分▢（三）〔128〕服，平旦、▨（午）▢▢〔129〕。

88. 又方。黏鼠子〔130〕兩抄，分再服，勿使嚼破，驗〔131〕。又方。取〔132〕苦瓠穰一枚，水一石，煮一炊▢▢〔133〕

89. 小便小〔134〕下，下後〔135〕作小豆羹飲食〔136〕，勿飲水。又方。烏〔137〕牛尿，每服一盞〔138〕。又▢〔139〕

90. 又方。若腫從腳起，漸上入腹，即煞人。取小豆〔140〕一升，煮令極爛，取▢▢〔141〕

91. 又方。若〔142〕胷背〔143〕腹〔144〕滿，氣急體〔145〕腫，喘息不續〔146〕，或水〔147〕▨（氣）▢▢〔148〕

92. 杏人二分，去皮尖及雙人〔149〕，熬，亭子歷五分，熬。

93. 右〔150〕擣末〔151〕，蜜和〔152〕丸如梧子，每服二七〔153〕，以利▨（為）〔154〕▢（度）〔155〕。

94. 療腹滿〔156〕積年不損方。取白楊樹東南〔157〕皮，去蒼▨▢▢〔158〕滓，還〔159〕內〔160〕此酒中，蜜〔161〕封▢▢〔162〕

95. 療冷熱上氣，關隔，氣上下不通，腹脹□□

96. 前胡八分，赤伏苓四分，桂心三分，旋覆花三分□□

97. 細辛四分，桃人四分去皮尖雙人，熬，厚朴四分炙，人參四分，昆□□

98. 海藻八分洗去鹹，桑根白皮六分，當歸四分，蜀防葵□□

99. 白尤四分。右先取郁李人、桃人、蘇子三味合擣，其◨◨（諸藥）□□

100. 丸如梧子，取棗穰裹，和服廿丸，日再服，漸加至卅丸，以鴨溏須◨□

101. □（療）□◨（腎）〔163〕不調及冷氣等，大調中丸方。

102. 白尤十二分，人參十二分，干薑十二分，甘草十二分炙，橘皮六分，枳
    實六分□□

103. ◨（音）〔164〕不語方。取人乳及〔165〕醬清等分，服二〔166〕升差。又方，
    取竹葉枝〔167〕□□

104. 灌口〔168〕，不開，以竹筒灌鼻，驗。又方，取〔169〕苴〔170〕子熬，擣末，
    醋和傅〔171〕頭□□〔172〕

105. 又方。煮桂汁令〔173〕咽，驗。又方。桂一寸，末之，人髮灰等分，綿裹
    令□□

106. 療消渴方。取大結魚一頭，依法洗治，著糯米，兼下蔥、豉汁，爛煮□□

107. 又方。頓服〔174〕生胡麻油〔175〕一升，立驗〔176〕。又方。取古〔177〕屋
    上瓦〔178〕一斗五升〔179〕，水二□□〔180〕

108. 又方。黃瓜根、黃連等分，擣末，蜜和，食後服十〔181〕丸，差〔182〕。又
    方。桑□□〔183〕取三四〔184〕升，濃為度，飲之驗〔185〕。

109. 又方。黃連、栝樓根擣為末，牛乳、生地黃汁等〔186〕分，和作〔187〕丸，
    食後服□□〔188〕

110. 又方。黃芩二兩，麥門冬三兩去皮心，括樓三兩，牛黃一兩，人參一兩，
    □□
    雞腸一具刮皮淨白，水洗，豬腎一具，切。以水九升，煮取二升，去滓，
    分□□

111. 牛膽丸方。黃芩、知母、苦參、括樓、乾葛、人參、通草、麥門□□

112. 擣篩，以牛膽和為丸。先食飲服廿五丸，漸加至卅六丸，日再差。□□

113. 肝去上漠，餘並從之。忌粳米、黏食，並餳、酒、面、炙肉□□

114. 此◨（病）〔189〕忌生不忌冷，忌肥不忌滑，但是食皆忌熱吃，吃□□

115. 差，差後五十六日內，好依此法將息，勿令重發□□

116. 凡此病得藥力覽減食，小便仍利，時好不用，小便頓▢▢苦參丸。

117. 此方令小便利，兼療勞熱及骨蒸▢▢

118. 黃芩八兩，桑根白皮四分，䗪蛹二兩熬，擣篩蜜▢▢

119. 又方秘驗。黃連五兩，小蘗二兩，栝樓二兩，切▢▢

120. 擣篩為丸散，煮大麥人飲，和服一匕，日再，漸加至▢▢

121. 療反胃方。大黃四兩，甘草二兩炙。▢▢

122. 切〔190〕，以水二〔191〕升，煮取一升，分再〔192〕服，時時著☒（皂）▢▢
     〔193〕。

123. 又方。取猬皮燒作灰，煮菉豆粥半升，和一匕服，差。為▢▢

124. 又方。取橘皮三〔194〕兩，豉一大〔195〕升，蔥一把，羊肚一具▢▢〔196〕

125. 繫頭煮熟，絞取汁一升，頓服〔197〕，餘滓作羹，食▢▢〔198〕

126. 又方。炙〔199〕乳下三寸。扁鵲〔200〕：隨年壯。華他〔201〕云：卅〔202〕
     壯，神驗〔203〕。

127. 療卒偏風方。

128. 取〔204〕酒五升，燒經〔205〕用車釧令極〔206〕赤，徐徐置酒中〔207〕，一
     服一合▢▢〔208〕

129. 又方。取〔209〕麻子擣，以酒和，絞取汁，溫服，熬，蒸亦〔210〕佳。又
     方▢▢

130. 又方。取驢脂一升，熬令熟，濾去滓，蔥白一握，細切，塩、酢▢▢

131. 訖，貯瓷器中，和羹粥酒，任食多少，每服訖即☒▢▢

132. 須吃一椀蔥豉粥，無所禁忌。

133. 又方。一切偏風，半身不隨，手不上頭方。

134. 羌活三兩，升麻三兩，桂心三兩。

135. 切，以水四升，煮取一升半，頓服令盡。平旦空服，服少間，藥▢▢

136. 服四、五劑，看四體羸，即將息三兩日稍可。即更服常▢▢

137. 飯，煮韭、乾脯、肉醬等並得。手不上頭，半身不隨，不▢▢

138. 大酢、䒱（甜）食、生冷等。

139. 苦偏風項強，一邊緩縱，服前湯，并摩後膏▢▢

140. ▢▢椒、桂心、附子生用、白朮、當歸、白芷、細辛▢▢。

141. 右細剉，綿裹，以蘇二小升煎之，三上三下，白芷黃膏▢▢

142. ▢▢☒（痺）〔211〕矍，下〔212〕隨及冷痺方。

143. □⧄（升），塩〔213〕三升，蒸令氣〔214〕溜〔215〕，以氈袋盛，腳踏袋
　　　上，冷□□〔216〕

144. □□（又方）〔217〕。灸足〔218〕外踝上四指〔219〕絕骨穴，其穴〔220〕掐〔221〕
　　　時與蹊脈〔222〕相應□□〔223〕

145. □□方〔224〕。

146. 灸〔225〕陰后，大孔前，縫〔226〕上處中，隨年壯，婦人因神□□〔227〕

147. 又方。灸〔228〕陰莖近本宛中三壯〔229〕。又方。灸掌□□〔230〕

148. 療時患遍身生疱方。

149. 初覺欲生〔231〕，即灸兩手外研骨〔232〕正尖〔233〕頭，隨年□（壯）〔234〕。

150. 又方。取桃葉作湯洗，並滅瘢。又方。黍〔235〕一合□□〔236〕

151. ⧄（療）諸漏瘡方。

152. 右取雄茛菪根，勿令見風，雄茛菪者，無子也□□

153. 須著少許麝香安瘡上，然後帖茛菪，即以艾□□

154. 前灸，每十壯迴換茛菪，凡經五度，換茛菪□□

155. 之至後日，準前法灸之，灸訖即停，滿十五日□□

156. 未破者，以針微破，生布揩，然後準前法封□□

157. 內一截於孔中，然後已面椀子蓋上。此方神驗。

158. 又方。煎楸枝葉作煎〔237〕，淨洗瘡，內孔中大驗。又方。□□

159. □□艾作炷，灸瘡上驗。又方。新□□

160. □□□綿裏內下部中，驗。

校記：

〔1〕救，寫卷殘留右下角捺筆殘畫，若作「俻（備）」字，則似不合，故據第七行
　　　「救急易得，服之立效者一百八方」句，此字更傾向於「救」字，擬補。

〔2〕之，寫卷殘存上半。

〔3〕並，寫卷殘存下半。

〔4〕輕，車前重也，於此處義不合。當是「輕」之形誤字，敦煌寫卷中「坙」旁常
　　　寫作「至」，如「痙」常寫作「痓」。

〔5〕「如」上寫卷殘缺，不知療何疾，其下接療心痛方，《龍門》有「又冷心痛，
　　　吳茱萸一升，桂心三兩，當歸三兩，搗末，蜜和丸，如梧子，酒服廿丸，日再
　　　加卅丸，以知為度」，與之類似，可做參考。

〔6〕服，頓，服⧄，寫卷殘存左半「月」旁，頓，寫卷殘存左半。醫方中常見「分

（或作煮）X服，頓服」的服藥方法，故根據殘缺內容擬補此二字。

〔7〕闕，其，P.2666V 作「人心痛欲死」。「闕」上寫卷殘泐。《千金方・膀胱腑・霍亂第六》有「若先心痛及先吐者，灸巨闕七壯，在心下一寸，不效更灸如前數」；《千金翼・針灸中・膀胱病第十》則有「若先心痛先吐，灸巨闕二七壯，不差，更二七壯」之論述，可知其療「心痛」之疾。

〔8〕灸二七壯，P.2666V 作「三壯即差」。從《千金方》及《千金翼方》的記載來看，則作「二七壯」義勝。《道興造像記》療「蚘心痛」法為「又灸心下一寸二七壯」〔註102〕，雖闕穴位名稱，可知為巨闕穴，壯數為二七壯，亦可為一證。

〔9〕半，寫卷殘存下半，其上殘泐，《龍門》作「大黃三兩，麤切，水二升，漬一宿，平旦絞汁一升」。

〔10〕「跟」上寫卷殘泐，《千金翼方・雜病上・痎瘧第二》有「瘧醫並不能救者方」，「以繩量病人腳圍繞足跟及五指一匝訖，截斷繩，取所量得繩置項上，著反向背上，當繩頭處中脊骨上灸三十壯，即定，候看復惡寒，急灸三十壯，即定。比至過發一炊久候之，雖饑勿與食盡日，此法神驗，男左女右」，可作參考。

〔11〕「末」上寫卷殘泐，據《醫心方》引《救急單驗方》（簡稱「《救急》」），此當為「療急疳方」。

〔12〕◨矢，《救急》作「文蛤」。

〔13〕人並驗，《救急》無。《龍門》作「人畜並驗」。

〔14〕此處寫卷中間殘缺一行，《龍門》作「療赤白痢方」。

〔15〕二升，《龍門》作「乾，末」。「升」，寫卷殘存左上角殘畫，其下殘泐，《龍門》作「服方寸匕，驗」。案：「升」作為劑量單位，在醫籍中常作為水、酒之類的取量，而鼠尾草則多用「斤」、「兩」、「分」，如《肘後備急方・治卒大腹水病方第二十五》中有「又方，鼠尾草、馬鞭草各十斤，水一石」〔註103〕的記載，《千金方・卷十五下・熱痢第七》中治「下赤連年方」，用「地榆、鼠尾草各一兩」〔註104〕。且從文意上理解，此處當是取鼠尾草花曝乾，研末。與《龍門》下文「服方寸匕，驗」可相銜接。

〔註102〕《金石萃編》第 1 冊，4 頁。
〔註103〕《肘後備急方》，69 頁。
〔註104〕《備急千金要方》，280 頁。

〔16〕檗,《救急》作「柏」。案:《說文·木部》:「檗,黃木也。」段玉裁注:「黃木者,《本草經》之檗木也,一名檀桓。俗加草作蘗。」〔註105〕是作「檗」為本字,「蘗」為俗寫,《本草綱目·柏木》:「檗,木名。義未詳。《本經》言檗木及根,不言檗皮,豈古時木與皮通用乎?俗作黃柏者,省寫之謬也。」〔註106〕

〔17〕支子,《救急》作「梔子仁」。支,為「梔」之借字,前已出校。

〔18〕方寸匕,《救急》作「一匙」。

〔19〕心耆骨,《外臺秘要》作「心歧骨」,《幼幼新書》作「心岐骨」。案:「岐」與「歧」同,醫籍中常同見,《五經文字·山部》「岐」字條:「俗以此岐為山名別作歧路字,字書無此歧字。」〔註107〕《玉篇·止部》:「歧,歧路也。」〔註108〕後引申為「分歧、分叉」之意,《後漢書·張堪傳》:「桑無附枝,麥穗兩岐。」〔註109〕《中醫大辭典》「歧骨」條曰:「骨骼部位名。指兩骨末端互相交合的部分,狀如分枝,故名。」〔註110〕《說文·老部》:「耆,老也。」〔註111〕寫卷作「耆」當係音訛字。

〔20〕許,寫卷殘存上半殘畫。

〔21〕白利,《醫心方》引《龍門方》作「赤白利」。

〔22〕菉,《說文·艸部》:「菉,王芻也。」〔註112〕此處作與「豆」連用,與義不合,當是「綠」之換旁訛字。

〔23〕摟,《醫心方》引《龍門方》作「挼」。案:《說文·手部》:「挼,推也。一曰兩手相切摩也。」「摟,曳聚也。」〔註113〕此處言以手摩烏豆,如《備急千金要方·痔漏方·惡疾大風第五》言「用細粒烏豆,擇取摩之皮不落者」〔註114〕,則此處當作「挼」,「摟」為「挼」之形誤也。

〔24〕再,《醫心方》引《龍門方》作「二」,義同。

〔註105〕《說文解字注》,245 頁。
〔註106〕《本草綱目》,1977 頁。
〔註107〕《五經文字》下卷,《後知不足齋叢書》,20 頁。
〔註108〕《宋本玉篇》,200 頁。
〔註109〕《後漢書》第 4 冊,1100 頁。
〔註110〕《中醫大辭典》,899 頁。
〔註111〕《說文解字》,173 頁。
〔註112〕《說文解字》,26 頁。
〔註113〕《說文解字》,255、254 頁。
〔註114〕《備急千金要方》,427 頁。

〔25〕頭，P.2666V 作「顆」。案，古醫籍中言大蒜分量有言「頭」，亦有言「顆」，二
　　　者皆可。

〔26〕一兩，寫卷殘存右半。

〔27〕乾，寫卷殘存下半。

〔28〕利，《醫心方》引《龍門方》作「疳痢」。「利」、「痢」古今字，下凡同此不復
　　　出校。

〔29〕一升，酒三升，寫卷不可辨，茲據《醫心方》引《龍門方》擬補。

〔30〕蝎，《醫心方》引《僧深方》（簡稱《僧深》）作「臘」。案：《干祿字書》：「臘、
　　　蠟，上臘祭，下蜜，俗字從葛，非也。」〔註115〕《說文》有「臘」無「蠟」，
　　　是作「臘」為正字，「蠟」為後起換旁借字。下文「療霍亂方」有「溫酒三升，
　　　蠟如彈丸，著酒中頓服之，無蠟以鹽一匙☒（替）處亦得」，字又作「蝎」。《龍
　　　龕手鏡·蟲部》：「蝎，俗；蠟，正。」〔註116〕《說文·蟲部》：「蝎，蝤蠐也。」
　　　〔註117〕於義不通，則「蝎」當是「蠟」之省。

〔31〕椀，《醫心方》引《龍門方》作「碗」，同。

〔32〕蝎，《肘後》作「蠟」，俗字。

〔33〕桂，寫卷殘缺右下角筆劃。

〔34〕皮，《救急》無。

〔35〕蓼香葉，《肘後》作「蓼若葉」，《醫心方》引《葛氏方》（簡稱《葛氏》）作
　　　「蓼若香菜」。

〔36〕驗，寫卷殘存上半。

〔37〕腳筋，《龍門》作「腳轉筋」，《醫心方》作「轉腳筋」。案：腳筋指足之筋脈
　　　也。而腳筋之病症有「腳筋急」、「腳筋急痛」、「腳筋攣」、「腳筋攣縮」、「腳
　　　筋冷縮」、「腳筋轉」等。如《諸病源候論》卷 22「霍亂轉筋候」：「霍亂而轉筋
　　　者，由冷氣入於筋故也。足之三陰三陽之筋，起於人足指……霍亂大吐下之
　　　後，陰陽俱虛，其血氣虛極，則手足逆冷，而榮衛不理，冷搏於筋，則筋為之
　　　轉，冷入於足之三陰三陽，則腳筋轉。」〔註118〕《肘後備急方》有「孫尚藥
　　　治腳轉筋疼痛攣急者」〔註119〕，《千金翼方·針灸中·肝病第一》有「治腳

〔註115〕《干祿字書》，30 頁。
〔註116〕《龍龕手鏡》，225 頁。
〔註117〕《說文解字》，279 頁。
〔註118〕《諸病源候論》，123 頁。
〔註119〕《肘後備急方》，30 頁。

轉筋法」〔註120〕，《外臺秘要・霍亂轉筋方》有「必效主霍亂腳轉筋及入腹
方」〔註121〕，《針灸資生經》卷3「霍亂轉筋」有「歧伯療腳轉筋」〔註122〕。
則此處作「腳轉筋」是。

〔38〕方寸匕，《肘後》作「一寸」。

〔39〕鳶縊繩灰，《葛氏》作「編薦索」。

〔40〕拘，《龍門》作「勾」，《外臺》作「拗」。案：《說文・句部》：「拘，止也。」
段玉裁注：「手句者，以手止之也。」〔註123〕於此處意似不順。朱駿聲《說
文通訓定聲・需部》：「拘，假借為句。」〔註124〕《說文・句部》：「句，曲
也。」段玉裁注：「古音總如鉤。後人句曲音鉤，單句音屨。又改句曲字為
勾。」〔註125〕《廣韻・侯韻》：「句，俗作勾。」〔註126〕是作「句」為本字，
「勾」為後起之俗寫，「拘」為「句」之借字。《玉篇・手部》：「拗，拗折也。」
〔註127〕後又引申為「扭曲」之意，與「句」意相通。

〔41〕母，《龍門》作「拇」，二字古通用。

〔42〕「灸」下《龍門》有「當」。

〔43〕「絆」下《龍門》有「兩腳」。

〔44〕掣，《龍門》作「製」。案：《爾雅・釋訓》：「甹夆，掣曳也。」郭璞注：「謂牽
拕。」邢昺疏：「掣曳者，從旁牽挽之言。」〔註128〕《說文・衣部》：「製，
裁也。」〔註129〕則此處作「掣」於義相合，以繩牽掣患者是也。

〔45〕「痛」上寫卷殘泐約四字位置，P.3596V作「療惡腫方，惡腫疼」。可擬補「療
惡腫疼」。

〔46〕「腫」上寫卷殘泐約五字位置，P.3596V作「溲面圍」。

〔47〕大，P.3596V作「火」。「大」為「火」之形誤。

〔48〕院，P.3596V作「處」。

〔註120〕《千金翼方》，323頁。
〔註121〕《外臺秘要》，180頁。
〔註122〕《針灸資生經》，142頁。
〔註123〕《說文解字注》，88頁。
〔註124〕《說文通訓定聲》，350頁。
〔註125〕《說文解字注》，88頁。
〔註126〕《新校互注宋本廣韻》，439頁。
〔註127〕《宋本玉篇》，125頁。
〔註128〕《爾雅注疏》，《十三經注疏》下冊，2591頁。
〔註129〕《說文解字》，173頁。

〔49〕填，P.3596V 作「內」，義同。

〔50〕「以」下 P.3596V 有「捋」。

〔51〕燋，P.3596V 作「焦」，「燋」與「焦」同。

〔52〕熱，P.3596V 無。

〔53〕驗，P.3596V 無。

〔54〕底，P.3596V 作「下」，義同。

〔55〕立差，P.3596V 作「良」。

〔56〕「所」上 P.3596V 有「隨」。《龍門》亦有「隨」字，可擬補。

〔57〕炙，P.3596V 在「七」上。

〔58〕上，P.3596V 無。

〔59〕「瓮」上寫卷殘泐，P.3596V 作「又方，熱者」。

〔60〕「上」下 P.3596V 有「邊」。

〔61〕令遍，P.3596V 無。

〔62〕末，白酒和塗，効，寫卷模糊不可辨，茲擬 P.3596V 擬補。

〔63〕大，P.3596V 作「火」，「火」為「大」之形誤字。

〔64〕驗，P.3596V 作「効」，義同，下凡同此不復出校。

〔65〕溢，寫卷殘缺上邊筆劃。

〔66〕傅，《外臺》作「封」，《醫心方》引《經心方》作「敷」。「傅」與「敷」通。

〔67〕「不」上寫卷殘泐，P.3596V 作「療賊風入身，角弓反張，口禁」。

〔68〕得，P.3596V 無。

〔69〕語，寫卷殘存下半。

〔70〕「婦」下 P.3596V 有「人」，「人」當為衍字。

〔71〕復，P.3596V 作「中」。

〔72〕「急」上寫卷殘泐，P.3596V 作「烏豆二升，熬令半黑，酒三升內鐺中」。

〔73〕「者」下寫卷殘泐，P.3596V 作「加雞屎一合，和熬，口不開，灌，須臾差」。

〔74〕餛，P.3596V 作「麲」。案：「餛」與「麲」同。食旁常可換作麥旁，如《集韻‧靜韻》：「餅，〈說文〉：『面餈也。』或從麥。」〔註130〕《晉書‧惠帝記》：「後因食䴵中毒而崩，或云司馬越之鴆。」〔註131〕《集韻‧鐸韻》：「餺，餺飥，餅也。亦作䴾。」《集韻‧質韻》：「饆，饆饠，餅屬。或從麥。」《集韻‧桓韻》：

〔註130〕《集韻》，425 頁。

〔註131〕《晉書》第 1 冊，108 頁。

「饅，饅頭，餅也。或從麥。」〔註132〕《正字通・麥部》：「麨，俗字，本作麨。」〔註133〕「餛」上底卷殘泐，可據 P.3596V 補「又方。有傷處風入，取椒一合，面裏作」。

〔75〕燒，寫卷殘存下半。

〔76〕筋，P.3596V 作「物」。筋，同「筋」。「筋」於此處文意不通，當是「筋」的形誤字，筋，箸也，即筷子。

〔77〕破，P.3596V 無。

〔78〕動風入，寫卷模糊不可辨，茲據 P.3596V 擬補。

〔79〕「四」下，P.3596V 有「遍」，可擬補。

〔80〕驗，P.3596V 作「即愈」，義同。

〔81〕酢淀，P.3596V 作「醋澱」。「酢」與「醋」同，「淀」與「澱」同。

〔82〕酒糟，寫卷不可辨，茲據 P.3596V 擬補。糟，字書未見，當為「糟」之形誤。

〔83〕「冷」上寫卷殘泐，P.3596V 作「等五分物等分，揔熬令熱，以布裏，熨瘡」。

〔84〕易，P.3596V 作「差」。

〔85〕若，P.3596V 無。

〔86〕「血」下 P.3596V 有「出」。

〔87〕蔥，P.3596V 無。

〔88〕入，P.3596V 作「人」，「人」為「入」之形誤字。

〔89〕「即」下寫卷模糊不可辨，P.3596V 無「即」字，後作「定，更封，不過七八日差」。

〔90〕「作」上寫卷殘泐，P.3596V 作「又方，瘡中風水腫疼，皆取青蔥葉及乾黃葉煮」。

〔91〕驗，P.3596V 無。

〔92〕煮，寫卷殘存下半「火」，其上殘泐，P.3596V 作「療上氣積年垂膿血方。莨菪子一小升半，以清酒六升，後火」。

〔93〕洩，P.3596V 作「泄」，同。

〔94〕「枚」上寫卷殘泐，P.3596V 作「汁盡，置棗於冷露中，旦服一枚，午服一」。

〔95〕際，P.2666V 作「清出」。案：《說文・𨸏部》：「際，壁會也。」段注：「兩牆相合之縫也。」〔註134〕此處言兩乳黑白相合之處也，如「治卒得咳嗽方。……

〔註132〕《集韻》，725、664、149 頁。
〔註133〕《正字通》，1391 頁。
〔註134〕《說文解字注》，736 頁。

又方灸兩乳下黑白肉際各百壯，卻愈」〔註135〕；「嗽灸兩乳下黑白際各百壯，即瘥」〔註136〕；「嗽灸兩乳下黑白肉際各一百壯即差」〔註137〕；則作「際」義順。差、瘥古今字，病癒也。

〔96〕心，寫卷殘存下半。

〔97〕「差」上 P.3596V 有「並」。

〔98〕若，P.3596V 作「療上氣」。

〔99〕腹，寫卷原作「服」，音誤字。

〔100〕淬，寫卷殘存下邊殘畫。

〔101〕丸，P.3596V 無。

〔102〕瘄，其上字寫卷模糊不可辨，據沈校擬補。「瘄」，「痎」也。P.3596V 作「府痔」。

〔103〕久，P.3596V 作「分」。

〔104〕以，P.3596V 無。

〔105〕上件藥，P.3596V 無。

〔106〕「三」下寫卷模糊不可辨，P.3596V 作「沸，去淬，頓服，氣下腫消，古醫秘之」。

〔107〕下，P.3596V 無，衍。

〔108〕下至，P.3596V 無。

〔109〕百，P.3596V 作「隨年」。

〔110〕茱萸，寫卷原作「萸茱」，乙正。

〔111〕已上，P.3596V 作「四味等分」。

〔112〕「和」下 P.3596V 有「為」。

〔113〕大，P.3596V 無。

〔114〕「服」下寫卷殘泐，P.3596V 作「十丸即寫，唯食白粥」。

〔115〕「開」下寫卷殘泐。

〔116〕「兩」下 P.3596V 有「熬」。

〔117〕藻，P.3596V 作「澡」，作「藻」是。

〔118〕一名白，P.3596V 無。

〔註135〕《肘後備急方》，61 頁。

〔註136〕《備急千金要方》，330 頁。

〔註137〕《千金翼方》，330 頁。

〔119〕豬，寫卷原作「脂」，形誤，茲據 P.3596V 擬改。

〔120〕「兩」下寫卷殘泐，P.3596V 有「澤漆三兩」。

〔121〕右，P.3596V 作「六味並」。

〔122〕蜜和，P.3596V 作「以蜜為」。

〔123〕日再，P.3596V 無。

〔124〕加，寫卷原作「如」，形誤，茲據 P.3596V 擬改。

〔125〕取嫩楮細，P.3596V 作「拓」。

〔126〕「手」下 P.3596V 有「三」。

〔127〕煮去滓，汁別煎，P.3596V 作「煮取汁一斗，去滓別煎」。

〔128〕三，寫卷殘泐，茲據 P.3596V 擬補。

〔129〕午，寫卷殘存上半，其下殘泐，P.3596V 作「時，夜半，皆空腹暖服，驗」。

〔130〕黏鼠子，P.3596V 作「鼠黏草子」。案：當作「鼠黏子」。

〔131〕驗，P.3596V 無。

〔132〕取，P.3596V 在「水」上。

〔133〕炊，P.3596V 作「煩」（案：作「炊」是），其下寫卷殘泐，P.3596V 作「須去滓，煎可丸，丸如胡豆大，一服二丸」。

〔134〕小，P.3596V 無。

〔135〕下後，P.3596V 無。

〔136〕飲食，P.3596V 作「飯」，下有「念之」。

〔137〕烏，P.2666V 作「馬」，作「烏」是，「馬」為「烏」之形誤。

〔138〕「盞」下 P.3596V 有「効」，P.2666V 有「即差」。

〔139〕「又」下寫卷殘泐，P.3596V 作「取蓼菜穰酒服之，良」。

〔140〕「豆」下 P.3596V 有「子」。

〔141〕「取」下寫卷殘泐，P.3596V 作「汁四升，溫浸膝已下，日浸。若已入腹，但服小豆，勿更雜食」。

〔142〕若，P.3596V 無。

〔143〕背，P.3596V 作「皆」。「皆」為「背」之形誤字。

〔144〕腹，P.3596V 作「脹」。

〔145〕體，P.3596V 作「心」。

〔146〕續，P.3596V 作「𧶠」。「𧶠」為「續」之形誤，「續」，「繼」也，與「續」義同。

〔147〕「水」下 P.3596V 有「或」。

〔148〕氣，寫卷殘存右半，其下殘泐，P.3596V 作「藥主方」。

〔149〕及雙人，P.3596V 無。

〔150〕右，P.3596V 作「二味」。

〔151〕末，P.3596V 作「篩」。

〔152〕「和」下 P.3596V 有「為丸」。

〔153〕二七，P.3596V 作「卅丸」。

〔154〕為，寫卷殘存上半。

〔155〕度，寫卷殘泐，茲擬 P.3596V 擬補。

〔156〕「滿」下 P.3596V、《龍門》有「如石」。

〔157〕「南」下 P.3596V 有「枝」。

〔158〕「蒼」下寫卷殘泐，P.3596V 作「皮，縱風細細刮，削五升，熬令黃，以酒五升熱淋訖，即以絹袋盛」。

〔159〕還，P.3596V 無。

〔160〕內，《龍門》作「納」，古今字。

〔161〕蜜，P.3596V、《龍門》作「密」，古通用字。

〔162〕「封」下寫卷殘泐，P.3596V 作「再宿，一服一盞，日三」。

〔163〕腎，寫卷殘存右邊殘畫。

〔164〕音，寫卷殘缺右上角筆劃，其上殘泐，P.3596V 作「療失」。

〔165〕及，P.3596V 無，可據補。

〔166〕二，P.3596V 作「三」。

〔167〕竹葉枝，P.3596V 作「青竹」，其下寫卷殘泐，P.3596V 作「如箅子卅九莖，烏豆二升，以水八升，和竹煮令爛，去滓，取法」。

〔168〕「口」下 P.3596V 有「口」。

〔169〕取，P.3596V 無。

〔170〕苴，P.3596V 作「芥」。案：《證類本草》有云，芥主除腎邪氣，利九竅，明耳目。瓜（案亦作苽）子則主令人說澤，好顏色，益氣不饑〔註 138〕。此方療失音不語，當通九竅之「喉」，作「芥」是。《肘後》治卒不得語方作「苴子」〔註 139〕，然《外臺》引《肘後》此方卻作「芥子」，並注「范汪千金同」

〔註 138〕《證類本草》，1033、1030 頁。
〔註 139〕《肘後備急方》，55 頁。

〔註140〕。說明王燾所見《肘後》、《范汪方》以及《千金方》均作「芥子」，而《肘後》在傳抄過程中將「芥」誤抄作「苽」。

〔171〕傅，P.3596V 作「拊」。拊，撫摸之意，此處當是「傅」之音借字。

〔172〕「頭」下寫卷殘泐，P.3596V 作「一周，衣覆之，一日一夜解，効」。

〔173〕令，P.3596V 作「含」。

〔174〕頓服，P.3596V 在「油」下。

〔175〕油，P.3596V 作「由」，作「油」是。

〔176〕立驗，P.3596V 作「良」。

〔177〕古，P.3596V 作「故破」。「古」與「故」可通。

〔178〕「瓦」下 P.3596V 有「末」。

〔179〕一斗五升，P.3596V 作「一升五合」。

〔180〕「二」下寫卷殘泐，P.3596V 作「升，煮三五沸，頓服，驗」。

〔181〕食後服十，P.3596V 無。

〔182〕差，P.3596V 無。

〔183〕「桑」下寫卷殘泐，P.3596V 作「根入土三尺，去白皮，炙令黃，去惡皮，細切，以水相淹，煮」。「桑根」，《醫心方》引《集驗方》（簡稱「《集驗》」）作「桑根白皮」，「黃」，《集驗》作「黃黑」。

〔184〕三四，P.3596V 作「四五」。

〔185〕之驗，P.3596V 作「甚効」。

〔186〕等，P.3596V 作「末」。

〔187〕作，P.3596V 作「為」，義同。

〔188〕「食」下寫卷殘泐，P.3596V 作「三十丸」。

〔189〕病，寫卷殘存上邊殘畫。

〔190〕切，P.3596V 無。

〔191〕二，P.3596V 作「三」。

〔192〕再，P.3596V 無。

〔193〕時時著皂□□，P.3596V 作「時已」。

〔194〕三，P.3596V 作「二」。

〔195〕大，P.3596V 無。

〔196〕「具」下寫卷殘泐，P.3596V 作「去糞，勿洗內蔥等，土中」。

〔註140〕《外臺秘要》，388 頁。

〔197〕頓服，P.3596V 作「服之」。

〔198〕「食」下寫卷殘泐，P.3596V 作「甚良」。

〔199〕灸，P.3596V 下有「兩」。

〔200〕「鵲」下 P.3596V 有「云」。

〔201〕華他，P.3596V 作「亦」。「華他」即「華佗」也。

〔202〕卅，P.3596V 作「三十」，義同。

〔203〕神驗，P.3596V 無。

〔204〕取，P.3596V 無。

〔205〕經，P.3596V 無。

〔206〕極，P.3596V 無。

〔207〕中，P.3596V 無。

〔208〕「合」下寫卷殘泐，P.3596V 作「漸加，以為慎風」。

〔209〕「取」下 P.3596V 有「火」。

〔210〕亦，P.3596V 作「一」。「一」為「亦」之音訛。

〔211〕痺，寫卷殘缺左上角，其上寫卷殘泐，P.3596V 作「療腳忽」。

〔212〕不，寫卷原作「下」，形誤，茲據 P.3596V 擬改。不隨，為風毒腳氣病症狀之一，《千金方》卷七「風毒腳氣」有云：「風毒之中人也，或見食嘔吐……或時緩縱不隨……」又有「治風虛勞損挾毒，腳弱疼痺或不隨」、「治風濕疼腰腳不隨方」〔註141〕等，皆可為證。

〔213〕「塩」上寫卷殘泐，P.3596V 作「麥麴末一升半」。

〔214〕「氣」下 P.3596V 有「出」。

〔215〕溜，P.3596V 作「餾」。

〔216〕「冷」下寫卷殘泐，P.3596V 作「易，亦除一切病」。

〔217〕又方，寫卷殘泐，茲擬 P.3596V 擬補。

〔218〕「足」下 P.3596V 有「兩」。

〔219〕「指」下 P.3596V 有「名」。

〔220〕其穴，P.3596V 無。

〔221〕掐，於文義似有不通，應是「陷」之形誤字。《外臺秘要·灸腳氣穴名》：「絕骨二穴在足外踝上骨絕頭陷中。」〔註142〕

〔註141〕《備急千金要方》，138 頁。

〔註142〕《外臺秘要》，532 頁。

〔222〕蹻脈，未知何脈也。《玉篇·足部》：「蹻，蹋蹻也。」〔註143〕疑為「蹻」之誤。《甲乙經·奇經八脈》：「《難經》曰：『陽蹻脈者起於跟中，循外踝上行，入風池。』」〔註144〕王冰注《黃帝內經素問》：「蹻謂陽蹻脈，在足外踝下足少陽脈行，抵絕骨之端，下出外踝之前，循足跗。」〔註145〕

〔223〕「應」下寫卷殘泐，P.3596V 作「處，灸五百壯」。

〔224〕「方」上寫卷殘泐，P.3596V 作「療顚癎狂」，《龍門》作「療癲狂方」。「顚」、「癲」古今字。

〔225〕灸，P.3596V 無。

〔226〕縫，P.3596V 作「經」。案：《廣韻·宋韻》：「縫，衣縫。」〔註146〕指衣服縫合之處。此處指陰囊下之中縫。《針方六集》：「會陰一穴，一名屏翳，一名海底，在兩陰之間，男人取陰囊後盡處中縫是穴。」〔註147〕「陰縫」、「囊縫」、「陰囊縫」常見，如「治卒癲疾方，灸陰莖上宛宛中三壯，得小便通則愈。又方，灸陰莖上三壯，囊下縫二七壯」〔註148〕；「男兒癲，先將兒至碓頭祝之曰：坐汝令兒某甲陰囊癲，故灸汝三七二十一枚。灸訖便牽小兒令雀頭下向著囊縫，當陰頭灸縫上七壯，即消」，「狂風罵詈撾斫人，名為熱陽風……又灸陰囊縫三十壯」〔註149〕。P.3596V 作「經」為「縫」之形誤字。

〔227〕「神」下寫卷殘泐。「婦人因神」，P.3596V 作「婦亦同」，《龍門》作「婦人亦同」。

〔228〕灸，P.3596V 無。

〔229〕「壯」下 P.3596V 有「差」。

〔230〕「掌」下寫卷殘泐，P.3596V 作「中並中指節上，立効」。

〔231〕生，P.3596V 作「出」。《說文·生部》：「生，進也。象草木生出土上。」〔註150〕徐灝《說文解字注箋》：「《廣雅》曰：『生，出也。』生與出同義，故皆訓為進。」〔註151〕二字同義，醫籍中「生皰」、「皰出」互見，如《諸病源候論·

〔註143〕《宋本玉篇》，135 頁。
〔註144〕《針灸甲乙經》，29 頁。
〔註145〕《黃帝內經素問》，51 頁。
〔註146〕《新校互注宋本廣韻》，344 頁。
〔註147〕《針方六集》，《新安醫籍叢刊》，71 頁。
〔註148〕《肘後備急方》，46 頁。
〔註149〕《備急千金要方》，443、262 頁。
〔註150〕《說文解字》，127 頁。
〔註151〕《說文解字注箋》，《續修四庫全書》，628 頁。

疫癘皰瘡候》：「熱毒盛則生皰瘡，瘡周布遍身狀如火瘡。」〔註 152〕《傷寒補亡論‧小兒瘡疹》：「又曰：天行頭痛壯熱一日二日及瘡皰未出，煩躁或雖少，身體尚發熱者。」〔註 153〕《肘後備急方‧治面皰發禿身臭心惛鄙醜方》有「葛氏療年少氣充面生皰瘡」方〔註 154〕，《證類本草‧草部中品之下》有「王氏博濟治瘡將出」方〔註 155〕。

〔232〕研骨，P.3596V 作「骨研」。案：研骨，又作研子骨，《千金方》有「熱病後發豌豆瘡。灸兩手腕研子骨尖上三壯，男左女右」〔註 156〕，《千金翼方》有「豌肉瘡灸兩手腕研子骨尖上三壯，男左女右」〔註 157〕，則 P.3596V 作「骨研」當乙正。

〔233〕「尖」下 P.3596V 有「尖」。

〔234〕壯，寫卷殘泐，茲據 P.3596V 擬補。

〔235〕「黍」下 P.3596V 有「米」。

〔236〕「合」下寫卷殘泐，P.3596V 作「淨掬，經宿露中，平旦服。研半，以喋瘡」。

〔237〕作煎，《救急》無。馬校：湯，原訛「煎」，據文義改。

（九）王宗無忌單方

P.2635V

P.2635V，起首題「王宗無忌單方」，至「治婦人少乳」方之「和酒及水服之」，凡九行，存方八首，據首題，似應有 90 方。從存方來看，基本都是小兒方，包括初生以虎頭骨洗浴到令兒聰明多智、無病的祝由之方，再到具體症治之法，疑為小兒方書。《法藏》據首題定名為《王宗無忌單方》〔註 158〕，後學者多從之，今亦從之。沈澍農認為寫卷不避「虎」、「治」之諱，抄於五代。

馬繼興《敦煌古醫籍考釋》（簡稱「馬繼興」）、《敦煌醫藥文獻輯校》（簡稱「馬校」）、叢春雨《敦煌中醫藥全書》（簡稱「叢春雨」）、沈澍農《敦煌吐魯番醫藥文獻新輯校》（簡稱「沈校」）等對寫卷有校釋之作。

〔註 152〕《諸病源候論》，64 頁。
〔註 153〕《仲景傷寒補亡論》卷 19，6 頁。
〔註 154〕《肘後備急方》，119 頁。
〔註 155〕《證類本草》，404 頁。
〔註 156〕《備急千金要方》，189 頁。
〔註 157〕《千金翼方》，322 頁。
〔註 158〕《法藏敦煌文獻》第十七冊，27 頁。

　　《王宗無忌單方》未有傳世之作，目錄書中也未見，所存單方 8 首有兩首可見於《千金方》，今據《法藏》錄文，以《千金方》為參校，校錄如下：

錄文：

1. 王宗無忌單方　九十處具題如後

2. 治小兒初生，煮虎頭骨汁洗，令子無驚怕，無疾長命。

3. 治小兒，以初生月入學，聰明益智惠〔1〕，令人尊貴，大吉。

4. 治小兒，聰明多智，取七月七日苽（瓜）下土著臍中，吉。

5. □□□（治小兒）〔2〕無病，取八月一日去臍中垢，長命饒子大吉。

6. ▅▅脂〔3〕著臍中，啼即止。

7. ▅▅頭〔4〕上瘡□▅作〔5〕灰，和臘月豬脂塗上即差。

8. 治時氣，取蔓菁煎取汁，洗身體，大吉。

9. 治婦人少乳，取母衣帶燒作灰，三指撮和酒及水服之

校記：

〔1〕惠，與「慧」通。

〔2〕治小兒，寫卷原殘泐，據上文擬補。

〔3〕「脂」上寫卷殘泐，《本草綱目》引《千金方》有「小兒驚啼，車軸脂小豆許，納口中及臍中良」〔註159〕。據寫卷體例，擬補「治小兒驚啼，車軸」。

〔4〕「頭」上寫卷殘泐，據體例擬補「治小兒」三字。

〔5〕「作」上寫卷殘泐，《千金方》有「治小兒疥方：又方，燒亂髮灰和臘月豬脂敷之。擬補「疥，燒亂髮」。

（十）醫方（產後、灸法、黃病、時氣病等雜症方）

P.2662V

　　P.2662V，起「（治）產後風虛勞損瘦弱不能（立，無力，短氣方）」之「產」，至「檳榔湯方」之「檳榔末二枚，服之」。首尾均殘，下截殘缺，存一百十一行，《法藏》定名為《醫方書》〔註160〕，王目定名為《另一種藥方書》〔註161〕，黃目與施目定名為《藥方書》〔註162〕，馬繼興定名為《不知名醫方

〔註159〕《本草綱目》，2206 頁。
〔註160〕《法藏敦煌西域文獻》第十七冊，136 頁。
〔註161〕《敦煌遺書總目索引》，269 頁。
〔註162〕《敦煌遺書最新目錄》，674 頁；《敦煌遺書總目索引新編》，249 頁。

第十六種殘卷》〔註163〕，叢春雨定名為《雜症方書第五種》〔註164〕，陳增岳則據叢春雨直接定名為《方書》〔註165〕。今據其內容抄錄為產後、灸法、黃病、時氣病、喉病、冷病等各類疾病的藥方及灸法，故定名為《醫方（產後、灸法、黃病、時氣病等雜症方)》。馬繼興認為寫卷中有「治」及「葉」字，無「療」字，當為唐代寫本，叢春雨以寫卷避「葉」，不避「治」，認為當在高宗以前，陳增岳斷為唐初寫本。

馬繼興《敦煌古醫籍考釋》（簡稱「馬繼興」）、《敦煌醫藥文獻輯校》（簡稱「馬校」）、叢春雨《敦煌中醫藥全書》（簡稱「叢春雨」）、陳增岳《敦煌古醫籍校證》（簡稱「陳增岳」）、沈澍農《敦煌吐魯番醫藥文獻新輯校》（簡稱「沈校」）對寫卷有過校釋之作，寫卷所存部分藥方可見於敦煌寫卷 P.3930 中，今寫卷據《法藏》錄文，以 P.3930 部分醫方為參校，校錄於後。

錄文：

1. □（治）〔1〕產後風虛勞損〔2〕瘦弱不能□□□〔3〕
2. □（黃）〔4〕耆三兩，干〔5〕棗卅枚擘破，芍藥三兩，□□□〔6〕，
3. 甘草二兩炙〔7〕，羌活一兩，羊精肉三斤，□□□〔8〕
4. 汁一升，去藥〔9〕下諸藥，復煎〔10〕汁二升半，□□□〔11〕
5. 治產後虛臟〔12〕，喘息不調，或寒□▨（或熱）□□□〔13〕
6. 蔥白切〔14〕一升，豆豉一升，白粳米一升，勺藥□□□〔15〕，
7. 生薑一兩。右切，以水五升，煮取三升〔16〕，去□□□〔17〕
8. 治產〔18〕血悶方。好墨，醋〔19〕研，服一合〔20〕。又方□□□〔21〕
9. 治產後虛弱，腹中百病，當歸湯主□□□〔22〕
10. 大棗五十枚，生薑六分，甘草一分炙。切，以水□□□〔23〕
11. 凡灸頭面，艾主〔24〕不得大，依雀糞〔25〕。但須□□□〔26〕
12. 灸，艾主大，灸復太多，令人失精神□□□〔27〕
13. 筋頭，但脈及穴當上灸之。如手腳上□□□
14. 無力，手足枯細，即失精神，又加瘦□□□
15. 病痃癖氣塊塊，艾柱即如兩筋□□□
16. 頭上百會一穴，主治頭痛、目疢，天行□□□

〔註163〕《敦煌醫藥文獻輯校》，431 頁。
〔註164〕《敦煌中醫藥全書》，486 頁。
〔註165〕《敦煌古醫籍校證》，258 頁。

17. 如上之疾，宜灸一七乃至三七壯。

18. 頭院一穴，主治天行黃熱，頭痛項強，四□□

19. 灸二七壯。

20. 脊背上，從第一椎數至第五節下☑（當）〔28〕□□

21. 覺荒語，脊腰強急，心悶，如上患☑（當）〔29〕□□

22. 巨開〔30〕一穴，在鳩尾岐骨下一寸。主治心痛□□

23. 治胃中傷，飽食不消化，五藏腹☑□□

24. 病生心下隔，食即嘔吐，頭痛目□□

25. 中管一穴，在上管下一寸，主治胎腹脹滿□□

26. 頭熱目黃，尅噫煩滿，食即腹痛□□

27. 如斯之病，宜灸卅壯。又食即於腹□□

28. 開元一穴，在齊下三寸，主治大小便痢，☑（婦）〔31〕□□

29. 開史穴，在手掌橫文量四指，當雙☑（筋）〔32〕□□

30. 見鬼神，妄語，恍惚，手腳疼痛，卒□□

31. 如斯之病，灸七壯。無不差者。

32. 治瘦病方，灸病人脊中當節穴二七□□

33. 七壯。忌奶酪、肉、油食、酒等。如食，其□□

34. 又治骨蒸、瘦病。灸兩手間史穴，兩□□

35. 人於五道上，日午時三姓人灸，甚効。

36. 治婦人欲得面白方。生雞子白一枚，杏□□

37. 以水洗面，塗藥，明旦以漿水洗去。

38. 治一切黃入腹者。秦膠一兩，擣篩為散□□

39. 服之寫一兩行，明旦更服半兩，必差。□□

40. 一切黃入四支皮肉，喫喫吐寫藥，不☑（差）〔33〕。□□

41. 灸第五椎節下七壯。又膽脹吃食飲□□

42. 四支身體黃者，手腳上下血，即差。

43. □□粉半兩，和暖水空腹服之，必吐寫，☑（差）〔34〕□□

44. 眼精黃者，鼻中著瓜底散一豆粒□□

45. 中出黃水一升差。宜食草豉子、牛□□

46. 治一切天行、一切時氣熱病。初得一兩□□

47. 家白、陳家黃，冷食飲差。如不☑（差）〔35〕□□

48. 差。如不差，四五日後熱入腹，宜合▨▢

49. 升，須打雞子破取白，絞五百遍，去▢

50. 又大黃二兩，甘草一兩，打碎，以水一升，漬一▨（宿）〔36〕▢

51. 必寫三兩行，差。又方。但黃熱病，服▢

52. 消一兩，水一升調，空腹服之，寫一兩行▢

53. 治一切熱病在胷內心肺間，咳嗽，頭痛▢

54. 治熱病後嘔吐不欲得喫食方。▨（蘆）〔37〕▢

55. 生薑一兩半，石膏一兩，蒲桃一升，以水▢

56. 又方，胷隔心肺熱。蔓菁根煎取汁，▢

57. 朴消等分，擣末，分和水，塗胷上，差。▢

58. 手掌內橫文後四指，雙筋中三壯▢

59. 汁，地黃汁，蜜，以水煎汁服之。

60. 治天行時氣熱病後變成骨蒸▢

61. 人，灸病人手掌內大橫文後四指，▨（當）〔38〕▢

62. 上量四指三壯，手足左右同壯灸。又▢

63. 去皮尖熬，麝香三分，細研，右以▢

64. 用飲汁下七丸，日再服。忌雞肉、五辛。又方▨（熱）〔39〕▢

65. 通丈夫。麴一升，水三升浸，絞取汁，石蜜、砂磃相和▢

66. 治大人、小兒心頭熱，口鼻乾。取驢乳三、五升，細細含之▢

67. 治咽喉乾、咳嗽、語無聲方。桂心一兩，杏人一百枚，去皮尖、熬，擣為散，綿裹含之，咽□（汁）。

68. 治喉痹并毒氣方。桔梗二兩，切，以水三升，煎取一升，頓服。又方。消石碁子

69. 許大，研如麵，令病人側臥，箸子頭取小豆許大末，隨病處內鼻中，作意

70. 吸取，使石末逐喘氣直到病處，其腫自消。吸氣令人鼻梁頭辛五，

71. 使人眼淚出。如不覺更著。小兒斯〔40〕酌著之。又方。以繩手▢

72. 繩，令脉浮大，母指節上有小脉，刺出血，差。

73. 治一切冷病方。干薑五兩，芥子一升，椒一升，▢

74. 黃色小麥麴末一升，已上藥擣篩，蜜和為丸，如梧子▢

75. 酒，空腹下之。又方。馬藺子不限多少服之效。又方▢

76. 斷，用餺飥汁下之。廿、卅顆，臘月鳥子糞，酒漬，去滓□□□□飲服。

77. 治一切冷氣，喫食不消化，卻吐出方。蒜一顆，去皮，切之，白蔥四莖，切之，

78. 蘇中炒熟，著少許塩末，好粳米水煮作粥，下前件蔥蒜調和，空

79. 腹服之，七八度差。又方。蓽撥末，訶梨勒末，等分，乳煎分服。又方。

80. 灸胃管穴二七壯，差。

81. 治一切嘔吐方。蘆根二尺碎切，橘皮、蓽撥各三分，▨（碎）〔41〕▢

82. 煎廿沸，去滓，分為服之。又方。香戎，生薑，煎汁▨（服）〔42〕▢

83. 茹、伏令、厚朴、甘草、生薑，水煎煮，取汁服之，分▢

84. 小麥、蘆䕩〔43〕，煎水汁服。又方。常服白羊乳一升▢

85. 紫蘇煎。治肺病上氣咳嗽、或吐膿血方。紫蘇一升，酒研取汁，款

86. 冬花、桑根白皮、桔梗各三分，甘草四分，訶勒皮二分，杏人五分，去皮尖，熬，

87. 石蜜五兩，貓牛蘇一升，貝母、通草各三分。右件藥搗篩為末，和蘇

88. 蜜等微火上煎一兩沸，置器中，以生絹袋子及綿囊▨▨（如彈）〔44〕丸大，含之

89. 咽汁。紫菀湯。治一切肺氣。紫菀、款冬花▢

90. 桑根白皮、通草、杏人、生薑、橘皮各二分，右▨〔45〕▢

91. 天門冬治上氣，胷中逆滿，積聚濃血。每日取二分合▢

92. 若胷堂有濃涕無血者，服瓜底散湯吐之。

93. 治賊風角弓返張方。薄訶切二升，莫茱萸三兩，右切▢

94. 去滓，分溫三服，空腹取汁服之。

95. 治中風失音半身不遂方。柏子人一升，雞糞一合半，右熬大豆二升，

96. 合黃熟，浸酒一升中，去滓。柏子人、雞糞搗作末，▨（即）〔46〕▢

97. 一寸匕服之，日再服。又方。麻子油服之，油麻油為上飯，俞▢

98. 治風診多年不差方。蒼茸子花、葉炮乾。右搗篩▢

99. 方寸匕，日三服，服別如人行五六里，立差。

100. 治諸黃神驗方。雞子一枚，燒作灰，末研。右以醋大一合▢

101. 治諸黃神妙灸方。右以繩圍病人腳，男左女右，以所▨（得）〔47〕▢

102. 脊上，繩雙頭處二七壯，汗出愈。又方。灸第（第）三肋下▢

103. 又方。兩腳卒領上橫文大當中心，三姓人灸之，差。

104. 治中惡卒心痛，腹滿急刺痛方。苽蒂一分，雄黃一分，並搗▢

105. 吐出惡物。

106. 治一切疰方。犀角、朱砂各一兩，龍惱香半分☐☐

107. 白檀香、黑檀香、巴豆各一分，搗篩，蜜和為丸，丸如☑（梧）〔48〕☐☐

108. 仙人治病法。取好朱沙、麝香水研之，書頭上作九天☑（字）〔49〕☐☐

109. 白車。腹上作白馬字，兩手作丸金，兩腳作丸土字☐☐

110. 此法，躰上書此字，病除之。

111. 檳郎湯方：訶梨勒三顆，檳郎末二枚，末之，空腹服之。

校記：

〔1〕治，寫卷殘泐，茲據寫卷體例及 P.3930 擬補。

〔2〕勞損，P.3930 無。

〔3〕「能」下寫卷殘泐，P.3930 作「立，無力，矩氣方。取當歸、生薑各四兩」。

〔4〕黃，寫卷殘泐，茲據 P.3930 擬補。

〔5〕干，P.3930 作「乾」，二字古通用。

〔6〕「兩」下寫卷殘泐，據 P.3930 擬補「芎藭三兩，桂心二兩」。

〔7〕炙，P.3930 無。

〔8〕「斤」下寫卷殘泐，P.3930 作「右已上並切，以水二升，先煮肉，取」。

〔9〕藥，P.3930 作「肉」，寫卷當是承下文「下諸藥」而誤將「肉」抄作「藥」。

〔10〕「煎」下 P.3930 有「取」。

〔11〕「半」下寫卷殘泐，P.3930 作「即去滓，分作三服，服別如人行十里，進一服即差」。

〔12〕臘，P.3930 作「羸」，羸，弱也，作「臘」誤。

〔13〕或熱，「或」，寫卷殘泐，據文義擬補。「熱」，寫卷殘存上部「執」，其下寫卷殘泐，P.3930 作「名為腎勞方。豬、羊腎一具，去脂切☑」。

〔14〕切，P.3930 在「一升」下。

〔15〕「藥」下寫卷殘泐，P.3930「芍藥」劑量為一兩，另有「當歸」一味，劑量殘缺。

〔16〕煮取三升，P.3930 無。

〔17〕「去」下寫卷殘泐，P.3930 作「滓，適冷暖，服之即差」。

〔18〕產，P.3930 無。寫卷上下方均作「治產後」加病證，此處可擬補「後」字。

〔19〕醋，P.3930 作「酢」，二字同。

〔20〕「合」下 P.3930 有「即差」。

〔21〕「方」下寫卷殘泐，P.3930 作「酢噤於面上當☐☐鑛搗末，綿裹，內之即差」。

〔22〕「主」下寫卷殘泐，可據 P.3930 擬補「當歸一兩，芍藥五□（兩）」「當歸湯主」四字，P.3930 無。

〔23〕「水」下寫卷殘泐，P.3930 作「三升，煮取一升」，後亦殘泐。

〔24〕主，P.3930 作「炷」。《說文・丶部》：「主，鐙中火主也」。段玉裁注：『主、炷亦古今字』。」〔註 166〕

〔25〕依雀糞，P.3930 無。

〔26〕「須」下寫卷殘泐，P.3930 作「當脈當穴，徐徐隔」，其下亦殘泐。

〔27〕「神」下寫卷殘泐。

〔28〕當，寫卷殘存上半。

〔29〕當，寫卷殘存上半。

〔30〕開，「關」之異體字，當是「闕」之形誤字。

〔31〕婦，寫卷殘存上邊殘畫。

〔32〕筋，寫卷殘存上半。

〔33〕差，寫卷殘存上半「羊」。

〔34〕差，寫卷殘存上半「羊」。

〔35〕差，寫卷殘存上半「羊」。

〔36〕宿，寫卷殘存上邊殘畫。

〔37〕蘆，寫卷殘存上半。

〔38〕當，寫卷殘存上半。

〔39〕熱，寫卷殘存左上角殘畫。

〔40〕斯，當是「撕」之形誤字。

〔41〕碎，寫卷殘存右半「卆」，案，「卒」俗寫作「卆」。

〔42〕服，寫卷殘存左半「月」。

〔43〕蒗，字本應作「根」，寫卷作「蒗」從上字「蘆」而增「艸」旁。

〔44〕如彈，寫卷「如」存右半「口」，「彈」存右半「單」。

〔45〕此字殘缺不可辨，只可見殘存左半「刀」。

〔46〕即，寫卷殘存上半。

〔47〕得，寫卷殘存上半。

〔48〕梧，寫卷殘存左半「木」。

〔49〕字，寫卷殘存上半「宀」。

〔註166〕《說文解字注》，215 頁。

（十一）醫方（雜症單驗藥方）

P.2666V

P.2666V，起不知名方「立即差」，至「男子欲得婦人愛方」之「即相愛」。原卷高 25.2 釐米，長 170 釐米〔註 167〕，凡九十一行，前五行上截殘，行約二十三字，行有界欄，共存方八十五首，每方上多有朱筆圈點或勾勒，第五十行抄有「單方，一切病無不治者，大驗」數字，《法藏》因之定名為《單方》〔註 168〕，馬繼興則據之定名為《單藥方殘卷》〔註 169〕，叢春雨定為《單藥方》〔註 170〕，李應存等因寫卷雜錄內、外、婦、兒等各科病症之單方，定名為《各科病症之單藥驗方》〔註 171〕，王目則因卷中錄有「癲狂燒陰頭」，「夫婦不和燒鼠尾和酒共服」等奇方，定名為《奇方》〔註 172〕。寫卷所抄醫方涉及內、外、女、兒各科疾病，每方抄錄多為一行，個別醫方佔據兩行，所用藥材及治療方法簡易，其中也有如「立春日取富兒家田中土作泥，泥灶，大富貴者，吉」之類的祝由方，亦有「凡人純生女，懷胎六十日，取弓弦燒作灰，取清酒服之，回女為男」等帶有神秘色彩的偏方，今據其內容擬定名為《醫方（雜症單驗藥方）》。馬繼興認為寫卷避「葉」字諱，當為唐人寫本。

馬繼興《敦煌醫藥文獻輯校》（簡稱「馬校」）、叢春雨《敦煌中醫藥全書》（簡稱「叢春雨」）、李應存《敦煌佛儒道相關醫書釋要》（簡稱「李釋」）、沈澍農《敦煌吐魯番醫藥文獻新輯校》（簡稱「沈校」）對寫卷均有校釋之作。

寫卷所抄之醫方，多為簡便之單方，部分可見於現存之《備急千金要方》（簡稱「《千金方》」）、《千金翼方》（簡稱「《千金翼》」）、《外臺秘要》（簡稱「《外臺》」）、《醫心方》和《肘後備急方》（簡稱「《肘後》」）中，同時也可在敦煌寫卷 P.3596V、Дх.00924 中找到一些相同或相近之表述，今寫卷據《法藏》錄文，以以上諸本為參校本，校錄於後。

錄文：

1. ▭▭之，立即差。
2. ▭▭服之，即差。

〔註 167〕《敦煌中醫藥全書》，569 頁。
〔註 168〕《法藏敦煌西域文獻》第十七冊，145 頁。
〔註 169〕《敦煌醫藥文獻輯校》，336 頁。
〔註 170〕《敦煌中醫藥全書》，569 頁。
〔註 171〕《敦煌佛儒道相關醫書釋要》，132 頁。
〔註 172〕《敦煌遺書總目索引》，270 頁。

3. ☐☐之，即差。

4. ☐☐十升，頓服之差。

5. ☐☐☑（蔥）〔1〕黃心〔2〕鼻中，入七〔3〕寸，使目〔4〕中血出即活〔5〕，男左女右。

6. 鬼魘死〔6〕。擣韭〔7〕鼻☐〔8〕，并灌耳中〔9〕，即活。大佳，勿使人☐☐〔10〕

7. 人嘿〔11〕蠱毒。取葫荽並根葉，擣汁半升，頓服，即蠱出，差。

8. 人惡疰，入心欲死。取丁香七枚，頭髮灰棗許大，半和服，差。

9. ☑（人）〔12〕目翳，取蘭香子擣取汁，著目中，三五度即差。

10. ☑（人）〔13〕心痛欲死，灸巨闕，在心〔下〕〔14〕一寸，三壯即差。

11. 人急黃、疸黃，取大黃三合，人新糞和酢漿水，絞取汁一升服，差。

12. 人急蚶〔15〕，灌白馬尿一升，蟲即惣出，大驗，良。

13. 人赤白痢，取大蒜十顆，燒作灰，以酒一升，溫服三兩度，即差。

14. 人腳轉筋及入腹，取大〔16〕茄子、莖、根服，立即差。

15. 人一切惡腫疼痛不可忍，取葫蔥擣，和生油塗上，立差。

16. 人積年上氣，唾膿血，灸兩乳下黑白清出〔17〕各百壯，大驗。

17. 人蠱水遍身洪腫，取烏〔18〕牛尿每日服一盞，即差。

18. 人偏風，和草火灸，令遍體汗流出，即差。

19. 人冷痺，隨年壯，灸足小指歧文頭，黑血出，即差。

20. 人癲狂，灸陰頭七壯，即差。

21. 人時氣遍身生疱，取小豆一合，和水服之，立差。

22. 人患反花〔19〕瘡，燒馬齒菜〔20〕，燒作灰附上，立差。

23. 人火燒瘡，取井底青泥塗上，立差。又方。新牛糞塗上，良。

24. 人卒得惡疰，吐血欲死，鼠骨燒作灰，大如棗許，和水服，大良。

25. 人患丁瘡，根入腹欲死，取七東行母豬糞和水，取汁一升服，☑（差）〔21〕。

26. 人被狂猗〔22〕咬，取猗舌草燒作灰，杏人二合，附封瘡上即差。

27. 婦人多失子，取產血作泥人，埋著產處，更不失子。

28. 人失音不語，取烏牛糞絞取汁服，即語，大効。

29. 人喫魚，骨在咽中，不上不下，燒魚網作灰，服之即差。

30. 人面欲得如花色，取井華水，加以明旦服一合，女七日，男四日，☑（効）。

31. 小兒霍亂，吐乳欲死者，煎人參湯灌口中，即差。

32. 婦人月水不止，取簸箕舌燒作灰，和酒服，即止。

33. 婦人不用男女，產衣中安一錢，埋卻，更不生，有驗。

34. 婦人產後腹中痛，取松脂棗許大，服之，即差。

35. 婦人妊娠經三日[23]覺，即向南方礼三拜，令子端正具足，裳吉。

36. 小兒重舌，取鹿角燒作灰，塗舌上，即差。

37. 立春日取富兒家田中土作泥，泥竈，大富貴者，吉。

38. 婦人兩三日產不出，取死鼠頭燒作灰，和井華水服，即差。

39. 人心痛，取青布一片，如梳許大，燒作灰，用好酒服，即差。

40. 婦人子死腹中及衣不出，以用錢三文，兩眉相向洗油，朱粉

41. 和淋，取與產婦服，立即大驗。

42. 人溫[24]癢，取烏牛鼻上津塗，不過三五日，即差。

43. 人患一切風，取槐根一升，和槐葉三升，塩一升，和水煎取一升，分為三服。

44. 人被蚰咬，取獨頭蒜兩顆，咬處著以煮[25]，立差。

45. 婦人產後血不止，取竈突中土，和酒服，良，止。

46. 人心痛，取鐺底黑一枚，和小兒尿服，即差。

47. 人被蚰咬，燒鏵兩孔令赤，大酢淋上取汁，差咬處，即差。

48. 人患痢，取塩一匙，面一匙，酢、飯一合，和擣，燒作火，免。

49. 知婦人造事，有外夫者，取牛足下土，著飲食中，與婦人

50. 喫時，令夜臥喚外夫名字，又道期會處，勿使人傳之。

51. 單方，一切病無不治者，大驗。

52. 治人小便不通，薰黃如豆許大，用綿裹，著玉莖頭孔中，即尿，大吉。

53. 治人腹脹心痛，取蔥白一握卻心，取豆豉一抄，用酒一升，空腹服，即差。

54. 治人患惡瘡，經年不差者，取蝦蟆[26]背上汁，著瘡上差，不得損命。

55. 治女人帶下，取百草花蔭乾，擣作末，和酒服之，即差。

56. 治人產婦小便不通，取甑帶汁服，即差。

57. 治婦人產衣經宿不蔭，取麻子三顆含之，即差。

58. 治人舌腫，取蜂窠燒作灰，和酒封上，即止。

59. 治禿人，三月三日半開桃花，蔭乾百日，與赤桑[27]椹、臘月豬脂和灰，

60. 淨洗瘡，然後塗豬脂，即差，永更不發。

61. 五月五日埋米一升，在於大門裏，入地一尺，不被虫食，五穀萬倍，大吉。

62. 治婦人无子，多年不產，取白狗〔28〕乳，內著產門中，以〔29〕行房，立得〔30〕。

63. 凡人純生女，懷始六十日，取〔31〕弓弦〔32〕燒作灰，取清酒〔33〕服之，迴女為男。

64. 五月五日於中庭燒牛角，合家富貴。

65. 二月社日，取酒二升，著屋樑〔34〕上，家〔35〕宜田蠶，財錢橫至，大〔36〕吉。

66. 治婦人數失男女，取桑根刻作小兒名字，著暮中，即不失。

67. 療頭風方。取葶藶子擣作末，須湯冷煖得所，人肥即淋頭〔37〕。

68. 治人眼中冷淚出不止，取〔38〕鹽末，以密和小豆許，封眼角，即差。

69. 療婦人胎在腹中死，急取熱狗血一盞，與婦人飲〔39〕盡，即生〔40〕。

70. 治人盜汗，取死人衣帶，燒作灰，以水煮作湯洗，即差。

71. 八月一日旦起，去齊中垢，令人多智，至者無病。

72. 治婦人難產，取眾人尿泥〔41〕丸，吞七〔42〕枚，令其早產〔43〕。

73. 治小兒舌上瘡，取桑白汁塗之，即差。

74. 治人痔病，取皂莢，去子留皮〔44〕，擣作〔45〕末，和臘月〔46〕豬脂及蜜滓，作

75. 餅子，熱暴坐上，即差。

76. 凡人患爛唇，取糞中蟪螬，燒作灰，和蜜塗之，差。

77. 治蜘蛛及蠆咬人，取狗尿臺上，立差。

78. 二月社日，取酒和飯，堂上坐食之〔47〕，合〔48〕家無口舌，孝順宜大

79. 畜。小兒驚啼，書齊下，作貴字，大〔49〕吉。

80. 治婦人產後腹〔50〕中痛，取大豆三枚吞之，須臾即差。

81. 治小兒夜啼，取井口邊草，著母背上，臥即不啼。

82. 治婦人无子，取桑樹孔中草燒作灰，取井華水服之〔51〕，驗〔52〕。

83. 治人瘧病〔53〕，日自服半升小便，即差。

84. 治婦人產後疼痛不至，灸齊下第一橫文七壯，即差。

85. 凡人遠行法，不得辭鬼，多病忌之。

86. 治〔54〕婦人腹中子死不出〔55〕，取苟杞子三升服，即差。

87. 婦人別意〔56〕，取白馬〔57〕蹄中土，安婦人枕下，物使人知，睡中自道姓名。

88. 人患咽，婦人吹左耳，凡男子咽，婦人吹右耳。

89. 夫增〔58〕婦，取鼠尾〔59〕燒作灰，和酒與夫服之〔60〕，即憐婦〔61〕。

90. 男子欲得婦人愛，取男子鞋底土，和酒與婦人服，即相愛。

校記：

〔1〕蔥，寫卷殘存下半「心」，其上寫卷殘泐約四字位置，P.3596V 作「療卒死，以」。

〔2〕心，P.3596V 無，下有「刺」。

〔3〕「七」下《千金方》、《醫心方》引《龍門方》（簡稱「《龍門》」）有「八」。

〔4〕目，P.3596V 作「眼」，義同。

〔5〕即活，P.3596V 無。

〔6〕鬼魘死，《醫心方》引《集驗方》（簡稱「《集驗》」）作「治卒魘欲死方」。

〔7〕韭，《集驗》作「生韭汁」。

〔8〕「鼻」下一字寫卷殘缺，《集驗》作「孔中」二字，「鼻」上有「灌」。

〔9〕並灌耳中，《集驗》作「劇者並灌兩耳。」

〔10〕「人」下寫卷殘泐，「即活」以下《集驗》無。

〔11〕喫，「喫」之俗。

〔12〕人，寫卷殘存左下角殘畫。

〔13〕人，寫卷殘存右下角殘畫。

〔14〕心下，馬校：「在『心』下原脫『下』字。」

〔15〕蚶，《醫心方》引《救急單驗方》（簡稱「《救急》」）作「疳」。「蚶」為軟體動物，蚶科，「疳」指小兒疳疾，寫卷作「蚶」為「疳」之換旁訛字。

〔16〕大苽子，《外臺》《醫心方》作「木瓜子」。《本草綱目·果部》：「弘景曰：木瓜最療轉筋。」其核可治霍亂煩躁氣急〔註173〕。故此處「大」為「木」之形誤。「苽」與「瓜」同。

〔17〕清出，《千金方》作「際」。

〔18〕烏，寫卷原作「馬」，據《龍門》及 P.3596V 改。

〔註173〕《本草綱目》，1769、1771 頁。

〔19〕花，P.3596V 作「華」，二字古通用。

〔20〕菜，P.3596V 作「草」。

〔21〕差，寫卷殘存上半。

〔22〕猗，現多作「狗」，二字同，下凡同此不復出校。

〔23〕日，馬校：「疑為『月』之訛。」妊娠三日不可知，馬說是也。

〔24〕溫，應為「濕」之形訛。

〔25〕煮，馬校：「疑為『敷』字之訛。」案：煮應為「著」之形誤，「著」義為「附著」，與「敷」義同。

〔26〕蟆，寫卷原作「瘝」，字書未見，應是「蟆」之換旁誤字，「蟆」與「蟆」同。

〔27〕赤桑，寫卷原作「桑赤」，茲據馬校及藥名乙易。

〔28〕「狗」下，Дx.00924 有「腳」字。

〔29〕以，Дx.00924 無。

〔30〕立得，Дx.00924 作「驗」，義相類。

〔31〕「取」上 Дx.00924 有「出」字。

〔32〕「弦」下 Дx.00924 有「三尺五寸」。

〔33〕取清酒，Дx.00924 作「和酒」。

〔34〕屋樑，Дx.00924 作「土梁」。

〔35〕家，Дx.00924 無。

〔36〕財錢橫至，大，Дx.00924 無。

〔37〕即淋頭，Дx.00924 作「湯（「湯」字存下半）中將淋頭，差」。

〔38〕取，Дx.00924 無。

〔39〕「飲」上 Дx.00924 有「喫」。

〔40〕生，Дx.00924 作「出」。胎已死，當作「出」為是。

〔41〕「泥」下 Дx.00924 有「為」。

〔42〕七，Дx.00924 無。

〔43〕令其早產，Дx.00924 作「即出」。

〔44〕「皮」下 Дx.00924 有「麤乾」二字。

〔45〕作，Дx.00924 無。

〔46〕月，Дx.00924 作「丹」，形誤字。

〔47〕之，Дx.00924 無。

〔48〕合，Дx.00924 無。

〔49〕孝順宜大畜，小兒警啼，書齊下，作貴字大，Дx.00924 無。

〔50〕腹，Дx.00924 作「腸」。「腸」為「腹」之形誤字。

〔51〕之，Дx.00924 無。

〔52〕驗，Дx.00924 作「有驗」。

〔53〕治人瘧病，Дx.00924 作「又瘧發」。

〔54〕治，Дx.00924 無。

〔55〕不出，Дx.00924 無。

〔56〕別意，Дx.00924 作「媱」。《說文通訓定聲·孚部》：「媱，婬也。」〔註174〕《說文·女部》：「婬，私逸也。」段玉裁注：「婬之字，今多以淫代之，淫行而婬廢矣。」〔註175〕《小爾雅·廣義》：「男女不以禮交謂之淫。」〔註176〕此指女子有違禮之不正當男女關係，也就是有他意，與「別意」義同。

〔57〕白馬，Дx.00924 作「驢」。

〔58〕增，當為「憎」之形訛。

〔59〕鼠尾，Дx.00924 作「莖」，上殘缺。

〔60〕服之，Дx.00924 作「喫」，義同。

〔61〕憐婦，Дx.00924 作「愛」，「憐」與「愛」義同。

（十二）醫方（療心痛、牙疼、霍亂諸方）

P.2882V

P.2882V，起自「屈南毛方」不知名醫方之「根研碎」之「根」，至「眼藥方」之「不避風日，無妨」。首尾均殘，存一百五十三行，前五行上截殘缺，大字每行二十二字左右，行有界欄，正文大字，注文雙行小字。《法藏》、王目、施目、黃目均定名為《醫方書》〔註177〕，馬繼興定名為《不知名醫方第六種殘卷》〔註178〕，叢春雨《敦煌中醫藥全書》定為《雜症方書第六種》〔註179〕，因寫卷內有「天寶七載正月十三日，榮王府司馬張惟澄進灌法，神

〔註174〕《說文通訓定聲》，289 頁。
〔註175〕《說文解字注》，619 頁。
〔註176〕《小爾雅》，3 頁。
〔註177〕《法藏敦煌西域文獻》第十七冊，145 頁；《敦煌遺書總目索引》，275 頁；《敦煌遺書總目索引新編》，2459 頁；《敦煌遺書最新目錄》，690 頁。
〔註178〕《敦煌醫藥文獻輯校》，301 頁。
〔註179〕《敦煌中醫藥全書》，500 頁。

驗」句，李應存、史正剛定名為《天寶七載張惟澄奏上雜療病方殘卷》〔註180〕。馬繼興據寫卷抄有「書中記有『天寶七載』（公元七四八年）及『並是大秤大兩』（見三等丸方）等語；又避『旦』字，改為『明』，可知係唐代中期，或其後寫本。但此卷中未避唐高祖之祖李虎的諱字『虎』（一一二行），說明諱禁不嚴」〔註181〕。叢春雨認為係唐代晚期（唐玄宗以後）寫本，而其具體撰著年代不詳〔註182〕。

馬繼興《敦煌醫藥文獻輯校》（簡稱「馬校」）、叢春雨《敦煌中醫藥全書》（簡稱「叢春雨」）、李應存《敦煌佛儒道相關醫書釋要》（簡稱「李釋」）、沈澍農《敦煌吐魯番醫藥文獻新輯校》（簡稱「沈校」）、張小豔《〈敦煌醫藥文獻真蹟釋錄〉校讀記》（簡稱「張校」）對寫卷有校釋。

因寫卷所載醫方無存世之刊本，僅在敦煌寫卷 P.3596V 中可見部分醫方相類同，茲寫卷據《法藏》錄文，以 P.3596V 為參校本，校錄於後。

錄文：

1. ▢▢根研碎，卻和所煮蒜乳，重溫一▨（頓）
2. ▢▢服蒜訖，少時亦空服，卻押並
3. ▢▢方。是屈南毛方。
4. ▢▢▨（葦）〔1〕撥一大兩，訶黎〔2〕勒皮一大兩，楞□長大，
5. ▢▢日，空腹服十丸，更勿再服，▨（慎）〔3〕□
6. 菜豬肉、熱麵。又方。囟〔4〕砂一大兩，乳頭者，擣篩為散。取精
7. 羊肉一斤，淹〔5〕為炙並脯並得，每日一服，分為十日喫，極有効
8. 驗。如須頓服，每服唯此。
9. 療心痛方。
10. 取石膽一兩用一，梧子許，以酒一合暖之，絞藥使消盡，盛痛
11. 即服之，食無所忌，入口即止。
12. 牙疼方。
13. 取杏人二七枚燒，使燋，熱熨即差。又方。取蒼耳子燒
14. 作灰，綿裹，含之即差。
15. 療霍亂諸方。此病有二種：一種濕霍，求吐不得，過不通泄便，堪害人。濕霍得，即

〔註180〕《敦煌佛儒道相關醫書釋要》，57 頁。
〔註181〕《敦煌醫藥文獻輯校》，301 頁。
〔註182〕《敦煌中醫藥全書》，500 頁。

吐利無度，心腹切痛，此但須煖

16. 溫，不多煞人。如有前證者，宜依後方。若覺心腹剌（刺）痛，煩冤困苦，取

17. 吐不得，求利不得，手足逆冷，脣口焦然，過久不通，或堪致死，有

18. 如此候，急用後方。巴豆人五百粒熬令發熟，去心中慎〔5〕，干薑三兩，

19. 大黃三兩，電〔7〕氏千金丸以其消五兩代干薑。右三擣篩，干薑已下味為散，然後

20. 取巴豆一物，於臼中擣令如膏，必須極細，即投干薑、大黃二味散

21. 於臼中，共巴豆膏同擣，令極扨〔8〕得細細。下蜜，要令丸

22. 硬煙〔9〕，依尋丸藥法。藥成訖，以飲服之，初服三丸，丸如

23. 梧子大。服訖遣人數揉腹內，令轉動速利，良久

24. 不覺有異，即以少許熱粥飲投之。投訖又不利，

25. 還磋〔10〕，按揉良久，不覺轉動，更服一丸，服訖依前

26. 按腹。飲投得利之後，好暐（暖）將息，勿即與食。過渴不

27. 止，煮少將薄飲與少許。若覺飲食過度，夜

28. 眠不覆衣被，內外既冷，食飲不化，心腹結痛，吐利

29. 不休，此是濕霍。有此候，宜依後高梁薑等三味飲之。

30. 高梁薑、豆蔲子、桂心各二兩，右三物細切，以水四升，煮取

31. 一升，絞去滓，細細帶暐（暖）飲之。亦有用木瓜一枚，薄切，桂

32. 心二兩，細切，以水三升，煮取七合，絞去滓，細細水暐（暖）啜之。

33. 亦有單煮篇豆葉研取青汁，用煮米作飲食之者，亦

34. 有單者〔7〕香茇取汁服之者，亦有單用烏牛糞汁服之

35. 者，此等諸方臨時任用。

36. 療豌豆瘡方。右取兔皮一兩

37. 箇，取水一斗，煎取四升，溫洗，以差為限，服極驗。

38. 染髭及髮方法。

39. 針沙及鐵汁並得並醋浸，合鐵力入醋腹熟〔12〕，即醋色赤黑。冬月並近火，春即日裏，時時攪之，

40. 玉門礬石一錢對火燒，合乳沸，即收著盞中，以醋半合，頃著石上，其石即自消散，便和為汁，

41. 阿愚濡渾泥一兩，沒石子一分，已上兩味和，於鐺中乾熬，熟即㪍（軟）黑，恰似煮菜二種，待乾

42. 後，然擣作末，生絹細羅取。

43. 右泔裹，淨洗頭髮及髭鬚，勿令膩。其髭又更別著澡

44. 豆重洗，令澀。待乾後，然取鐺子淨洗，勿令膩，即以一升鐵

45. 汁內鐺中，著一兩合白麵和調，如煮麵糊，三五沸即

46. 熟，熱塗髭鬚上。即取故油片，火上煖令奐，便裹

47. 髭鬚及髮，經一宿。早起𥡴～〔13〕煖水洗一迴，至夜間

48. 欲臥時，即取黃礬汁輕刷髭髮上。其餘殘

49. 汁還於小鐺裏著。又更添一升醋，即取阿

50. 遇濡渾泥、沒石子末內裏許，又著白麵

51. 一兩合和攪之，還似煮麵糊，熟即依前塗

52. 煖油片裏一宿。早起即用煖水淨洗手。其

53. 髭髮黑色如柒，經廿日，鬚根底微白，依前更染

54. 一迴，再染得一載。髮經一染，三載得黑，大効。

55. 內藥方。療一切風冷病〔14〕。

56. 人參、巴豆、蜀椒志熬〔15〕、黃連〔16〕、桂心、伏令〔17〕、烏頭炮〔18〕、乾

57. 薑、豬牙、皂莢去皮炙〔19〕、桔梗、紫菀、柴胡、昌蒲、石

58. 塩、遠志、厚朴、當歸、杏人、恒山、附子炮〔20〕、礠〔21〕毛石、羮〔22〕、

59. 茱萸〔23〕、青木香、苟杞子〔24〕、莨菪〔25〕子，右已上各二分〔26〕，

60. 葶藶〔27〕子四分〔28〕，牽牛子二分，兔絲子二分，廿八味〔29〕。

61. 右已前件藥共廿九〔30〕味，並須好藥擣，絹羅羅之，用蜜和

62. 為丸，如酸子。欲內時以黑錫餅子裹藥令遍，無錫綿裏亦

63. 得。凡欲內藥，晚間早食，須出入胡蹲〔31〕坐，以中指內著少許唾，便

64. 令滑閏（潤），偃腰臥，其藥直入腰，溫下部。內訖即臥，更勿舉動。

65. 至一更藥熱，動覺腰跨（胯）暖。二更五藏流通，腹內迴轉。三更漸

66. 抽，腹內狀如雷鳴。四更藥熱爭力，有少不安，膿水惡物即出。

67. 於淨地便轉，以杖攪看，病狀自覺，雖水出，不令人虛，百事

68. 無妨，不須補療。其藥治積年沉重，腰脊宿冷、跨疼、冷痹、

69. 陰汗、陽道衰弱，兩膝頑鄙，夜臥小便多，尿後餘瀝，痔病，

70. 癖氣塊氣，鬼氣，齊下宿冷，上氣瘦嗽〔32〕，吃食嘔，餘水

71. 即心腹滿，久患心痛，飲食不消，婦人信不通、□白帶下，或生

72. 養者多，因資〔33〕皮膚乾瘦、冷氣、白痢、馬墜內損、五勞七傷，

73. 熱風，暗風，攤風，手腳戰調，白虫，蛔虫，留虫，疝氣下墜，面黑點

74. 蠅〔34〕，癖塊大如杯椀，食物不消，終朝嘔變，腹內堅結，上氣冲

75. 心妨，兩肋恒似刀刺（刺），夜臥不安，婦人不肥，夢與鬼交。內此藥不

76. 問老少，無不差者。臣親內藥，經三日，下出長蟲五寸廿餘箇，稠

77. 膿三、二升出，病患除愈。臣叔先被馬墜內損，經三四年，天陰風

78. 種即發，疼痛不可惶忍，臥在床枕。內藥五日，下紫黑血三四片，

79. 惡膿水二三升。妻患齊下妨痛，絕嗣十餘年，每發狀如刀刺（刺）。內

80. 藥，下黑血惡物八九升，出小蟲卅餘箇，其病即差，便即有子。臣

81. 試有效，錄狀奏聞。天寶七載正月十三日，榮王府司馬張

82. 惟澄進灌法，神驗〔35〕。出白膿、赤膿及水方。

83. 泔清一升，糟酢一升，又已上煎取一升，即內塩花一小合，乾薑

84. 末一小合。攪調用灌，灌了少間仰臥，腳踏壁，少時即痢膿水。看

85. 不多，隔日更灌，膿水出盡。即看後補方。

86. 灌用羊偉皮作袋子，已（以）竹箇〔36〕作口，內下部。

87. 椒二合，豉一合，蔥三莖切。

88. 右已上切，以漿水一大升二合煎取六合，依煎灌補。

89. 胡散韭法。馬熾菜，淨洗，經一二日待焉，即取青麥、䇮

90. 煮希粥調臥，並切白蔥，內經一宿。又取胡荽、藭梨、

91. 胡盧、酪漿和釀之。次著蘭香、胡苣根、薄可菜，

92. 都著了候聲，每日一兩度乎。攪合，和合，經一七日

93. 後，用麩漿煎迴香草，濤瓮中，撈出作餅子，陰暴乾，其塩量

94. 事看多少瓮中。

95. 白麵一升七月七日，以暖水和作麴，堂裏當心地，以斗合著，經一百日

96. 即出，酒、酢、醬，苦末，少許著即好。二月八日澆頭，令人大吉貴。

97. 漿一升，飯五升，麵二升，飯麴相和，內漿水中，封頭，經七日熟，如

98. 咶啖下多少飯，苦即著麴。

99. 羹醎即投一片新瓦便淡，煮菜不孄〔37〕著瓜皮。

100. 疫〔38〕疫牛方。井華水一斗二升。

101. 每空腹後灌，先內手貪糞盡，然灌，如牛肥，即加水二升，瘦減二

102. 升灌，吉，一食飯間，即卸惡物出盡。取白蔥〔39〕四枝，火中燒熱，去
皮，

103. 便內鼻中血，又取蔥六莖，中破，破作兩片，於羹豆醬淹爛，經一

104. 宿，明日灌口中，須深內咽喉，莫令嚼著，灌三度便止，有効。

105. 正月一日，取桃枝著戶上，百鬼不入家，埋釘卅九文床腳下，利市。

106. 三月上卯日，取桑皮向東者，煮取汁著戶上，辟百鬼。

107. 正月一日平旦，取家長臥席於道上燒，去時氣。

108. 正月一日平旦，面向東，吞麻子二七枚，令人無患半日病。

109. 八月一日。去齊中土垢，令人無患。正月一日，著新衣，向東礼七拜。

110. 七月七日，取田中荳下土，著小兒齊中，令兒多知聰明。

111. 一月上卯日，取虎骨，東向煮取汁飲之，令人全。

112. 正月十五日，懸豬腦、目、耳屋梁，令人大富貴。以破履埋庭中，仕官大吉。

113. 正月十日，懸殺羊啼〔40〕著戶上，辟賤不入門。

114. 滿日，取三家井水作醬，令人大富貴。

115. 馬啼埋宅西角，令人富貴，以鹿角著廁中，令人得財，富貴。

116. 三月庚辛日，塞鼠穴，鼠不入宅得〔41〕。

117. 寅日，泥宅舍倉庫，鼠不食五穀。

118. 申日，著新衣，富貴宜子孫。欲得求願日，所願從心，已丑已巳日是。

119. 欲得仕官不嗔，取白雞肝帶行，吉。

120. 一月二日，不得歌唱、共人飲酒、祀祠，大凶。

121. 正月上朔日，買人賣，十得万倍利。

122. 理中丸：治一切氣兼及不下食者〔42〕方。人參一兩，甘草一兩炙，乾薑一兩，橘皮一兩。

123. 右四味擣為散〔43〕，密〔44〕和為丸，丸〔45〕梧子〔46〕，每日平明〔47〕空腹以酒下廿丸，日再

124. 服，漸漸加至廿五〔48〕丸。忌冷水、油膩、陳臭桃李。

125. 謹按病狀〔49〕，腎虛生藏冷，恐至冬吐水，并筋骨熱，准狀宜加減。

126. 調中理腎湯。

127. 檳榔〔50〕十顆并子同碎〔51〕，桔梗六分，茯苓四分，蓽撥五〔52〕分，枳殼五〔53〕分炙〔54〕，

128. 青木香五分〔55〕，芍〔56〕藥五〔57〕分，烏犀二分屑〔58〕，防風五分，訶梨勒皮〔59〕五分，

129. 大黃十分，別浸〔60〕。

130. 右切，以〔61〕水二大升，煎取七大合，去滓，分溫三服，別如人行八九里

131. 進〔62〕。忌熱麵、餺飥、米醋、麈〔63〕臭、黏食〔64〕、蒜，三日內慎，餘任食。

132. 療丈夫腰膝冷疼，腳氣、疢癖，疝氣，一切〔65〕風蠱，耶，鬼魅，瘟瘴，時

133. 氣，瘰癧，少精，寬陽，餘瀝，盜汗，癢濕，少心力，健忘。鬢髮先黑者，

134. 服後身不☒（變）〔66〕白，但加黑烏潤；已黃者，服經六十日變黑。若已〔67〕白者，

135. 一如柒，堅牙齒，益筋力，四時常服三等丸方。

136. 地骨白皮五兩閬廊，生乾地黃三兩江寧，牛膝三兩河內，枳殼三兩炙，高州，

137. 覆盆子三兩華山，黃耆三兩原州，五味子二兩，桃人四兩，微微〔68〕熬之，去皮，以〔69〕鹿角鎚於瓷椀中，研之

138. 如膏如粉，兔絲子四兩潞州，以清羹酒浸，經三宿，去酒，乘擣之〔70〕，篩下，

139. 蒺藜子四兩潤州，擣去尖，簸去土草，然後秤之。已上〔71〕藥並是大秤大兩。

140. 右擣篩訖，先下桃人，接使〔72〕相入，煮白密，掠去上〔73〕沫，和藥可丸，訖，更入白

141. □（擣）〔74〕三五百杵〔75〕。先以蠟紙，後以厚白紙重裹，意者不欲薄，恐洩藥氣，每

142. 日空〔76〕服卅丸。日〔77〕再服。如〔78〕藥絕，經十日白者即生，急〔79〕即拔卻重衣服，藥☒（自）〔80〕

143. 孔之，便有黑者出，神妙不可言。以〔81〕牛膝酒下尤妙。但以無清酒飲

144. 汁，煖薄漿及口中津液，下藥俱得絡，不如浸牛膝酒下。忌蒜、豬

145. ☒（宍）〔82〕，終☒☒（身不）〔83〕得犯。生韭、生蔥亦不宜與喫〔84〕。

146. 冬初之後，腰腎多冷，陽事不舉，腹脅有氣〔85〕，久而不補，顏容漸

147. 疲，宜服此者〔86〕。黃耆十二分，慈石四大兩，引針者，擣碎，綿裹，肉蓯蓉〔87〕二大兩。

148. 右以水三升，煮取二大升，去滓澄取，別切好〔88〕白羊腎七箇，去脂〔89〕

切，依〔90〕

149. 常作羹法，熟蔥、椒葉，味羹調和，然下前〔91〕藥汁二大升，更取，煮

150. 三五〔80〕沸，空腹飲服。諸無所廢〔92〕。

151. 眼藥方。右取蛤蒲著白密研作綠色，即取綿點眼角，所是赤眼、

152. 淚下、眼闇並除。不避風日，無妨。

校記：

〔1〕蕐，寫卷殘存下半。

〔2〕黎，「黎」之俗。

〔3〕慎，寫卷殘存右半「真」。

〔4〕囟，張校謂又作「硇」，謂「硇砂」。

〔5〕淹，沈校認為通「醃」，誤。淹、醃古今字。

〔6〕慔，膜之形誤。

〔7〕電，馬校認為係「雷」之訛。《千金方》有「雷氏千金丸」治行諸氣宿食不消，
    飲食中惡，心腹痛如刺及瘧方。《醫心方》引《僧深方》用雷氏千金丸治卒死
    中惡。「電」為「雷」之形誤。

〔8〕捑，沈校認為是「搦」之訛。

〔9〕煗，《說文‧火部》：「煗，溫也。」段玉裁注：「今通用煖。」〔註183〕於此處
    意不通。沈校認為當作「輭」，同「軟」。

〔10〕礛，地名用字，沈校認為當作「揉」。案：按、搓皆有「揉」意，三個動詞表
    同一意似乎過於重複，疑為「躁」之形誤。

〔11〕者，叢春雨疑「煮」字之訛。

〔12〕腹熟，沈校認為當是「暖熱」。

〔13〕𣂁，字形難辨，張校聯繫語境，認為在「煗水」前起修飾作用，其義當與
    「煗」近，疑其字為「暾」的俗寫訛變。「暾暾」形容溫暖、不冷不熱的狀
    態。

〔14〕療一切風冷病，P.3596V 無。

〔15〕志熬，P.3596V 無。沈校認為「志」與「炙」通。P.3596 所缺皆為炮製之法，
    故此處「志熬」應該也是，「志」為「炙」之音借字。

〔16〕連，P.3596V 作「蓮」，二字古通用。

〔註183〕《說文解字注》，486 頁。

〔17〕伏令，P.3596V 作「茯苓」。「伏」與「茯」通，「令」與「苓」通。

〔18〕炮，P.3596V 無。

〔19〕去皮炙，P.3596V 無。

〔20〕炮，P.3596V 無。

〔21〕礠，P.3596V 作「慈」。案：「慈」與「磁」通，「磁」與「礠」同。

〔22〕石、羮，P.3596V 無。「羮」疑為「吳」之形誤字，與下行「茱萸」連用。

〔23〕茱萸，P.3596V 作「吳茱萸」。

〔24〕苟杞子，P.3596V 無。

〔25〕茗，寫卷原作「蓉」，形誤，茲據 P.3596V 改。

〔26〕右已上各二分，P.3596V 作「廿五味各等分」。

〔27〕葶藶，P.3596V 作「亭歷」。「亭」與「葶」、「歷」與「藶」常通用。

〔28〕「分」下 P.3596V 有「熬」。

〔29〕廿八味，似為衍文。

〔30〕九，馬校認為係「八」之訛。從「人參」至「菟絲子」，共二十九味。

〔31〕胡蹲，沈校認為「胡」通「溷」，溷即廁所。案：胡蹲指一種坐姿。《醫心方·房內方》有「男胡蹲床上坐，令一小女當抱玉莖，納女玉門」的記載，除胡蹲外，還有「胡跪」。

〔32〕瘦嗽，沈校認為「瘦」係「痰」之誤。

〔33〕資，沈校認為通「致」。案：「資」可通「至」，「至」有「導致」之意。

〔34〕點蠅，沈校認為「蠅」同「䵠」，亦作「䵮」，面黑色。案：點蠅本指誤落筆，點污畫素，將其改為一隻蒼蠅。此處用「點蠅」，應指面上黑點。

〔35〕牽牛子二分……神驗，P.3596V 無。

〔36〕箇，馬校認為係「筒」之訛。

〔37〕嬾，懶也。於此處義不通。沈校認為通「爛」。案：當是「嫩」之形誤字。

〔38〕*療*，此字模糊不可辨，沈校認為有朱改，錄作「療」。

〔39〕白蔥，馬校：「蔥白，二字原倒，今乙正。」

〔40〕啼，為「蹄」之形誤。

〔41〕宅得，馬校：「得宅，原倒，今乙易。」

〔42〕者，P.3596V 無。

〔43〕擣為散，P.3596V 無。

〔44〕密，P.3596V 作「蜜」。二字古通用。

〔45〕丸，P.3596V 作「如」，馬校認為「丸」字下脫「如」字。

〔46〕「子」下 P.3596V 有「許」。

〔47〕平明，P.3596V 無。

〔48〕五，P.3596V 作「九」。

〔49〕謹按病狀，P.3596V 作「療」。

〔50〕檳榔，P.3596V 作「檳榔人」。

〔51〕并子同碎，P.3596V 無。

〔52〕五，P.3596V 作「三」。

〔53〕同上。

〔54〕炙，P.3596V 無。

〔55〕分，寫卷無，茲據 P.3596V 擬補。

〔56〕芍，P.3596V 作「勺」，二字古通用。

〔57〕五，P.3596V 作「四」。

〔58〕屑，P.3596V 無。

〔59〕皮，P.3596V 無。

〔60〕浸，P.3596V 作「擣」。

〔61〕切，以，P.3596V 無。

〔62〕八九里進，P.3596V 作「七八里，退一服」。

〔63〕塵，P.3596V 作「陳」。「陳」作「陣」解又可作「塵」，然此處作「故、舊」解，
　　　寫卷作「塵」為「陳」之音借字。

〔64〕黏食，P.3596V 無。

〔65〕一切，P.3596V 無。

〔66〕變，寫卷殘存左半。

〔67〕已，P.3596V 作「色」。

〔68〕微，P.3596V 無。

〔69〕以，P.3596V 無。

〔70〕擣之，P.3596V 無。

〔71〕上，P.3596V 無。

〔72〕使，P.3596V 作「便」。「便」為「使」之形誤字。

〔73〕上，P.3596V 無。

〔74〕擣，寫卷原殘泐，茲據 P.3596V 擬補。

〔75〕杵，P.3596V 作「下」，義相類。

〔76〕「空」下 P.3596V 有「腹」。

〔77〕日，P.3596V 作「如」。日再服是，「如」應是將下文「如藥絕」之「如」抄入。

〔78〕如，P.3596V 無。

〔79〕「急」下 P.3596V 有「急」。

〔80〕自，寫卷殘存上半。

〔81〕「以」下 P.3596V 有「生」。

〔82〕宄，寫卷殘存下半。

〔83〕身不，寫卷「身」殘缺右下角，「不」殘缺右上角。

〔84〕喫，P.3596V 作「欼」。「欼」與「與」同。

〔85〕氣，P.3596V 無。

〔86〕者，P.3596V 作「湯」。

〔87〕蓯蓉，P.3596V 作「縱容」。案：「縱」與「從」通，「從」從下字增「艸」旁，「容」與「蓉」古通用。

〔88〕好，P.3596V 作「妙」。義同。

〔89〕脂，P.3596V 無。

〔90〕依，P.3596V 作「衣」，二字古通用。

〔91〕前，P.3596V 作「煎」。案，據文義作「前」是。

〔92〕五，P.3596V 無。

〔93〕飲服，諸無所廢，P.3596V 無。

（十三）醫方（治人眼赤等雜症方）

P.3144V

　　P.3144V，起「治人眼赤方」方名，至未知名方「煎取二升」，凡三十三行，末七行上截殘，每行約二十二字，行有界欄，存十一方。《法藏》定名為《醫藥方》〔註184〕，王目定名為《醫方書》〔註185〕，范新俊從之〔註186〕。黃目定名為《醫方》〔註187〕，馬繼興編為《不知名醫方第七種》〔註188〕，叢春雨

〔註184〕《法藏敦煌西域文獻》第二十二冊，32 頁。

〔註185〕《敦煌遺書總目索引》，280 頁。

〔註186〕《敦煌醫海拾零》，290 頁。

〔註187〕《敦煌遺書最新目錄》，706 頁。

〔註188〕《敦煌醫藥文獻輯校》，319 頁。

編為《雜症方書第七種》〔註189〕，張景紅從之〔註190〕。李存應定名為《眼病時疾兼雜病方》〔註191〕。今據寫卷首錄「治人眼赤方」，另有「療時氣天行」、「療鬼疰」等方，定名為《醫方（治人眼赤等雜症方）》。馬繼興、叢春雨等據寫卷「療」與「治」二字並用，不避唐諱，斷為唐以後寫本。

寫卷所抄之內容未見於傳世醫籍，部分醫方可見於同為敦煌醫方的P.3596V、P.2666V 兩個殘卷中，馬繼興《敦煌醫藥文獻輯校》（簡稱「馬校」）、叢春雨《敦煌中醫藥全書》（簡稱「叢春雨」）、李應存《敦煌佛儒道相關醫書釋要》（簡稱「李釋」）對寫卷有校釋之作，今據《法藏》錄文，以敦煌寫卷P.3596V、P.2666VA 為參校本，校錄於後。

錄文：

1. 治人眼赤方。杏人去皮尖，朱粉絕好者。
2. 右等分，先以淨刀子細切杏人如米粉大，熟研如膏，即以白蜜
3. 和之，又細研令三味相入，稀稠和如煎餅麵，以物點眼兩角，不經三
4. 兩度淚即可。
5. 療時氣天行方。右初覺身熱頭痛，即取好牛乳，每日空腹
6. 服三四升，不過三二日即差，縱痢無妨。
7. 療鬼疰方。右先以墨筆圍所痛處，於圍內書作：「蠟離日
8. 蝕鬼疰，人不知，急急如律令」。若未全差，洗卻更書，永差。
9. 療牛疫方。右取蔥一大握，去鬚，火中燒令極熱，向酢中微
10. 浸，承熱即尉牛鼻，冷即更准前，燒浸尉之七度。
11. 又方。取野狐肉和米煮作粥，灌即差。未著者，先灌即不著。
12. 療積年多冷，日久風勞〔1〕，飲食不加，陽道微弱，長服益志，補
13. 髓身輕，積冷自除，風勞〔2〕日退〔3〕，用牛膝酒療，大驗〔4〕。
14. 人參三兩，防風三兩，黃耆五兩，慈毛六兩，桂心三兩，
15. 牛膝六兩，枳殼三兩炙，蒺藜（藜）子半滕，桃人半升，
16. 石斛四兩，肉蓯蓉四兩，獨活三兩，天門冬〔5〕四兩，
17. 伏零〔6〕三兩，生薑三兩，生乾地黃五兩，鹿角屑
18. 五兩。

〔註189〕《敦煌中醫藥全書》，511 頁。
〔註190〕《敦煌外治法與保健養生》，73 頁。
〔註191〕《敦煌佛儒道相關醫書釋要》，72 頁。

19. 右件藥切如豆，以生〔7〕絹袋盛向不津器中，以無灰酒清者

20. 一大升密封，頭夏三日，秋冬□□（七日）〔8〕即堪〔9〕服，每服空腹，量性

21. 多少，勿重過度，忌如藥法。

22. 療大小便不通。取大黃、樸消等分作丸，良姓〔10〕，服立愈〔11〕。

23. 又方，以大黃一兩，煎之頓服，立止。

24. 療牛疫方。鬼臼二兩，▨□□▨（兩）〔12〕，昌蒲三兩，梨蘆三兩，

25. 細辛一兩。右瓶中盛上件藥，燒令烟出，用燻牛鼻，令煙

26. 入牛鼻中，候鼻上津出良。

27. ▭▨生，不得▨（犯）

28.

29. ▭灸上七壯即差。

30. ▭部，二七日差，如大棗許，恐

31. ▭子和水服之，立止驗。

32. ▭灸〔13〕令遍身〔14〕汗〔15〕出即差。

33. ▭水三升，煎取二升

校記：

〔1〕多冷，日久風勞，P.3596V作「風勞冷病」。

〔2〕風勞，P.3596V無。

〔3〕「退」下P.3596V有「方」。

〔4〕用牛膝酒療，大驗，P.3596V無。

〔5〕冬，P.3596V作「東」，二字古通用。

〔6〕零，P.3596V作「苓」，二字古通用。

〔7〕以生，P.3596V無。

〔8〕七日，寫卷殘泐，茲據P.3596V擬補。

〔9〕堪，P.3596V無。

〔10〕姓，P.3596V作「性」，二字古通用。

〔11〕愈，P.3596V作「差」，二字義同。

〔12〕兩，寫卷殘存下邊殘畫。

〔13〕「灸」上寫卷殘泐，P.2666V作「人偏風，和草火」。

〔14〕身，P.2666V作「體」，二字義同。

〔15〕「汗」下P.2666V有「流」。

（十四）醫方（治腳氣、瘧病等方）

P.3201

　　P.3201，起不知名醫方之「服，服相去」，至「療瘧方」之「療瘧或間日」，凡六十行，前三行中間殘缺，行約三十四字，抄錄醫方十九首，部分醫方前有朱筆勾勒。《法藏》定名為《藥方》〔註192〕，王目、施目定名為《殘藥方》〔註193〕，黃目定名為《醫方》〔註194〕。因寫卷中多為治療腳氣及瘧病之方，《敦煌外治法與保健養生》將其定名為《腳氣·瘧病方書》〔註195〕，叢春雨定名為《腳氣、瘧病方書》〔註196〕。馬繼興則編號為《不知名醫方第八種殘卷》〔註197〕。寫卷中除腳氣、瘧病方外，亦有抄錄治療皮膚不仁及心痛方，故將其定名為《醫方（治腳氣、瘧病等方）》。馬繼興、叢春雨據寫卷「治」字避唐諱改為「療」，但不避「旦」及「恒」字諱，認為當是唐初期寫本。

　　馬繼興《敦煌醫藥文獻輯校》（簡稱「馬校」）、叢春雨《敦煌中醫藥全書》（簡稱「叢春雨」）、沈澍農《敦煌吐魯番醫藥文獻新輯校》（簡稱「沈校」）、張小豔《〈敦煌醫藥文獻真蹟釋錄〉校讀記》（簡稱「張校」）對寫卷有過校釋之作。

　　因寫卷未見著記載，亦無傳世之刊本，僅有兩條可見於《外臺秘要》。今寫卷據《法藏》錄文，以《外臺秘要》（簡稱「《外臺》」）為參校本，校錄於後。

錄文：

1. 服，服相▨（去）〔1〕☐代之。

2. 半夏湯，主☐☐堅滿者方。半夏

3. ☐兩，細者，生薑☐☐☐（茱）萸五兩，伏苓二兩，白朮

4. 二兩。右以水七升，煮取二升，分三服，相去十里。又方。加檳榔廿枚，旋伏花〔2〕一兩半，療心

5. 下停水，瀝瀝作聲，大良。加水至九升〔3〕，煮取二升四合。麻黃湯，主氣腫已

〔註192〕《法藏敦煌西域文獻》第二十二冊，145頁。
〔註193〕《敦煌遺書總目索引》，282頁；《敦煌遺書總目索引新編》，272頁。
〔註194〕《敦煌遺書最新目錄》，709頁。
〔註195〕《敦煌外治法與保健養生》，71頁。
〔註196〕《敦煌中醫藥全書》，587頁。
〔註197〕《敦煌醫藥文獻輯校》，324頁。

6. 消，猶遍身頑痺，毒氣上沖，心塞悶，嘔逆吐水沫，不下食，或腫未消仍有此候者，

7. 服此湯。麻黃二兩去節，氣成用三兩，半夏一升洗，生薑五兩，夜〔4〕干二兩，獨活三兩，犀角二兩，

8. 零羊角〔5〕二兩，青木香二兩南者，杏人二兩去皮，切，伏苓三兩，凶滿用四兩，橘皮一兩，

9. 人參二兩，升麻二兩，漢中防己二兩，腫者用三兩，不腫以防風代之，吳茱萸一升，前胡□兩，

10. 枳殼二兩炙，腹鼓脹，大便堅者加大黃二兩，熱盛喘煩者加石膏六兩，生麥門冬一升去，

11. 吳茱萸，心下堅，加鱉甲二兩炙，得真防葵代鱉甲弥善。右十七味，切，以水一斗，煮取

12. 二升五合，若加藥煮取二升九合，加水三升，去滓分四服，人弱分五服，相去廿裏，中間進少

13. 粥以助胃氣。若熱多，脉大洪數，可加竹瀝二升，減水三升，脉沉細急者，依方服此湯，氣未

14. 退，日別一劑，或兩日一劑，不可見一服未退便止，繼為毒氣攻心，廿餘日服廿六、七劑，日

15. 夜擊之，乃得氣退，不尔即死，必不宜停藥也。又加麝香如彈丸研，內湯中服之

16. 良。此湯，春夏發當前病，大用之；秋冬晚發沐當者，亦用也，風氣毒盛此湯最委〔6〕。

17. 腳氣冷毒悶，心下堅，背膊痛，上氣急〔7〕，欲死者方。

18. 吳茱萸三升，檳榔卅〔8〕枚，青木香二兩，犀角三兩〔9〕，半夏八兩〔10〕，生薑六兩。右〔11〕切，以水一斗，

19. 煮取三升，去滓〔12〕，分溫〔13〕三服，相去十里，立効〔14〕。療腳氣毒發沖心，急悶，嘔逆吐沫，遍

20. 身痺滿，氣奔喘者，獨活半夏湯方。半夏六兩湯洗去滑，生薑六兩，犀角二兩半，

21. 獨活二兩，青木香一兩半，吳茱萸三兩，伏苓二兩，漢防己二兩，夜干二兩，橘皮一兩半，

22. 杏人六十枚去皮切，具子五枚燒碎，烏梅七枚。右切，以水七升，煮取二升三合，分三服，相去七

23. 八里，七日忌羊肉、餳。〔又方〕〔15〕，犀角二兩屑，旋覆花二兩，白术二兩，桂心二兩，防己二兩，

24. 黃芩二兩，生薑三兩，香豉一升，橘皮二兩，伏苓三兩，前胡四兩，桑根白皮四兩，

25. 紫蘇莖一握，大棗一枚去核。切，以〔16〕水九升，煮取二升七合，分溫三服，相去十里久，取下氣

26. 為度，若得氣下，腳腫即消，即能食。療腳氣脛腫，悶疼，頑痺不仁，上沖，

27. 摩膏方。躑躅花十二分，芫草十分，附子十二分去皮，烏頭十二分去皮，蜀椒五分，

28. 細辛五分，白芷五分，杏人十二分去皮，葫藘六分。右切，用苦酒二升，淹藥一宿，明

29. 曉內生油麻油五升，微火煎之，九上下，候白芷色微變即成，灑〔17〕去滓，用摩腳心

30. 及脛，立已。腳氣沖心悶亂欲死方。吳茱萸二升，生薑六兩，大檳榔十四顆子碎，皮切。

31. 右切，以水九升，煎取三升，去滓，分溫三服，每服相去如人行六七里，服之立已。但患腳氣

32. 未及望疹，常服犀角豉酒方。犀角八兩末，香豉三升。右一物，生絹袋貯，以酒九升沒之，

33. 春夏二日、三日，秋冬四日、五日，犀角末任在袋外，每服常攪〔18〕動，令犀角末得入酒中，一服

34. 三合許。量性增減，日三服，夏日勿多作。其中上有著橘皮、細蔥、生薑之輩，任調其

35. 味。如數寒熱者，每曉豉一升，小便一升，浸片時，去滓，頓服，頻三日一停。如其氣下

36. 無熱，直腳弱不能行，宜與後甘草犀角湯一劑。療皮膚不仁。甘草二兩炙，犀角二兩屑，

37. 防風二兩，杏人三兩去尖皮，桂心三兩，獨活二兩，防己二兩，石膏四兩，

芎窮二兩，麻黃二兩去節，

38. 生薑三兩，白朮二兩，當歸二兩，零羊角一兩，黃芩二兩。以水一斗，煮麻黃取八升，下藥

39. 煎取三升，去滓，分溫三服訖，覆取汁同前，已前總禁冷水洗手足及熱面、豬、魚、雞、鴨等。

40. 腳氣腫滿上沖故急捋腳方。椒目六升，青木香十兩，蒴藋十兩，胡蔥根切三升，楮▨

41. 根切一升，杏人三升，搗碎，不須□□末。右切，用水二石，煎取一石，去滓，濕用，捋腳氣，當立已。

42. 人久患心痛百方醫療□□，此方永除根本。月下伏龍肝一雞子，

43. □黑棗大，右二味研細，和井華水五合，煎之一沸，頓服之，立已。療腳弱久不能

44. 立，面目黃□食不下方。伏苓二兩，人參二兩，青木香一兩，大檳榔七枚皮切，子碎，紫蘇

45. 莖葉一兩，生薑三兩，去皮。右切，以水八升，煮取二升七合，去滓，分三服，服別如人行

46. 八九里，忌米酢。療諸瘧驗方。恒〔19〕山三兩上者，石膏八兩，碎，綿裏，甘竹〔20〕一握〔21〕切，糯米一百枚〔22〕，

47. 右四味〔23〕以水八升，明旦欲服，今晚漬藥〔24〕於桐器中，露置星月下高淨處，刀〔25〕置其

48. ▨▨〔26〕藥於病人房門前，於桐器裏緩火煎取三升，分三服，日欲出一服，臨發又〔27〕

49. 服，若即定，不須後服，取藥滓、石膏裏置心上，除四分，置左右手足心，甚□（驗）。

50. 療諸瘧蜀漆丸方。蜀漆五分，烏梅肉四分熬，石膏八分研，甘草三分炙，

51. 升麻五分，恒山六分別搗，鱉甲四分炙，知母五分，萎蕤四分，麥門冬五分，地骨白

52. □（皮）五分，香豉一合熬，白薇五分。凡十三味，搗篩為散，蜜和為丸，丸如梧子大，飲服

53. 一丸。若時行後，連綿似瘧不絕者，可日服六七丸，丸并量患者氣力強弱為節度。

54. 療一切瘧方。恒山三兩，生鐵一片如梳許大，糯米三百枚。凡三味碎之，
    以水五斗，煮取三斗，

55. 去滓。未發前食須進一服，欲發時服一服，正發時服一服，得快吐三二升
    即差。其

56. 汁非淡熱所作者，多是鬼，用後法止之必差。療瘧久不差，灸之立愈方。

57. □令患者結跏趺，平身正坐，取一細繩子，從項後繞，垂繩頭向前，等兩
    乳頭

58. □□，欲乃迴此繩頭，還雙垂向後，逐脊骨向下，使正當脊骨，即將墨點
    繩頭

59. □記，候患人瘧未發前，一兩口飲須，男當點處逼脊骨左畔，灸七壯；女
    逼右

60. 七壯，如不醒者，後欲發時，還如前灸，不過再三，當必永差。療瘧或間
    日

校記：

〔1〕去，寫卷殘存上半。

〔2〕旋伏花，《證類本草》作「旋復花」，「伏」與「復」二字可通用。

〔3〕至九升，其後寫卷仍抄錄「至九升」三字，衍，今刪。

〔4〕夜干，現多作「射干」，「夜」與「射」二字古通用。

〔5〕零羊角，現多作「羚羊角」，「零」為「羚」之音借字。

〔6〕委，馬校：「妥，原訛委。」

〔7〕急，《外臺》無。

〔8〕卅，《外臺》作「四十」。

〔9〕「兩」下《外臺》有「屑」。

〔10〕「兩」下《外臺》有「湯洗」。

〔11〕「右」下《外臺》有「六味」。

〔12〕去滓，《外臺》無。

〔13〕溫，《外臺》無。

〔14〕相去十里，立効，《外臺》作「大效，破毒氣尤良」。「効」與「效」同。

〔15〕又方，寫卷原無，然兩方之間未有銜接，據馬校擬補。

〔16〕以，寫卷原作「八」，於文義不順，據馬校、叢春雨改。

〔17〕灑，《真蹟》校作「濾」，沈校認為「漉」之訛。張校認為「灑」為「濾」的方

言俗字。從張校之說。

〔18〕攬，沈校認為是「攪」之訛。

〔19〕恒，《外臺》作「常」，古通用字。

〔20〕「竹」下《外臺》有「葉」。

〔21〕握，《外臺》作「把」，義同。

〔22〕枚，《外臺》作「粒」。

〔23〕「味」下《外臺》有「切」。

〔24〕藥，《外臺》無。

〔25〕「刀」上《外臺》有「橫」。

〔26〕「置其」下寫卷模糊不可辨，《外臺》無「置」，其下作「其上嚮明取」。

〔27〕「又」下《外臺》有「一」。

（十五）療雜病藥方

P.3378V＋S.6177V

P.3378V，起首題「雜療病藥方」，至「療耳聾方」中「塞耳中即（差）」之「即」，共五十行，尾部殘缺，末行下截殘缺，行約二十三字，存方三十一首。因有首題「雜療病藥方」，《法藏》、王目、施目等均定名為《雜療病藥方》〔註198〕，今從之。

S.6177V，凡十一行，行約二十字，存方十一首。首行上半殘缺，存末字「差」，與 P.3378V 末行可相銜接。《英藏》、劉目、施目、黃目定名為《醫方》〔註199〕，劉目及施目注明係婦產科。馬繼興編為《不知名醫方第五種》〔註200〕，叢春雨因寫卷中多為婦科單方，定名為《婦科單藥方書》〔註201〕，李應存等則定名為《療治婦人為主之單驗方》〔註202〕。然 S.6177V 與 P.3378V 可相綴合，則仍應命名為《雜療病藥方》。馬繼興等《敦煌醫藥文獻輯校》據寫卷「治」、「療」並用，認為當為唐以後寫本。沈澍農則認為寫卷避諱字多用

〔註198〕 《法藏敦煌西域文獻》第二十二冊，145頁；《敦煌遺書總目索引》，286頁；《敦煌遺書總目索引新編》，280頁。

〔註199〕 《英藏敦煌文獻》第十冊，149頁；《敦煌遺書總目索引》，236頁；《敦煌遺書總目索引新編》，192頁；《敦煌遺書最新目錄》，221頁。

〔註200〕 《敦煌古醫籍考釋》，223頁；《敦煌醫藥文獻輯校》，299頁。

〔註201〕 《敦煌中醫藥全書》，660頁。

〔註202〕 《敦煌佛儒道相關醫書釋要》，51頁。

「療」，似為唐末或五代雜抄單驗方〔註203〕。

馬繼興《敦煌古醫籍考釋》（簡稱「馬繼興」）、《敦煌醫藥文獻輯校》（簡稱「馬校」）、叢春雨《敦煌中醫藥全書》（簡稱「叢春雨」）、李應存《敦煌佛儒道相關醫書釋要》（簡稱「李釋」）對寫卷有校釋。

綴合後的寫卷存方四十二首，部分可見於《備急千金要方》（簡稱「《千金方》」）、《外臺秘要》（簡稱「《外臺》」）和敦煌寫卷 P.2666V 和 P.3596V。今 P.3378V 據《法藏》錄文，以《千金方》《外臺》以及敦煌寫卷 P.2666V 和 P.3596V 為參校，S.6177V 據《英藏》錄文，以敦煌寫卷 P.2666V 中所抄相同醫方為參校，校錄於後。

錄文：

P.3378V

1. 療雜病藥方。
2. 療人風甘〔1〕瘡方。麻黃根、乾薑、胡粉、牡厲〔2〕。已上四味，擣末，
3. 塗瘡上，即差。
4. 療風冷熱不調方。甘草、乾薑、桂心、訶藜〔3〕勒。以水一升，
5. 煎取半升，服之即差。
6. 三黃湯方。麻黃、黃芩、芍藥、芒消、獨活、蔥白、豉、防
7. 風、黃耆、甘草、大黃、訶藜勒。十二物，以水一升半，煎取一升，
8. 服之即差。
9. 療人一切百種風病。秦膠一兩，牛乳二升，煎取一升，下訶藜勒，服之差。
10. 療人鼻血不止方。燒頭髮〔4〕灰，冷水鼻中官〔5〕之，一兩度即差。
11. 療人勞瘦少力，剪桃柳枝湯。東南桃枝一握，東南柳枝一握，
12. 蔥、豉、芍藥、甘草、大黃、訶藜勒，煎湯服之，立差。
13. 療人上氣咳嗽方。黃牛蘇〔6〕一升，紫草，煎之，下甘草、訶藜
14. 勒，服之即差。
15. 療耳風疼。含松膠即差。又療甘疼。含莨蓎〔7〕子即差。
16. 療人腹度〔8〕痛不止方。當歸、艾、訶藜勒，煎湯服之差。
17. 療人赤白利不止方。艾、阿膠、黃連、芍藥、當歸、桂心、
18. 椒、薑、訶梨勒。以水二升，煎取一升，分二服，服之即差。

〔註203〕《敦煌吐魯番醫藥文獻新輯校》，101頁。

19. 三黃丸方，療男子五勞七傷，消濁肌宍〔9〕，婦人帶下，手足寒熱。

20. 春三月，黃芩四兩，大黃四〔10〕兩，黃連四兩〔11〕；秋三月，黃芩六兩，大黃一〔12〕兩，

21. 黃連七〔13〕兩；冬三月，黃芩六〔14〕兩，大黃二〔15〕兩，黃連三〔16〕兩。凡三物〔17〕，隨

22. 時令〔18〕，擣篩〔19〕，白蜜和丸〔20〕，丸〔21〕如大豆，服〔22〕五丸，日三服〔23〕。如不覺〔24〕，增至

23. 服〔25〕七丸，米飲下〔26〕，服一月，百病皆差〔27〕。

24. 又療髮落。以訶梨勒二兩去子，毗梨勒二兩去子，

25. 阿摩羅二兩。三物以醋、漿各二升，煎去滓，洗頭，一日洗五度。空煎

26. 阿摩羅二兩，洗之亦差。又療鼻血不止方。取胡粉和水服，立差。

27. 又療九種心痛，蚘虫冷氣，先從兩肋胷背撮痛，欲變吐方。

28. 當歸八分，鶴虱八分，橘皮六分，人參六分，檳榔人十二分，枳橘〔28〕六分〔29〕，勺〔30〕藥

29. 六分，桂心六〔31〕分。右擣篩為散，空腹煮薑、棗飲服方寸一〔32〕匕，

30. 日二服，漸〔33〕至一匕半，即差〔34〕。又療五種淋，熱淋、冷淋、勞淋，小便秘

31. 澀不通。以粉兩匙和飲，亦可和水。若是冷淋，和酒服之，不過

32. 五六十服，差。又療眼開不得，有倉〔35〕。取訶藜勒心，冷水沛〔36〕目中著，

33. 立差。黃連、驢乳，沛著亦差。又療婦人產難。吞小麥七枚，

34. 即出。又療發熱吸吸〔37〕，骨中煩而吐，服黃芩湯、橘皮湯方。

35. 橘皮二兩半，桔梗二兩，生薑一兩半。三物以水四升，煮取二升，分

36. 為三服，立差。不止，針中府，在直兩乳上，垂甕骨下二肋間亦得。

37. 又療口喎、口氣、牙疼，狂言鬼語，睡中瘛〔38〕死，錯吞錢鐵。

38. 葦〔39〕茼子一枚長二寸，右麁細隨時看，令入得耳孔中，口喎向左，

39. 即內筒子一頭於耳中孔，隨筒子頭大小旋艾注〔40〕，炙筒子孔

40. 上。每日側臥，依此法〔41〕灸二七伐〔42〕，仍須使人審看。止〔43〕即休灸，不然恐傷過。

41. 療牙疼齒痛不可忍方。取蒼耳子一升，水三升，煎沸，熱含，即差。

42. 療五種痔病。取槐子搗如彈丸許，內下部，二七日差，如大棗許，恐〔44〕。

43. 療大便不通。右豬膽一枚一灌即通差。

44. 療小便不通。右薰黃末如小豆許，內孔中著，即差。

45. 又方，灸大便孔前一寸，玉莖後即是，灸一七〔45〕，即通，差。

46. 療牛肚脹困。右取豬脂半斤，鼠糞廿〔46〕枚，和灌口即差。

47. 療馬黑汗欲死。右取汗鞋浸汁一升，灌口即差。

48. 療人時氣。取蔓菁子煎取汁，洗身體，大良。

49. 療鼻中血出不止方。取胡粉一合，和水服之即止。

50. 療耳聾。取生鵝脂作酪，以綿裹塞耳中即差。

S.6177V

1. 療人慂惡刺，以壁上蜘蛛網安上大良。

2. 療婦人八九年無子，取死白狗腳燒作灰，正月一日服之，即有子。

3. 療婦人產衣不出，取牛尾燒作灰，服之即出，大吉。

4. 療婦人月水不止方，取簸箕舌燒作灰，和酒服即止。

5. 療婦人兩三日產不出，取死鼠頭燒作灰，和井華水服之〔47〕，立〔48〕差。

6. 療人心痛，取青布一片，如梳許大，燒作灰，用好酒服即差。

7. 治婦人產後疼痛不止〔49〕方〔50〕，灸齊下第一橫文七壯，即差。

8. 治婦人腹中子死不出，取苟杞子三升服，即差。

9. 治婦人無子，取桑樹孔中草燒作灰，取井華水服，有子〔51〕。

10. 療人赤白利，取大蒜十顆燒作灰，以酒一升，溫服三兩度，即差。

校記：

〔1〕甘，「疳」之古字。

〔2〕厲，「蠣」之古字。

〔3〕藜，「藜」為「梨」之別體字，「梨」與「黎」二字古通用，現作「藜」。

〔4〕髮，為「髮」之誤。

〔5〕官，叢春雨認為「灌」之訛。案「官」為「灌」之音訛。

〔6〕「蘇」為「蘇」之俗寫，說見《敦煌俗字研究》下編五二三頁。「蘇」亦作「酥」。

〔7〕蒤，李釋：「為『菪』之訛字。「蒤」應是「菪」之音借字。

〔8〕「度」為「肚」之音偽字。

〔9〕消濁肌宍，《千金方》作「消渴，不生肌肉」。沈校認為《千金方》較是。

〔10〕四，《千金方》作「三」。

〔11〕「黃連四兩」句下，《千金方》有「夏三月，黃芩六兩，大黃一兩，黃連七兩」

— 125 —

　　　句，然其後亦有小注「一本云夏三月不服」。

〔12〕一，《千金方》作「二」。

〔13〕七，《千金方》作「三」。

〔14〕六，《千金方》作「三」。

〔15〕二，《千金方》作「五」。

〔16〕三，《千金方》作「二」。

〔17〕凡三物，《千金方》作「右三味」。

〔18〕令，《千金方》無。上文言春三月、秋三月、冬三月，則作「時令」於文義更
　　　順，《千金方》脫「令」。

〔19〕擣篩，《千金方》作「和擣」。

〔20〕白蜜和丸，《千金方》作「以蜜為丸」。

〔21〕丸，《千金方》無。

〔22〕「服」上《千金方》有「飲」字。

〔23〕服，《千金方》無。

〔24〕如不覺，《千金方》作「不知」。

〔25〕增至服，《千金方》作「稍加至」。

〔26〕米飲下，《千金方》作「取下而已」。

〔27〕百病皆差，《千金方》作「病癒，久服走逐奔馬，常試有驗」。

〔28〕橄，《外臺》作「實」。橄，棗也，於此處義不通，當從《外臺》作「實」。

〔29〕分，《外臺》下有「炙」。

〔30〕勻，《外臺》作「芍」，二字古通用。

〔31〕六，《外臺》作「五」。

〔32〕一，《外臺》無，衍。

〔33〕漸，《外臺》下有「漸加」二字。

〔34〕即差，《外臺》作「不利」，後有「忌生蔥、生冷物、油膩、黏食」。

〔35〕倉，「瘡」之古字。

〔36〕沛，馬校疑為「注」字之訛，沈校作「滴」。

〔37〕吸吸，叢春雨：「與『翕翕』通。」

〔38〕「瘝」為「厭」之俗寫。段玉裁云：《字苑》云：『厭，眠內不詳也。』……
　　　俗字作魘。」〔註204〕

〔註204〕《說文解字注》，448 頁。

〔39〕葦，P.3596V 無。

〔40〕注，李釋：通「炷」。案：「注」應是「炷」之音訛。

〔41〕法，P.3596V 無。

〔42〕伐，李釋：「當為『壯』字之誤。」

〔43〕止，P.3596V 作「差」。

〔44〕如大棗許，恐，沈校認為此語義不足，似有闕文。

〔45〕七，馬校：「其下原脫壯字。」

〔46〕卄，與「廿」同。

〔47〕之，P.2666V 無。

〔48〕立，P.2666V 作「即」。

〔49〕止，P.2666V 作「至」，誤。

〔50〕方，P.2666V 無。

〔51〕有子，P.2666V 作「之驗」。

（十六）醫方（雜症方）

P.3596V

　　P.3596V，起「第一，小麝香丸」，至「三等丸方」之「下蒺藜子，去尖」，凡二百四十七行，首全尾殘，末五行中部殘缺，行約二十五字，存八十一方，有三方重複抄錄，部分藥方前有序號，然多有錯亂。《法藏》、施目定名為《醫藥方》〔註205〕，王目定名為《藥方書》〔註206〕，注明是「治外科用」，范新俊從之〔註207〕。馬繼興定名為《不知名醫方第九種殘卷》〔註208〕，叢春雨、張景紅定名為《雜症方書第八種》〔註209〕。李應存等則根據醫方內容定名為《內、外、婦、兒、五官等病全科醫方》〔註210〕。因寫卷所錄醫方十分龐雜，有治一切病、溺水、自縊、卒死、傷寒、內外科、婦科、兒科及五官科等，今將其定名為《醫方（雜症方）》。馬繼興、叢春雨據寫卷引有《古今錄驗方》及崔知悌，前者為隋唐之際甄權所撰，後者為唐高宗時人，又卷中避唐太宗「葉」

〔註205〕《法藏敦煌西域文獻》第二十六冊，47 頁；《敦煌總目索引新編》，289 頁。

〔註206〕《敦煌遺書總目索引》，290 頁。

〔註207〕《敦煌醫海拾零》，290 頁。

〔註208〕《敦煌醫藥文獻輯校》，336 頁。

〔註209〕《敦煌中醫藥全書》，513 頁；《敦煌外治法與保健養生》，69 頁。

〔註210〕《敦煌佛儒道相關醫書釋要》，76 頁。

及唐高宗「治」諱，不避唐高祖「虎」字諱及唐睿宗「旦」字諱，認為當係高宗以後，睿宗以前寫本。

　　馬繼興《敦煌古醫籍考釋》（簡稱「馬繼興」）、《敦煌醫藥文獻輯校》（簡稱「馬校」）、叢春雨《敦煌中醫藥全書》（簡稱「叢春雨」）、陳增岳《敦煌醫方〈雜症方書第八種〉校勘拾遺》（簡稱「陳校」）、《敦煌醫藥文獻 P.3596 若干文字問題考證》（簡稱「沈考」）、沈澍農《敦煌吐魯番醫藥文獻新輯校》（簡稱「沈校」）對寫卷有校勘之作。

　　寫卷所抄醫方，散見於許多存世醫籍與敦煌寫卷中，與敦煌寫卷《救急單驗藥方》所抄相同之醫方甚多。今據《法藏》錄文，以敦煌寫卷《救急單驗藥方》（簡稱「《救急》」）為校本，《救急》中未見之方，以《備急千金要方》（人簡稱「《千金方》」）、《千金翼方》（簡稱「《千金翼》」）、《外臺秘要》（簡稱「《外臺》」）、《醫心方》、《肘後備急方》（簡稱「《肘後》」）及敦煌寫卷 P.3930、P.2666V、P.2882V、P.3144V 等為參校本，校錄於後。

錄文：

1. 苐（第）一，小麝香丸，療一切病。
2. 麝香、大黃、乾薑、巴豆去皮心，熱〔1〕。
3. 右四味等分，大黃、乾薑別擣，麝香、巴豆研，令如膏，
4. 以白蜜和為丸，如悟〔2〕子許。獷〔3〕人四丸，羸人二丸。須臾，病隨痢下。若
5. 婦人惡露諸病等，以腝〔4〕水和服，甚効。
6. 第二，療黃丸〔5〕，一切虛〔6〕熱〔7〕癰滯，結而〔8〕不通方。
7. 黃連三兩，大黃三兩，黃芩三兩。右三味〔9〕擣篩〔10〕，蜜和為〔11〕如悟
8. 子許〔12〕，食後服五〔13〕丸，日三。稍加，以痢為度〔14〕。
9. 〔第〕〔15〕三，療十二種風，七種冷，五勞七傷，心痛，痓忤，四種癖，咳嗽短氣方。
10. 生薑八兩，去皮擣，搦卻汁，獨顆蒜十頭，去皮擣，小芥末一升，蘇、蜜各一合。右四味惣〔16〕
11. 擣千杵，丸如梧子。每服七丸，日再。旦食前，暮食後。如不得准知，十
12. 梧子許大。第四，療溺水死，經宿者，猶可救方。右取皂莢末，
13. 如雞子許，綿裹，內下部中。伏頭，面向下。須臾，水即從鼻口出，
14. 仍多取灰，表裏覆藉，灰沒身，水盡即活，大効。又方。熬砂〔17〕令

15. 暖，以覆上下，但出鼻耳口眼，沙濕即活。又方。解溺者衣，去齊中垢膩〔18〕，

16. 極吹兩耳，活及〔19〕止。第五，療自縊死。徐徐抱下，物〔20〕斷繩，臥地上，令

17. 二人極吹兩耳。取蔥心內兩鼻中，刺深五、六寸，眼中血出，出無所苦。

18. 下部內皂莢末，小時如初生小兒啼，活，是鶹鵲療五絕法，一同。又

19. 方。抱之，徐徐就繩，慎〔21〕勿卒舉之，令一人從上，兩手挦繩千遍，挦訖，

20. 然後解繩，懸其髮，腳去地五寸許。塞兩鼻，以筆筒〔22〕內口中嘘之。

21. 復〔23〕物頓吹，微微以氣引之，須臾腸中礜轉，當是氣通。或手

22. 動撈人，即須緊抱，慎勿放之。若髮少不得懸者，令二人舉兩膊，

23. 俠離地，依法挦繩勿廢。須臾得活，然後放之。又方。𦥑𢾺〔24〕覆口鼻，兩人極吹月，活及至〔25〕。〔又〕〔26〕方。皂莢末如胡〔27〕許，

24. 吹內鼻，嚏，即活。第〔六〕〔28〕，療卒死，以蔥黃刺鼻中，入七〔29〕寸，使眼中血出，男左女右。

25. 第十一，𤸱〔30〕傷寒，非須〔31〕痛脉馱，即是時氣。世人病多是傷寒，三日

26. 內發汗，四日內須吐，五日後須利。三日內取湯方。麻黃三兩去節，乾葛二兩濕者用五兩，小麥一升，

27. 蔥白一握，留鬚去漬〔32〕，豉一升。凡五味，以水九升，煮取二升半，去滓，分溫

28. 三服，取汗止，差。四五日已上，勿發汗，常須利，苦參湯在後方〔33〕。前胡三兩，

29. 葛根二兩，桃人百枚去皮，大黃三兩別浸，湯成，下三沸，朴消二兩，熬令汁盡，湯

30. 成訖，內竹葉一握，切。右水八斗，內大黃，三沸，去滓，內朴消。分溫三服，如

31. 人行七八里，進一服，以一里為度。如一服不利，徐〔34〕即勿服。

32. 茅（第）一，療惡種〔35〕方。惡腫疼痛不可忍，溲麵，圍腫頭如大〔36〕錢等處〔37〕，

33. 中滿內〔38〕椒，還以捋〔39〕麵作餅蓋上，炙令面焦〔40〕徹，痛立止〔41〕。

又方。無

34. 問冷熱大小,取莨菪子三指〔42〕,撚熟挼,勿令破,吞之,驗。又方。癰
    腫,

35. 取灶下黃土和胡蔥擣,塗之,甚効。又方。取蔚臭草,擣取汁,服

36. 如雞子,滓封上,暖易之。〔又〕方。取竈下〔43〕黃土和酢塗之,良〔44〕。
    又〔方〕。隨〔45〕所

37. 患邊肩節縫〔46〕,灸七壯。又方。熱煮〔47〕瓮盛水,近下鑽孔,令水射腫
    上邊〔48〕,

38. 身冷徹,驗。又方。大黃、石灰〔49〕,小豆等分,擣末,白酒和塗,効。
    又方。酢研大〔50〕黃

39. 塗,効〔51〕。火遊,腫赤者是。大黃、填火草〔52〕合擣,傅之,良。又方,
    石腫附骨。取草〔53〕

40. 麻人擣傅疽腫,亦差。苐(第)廿三,療賊〔54〕風入身,角弓反張,口禁
    不〔55〕語及

41. 產婦人〔56〕中〔57〕風方。烏豆二升,熬令半黑,酒三升內鐺中,急攪,
    以絹濾,頓

42. 服。覆取汗,不過三劑,極重者,加雞屎一合,和熬。口不開,灌,須臾
    差。

43. 又方。有傷處風入,取椒一合,麵裏作䴱䴵〔58〕,燒令熟,以物〔59〕刾(刺)
    〔60〕作孔,動〔61〕風入處,

44. 不過三四遍〔62〕即俞〔63〕。又方。醋潑〔64〕、麥麩、酒糟〔65〕、塩、椒等
    五物等分,惣熬

45. 令熱,以布裹,熨瘡,冷即差〔66〕。血〔67〕出〔68〕不止,擣生白人〔69〕
    口,更嚼封上,初痛

46. 酸癢定,更封,不過七八日差〔70〕。又方。瘡中風水腫疼,皆取青蔥葉

47. 及乾黃葉煮作湯,熱浸。苐廿四,療上氣積年垂〔71〕膿血方。

48. 莨菪子一小升半,以清酒六升,緩火煮,減半酒,蜜覆勿泄〔72〕氣,去

49. 莨〔73〕菪子取汁,內不破青州棗卌枚,煮汁盡,置棗於冷露中,

50. 旦服一枚,午服一枚,棗盡即差。又方。灸兩乳下黑白際各廿壯。一本:
    百壯。

51. 〔又〕方。灸足陽明,穴在足趺上三寸,動脈上是,二七壯。灸臍下一寸,

並〔74〕差。

52. 苐廿五,療上氣〔75〕咳嗽,腹滿,體腫欲死方。楸葉五升,水五升,煮一百沸,去

53. 滓,煎堪丸,如〔76〕小棗,以竹筒內下部,腫消氣下,神驗,府痔〔77〕分〔78〕利,並差。又

54. 方。桑根白皮細切三升,生薑半升,吳萸〔79〕半升,酒〔80〕五升,煮〔81〕三沸,去滓,頓服,

55. 氣下腫消,古醫秘之,千金不傳。又方。從〔82〕項大椎〔83〕數〔84〕第五節上空間灸,隨年〔85〕壯。

56. 苐廿六,療蠱水遍身洪腫方。椒目、牡蠣炙、亭歷子熬、甘遂,四味等

57. 分〔86〕,各一兩,擣篩,蜜和為〔87〕丸,如梧子〔88〕,一服十丸,即寫,唯食白粥。又方。亭歷子五兩熬〔89〕,牽牛子三兩,

58. 海澡〔90〕三兩,澤柒三兩,昆布三兩,豬苓二〔91〕兩。六味並〔92〕擣篩,以〔93〕蜜為〔94〕丸,如梧子,飲服十五丸,漸加〔95〕,以知為度。

59. 又方。亭歷子一大兩,大棗十枚,以水三升,煮取一升半,分再服,即寫,寫訖。

60. 又方。拓〔96〕枝並葉並兩手三〔97〕握,大豆一升,水一石,煮取汁一斗〔98〕,去滓〔99〕,別煎,取三升,分三

61. 服,平旦、午時、夜半,皆空腹暖服,驗。〔又〕方。鼠黏草子〔100〕兩抄,分再服,勿使嚼破〔101〕。又方。

62. 苦瓠穰一枚,取〔102〕水一石,煮一炊〔103〕,須去滓。煎可丸,丸如胡豆大,一服二丸,小便〔104〕下〔105〕。作小豆羹飯,

63. 念之〔106〕:勿飲水。又方。服〔107〕烏牛尿〔108〕一盞,効〔109〕。又方。取蓼菜穰酒服之,良。又方。若

64. 腫從腳起,漸上入腹,即煞人。取小豆子〔110〕一升,煮令極爛,取汁四升,溫浸膝〔111〕已下,日

65. 浸。若已入腹,但服小豆,勿更雜食。〔又〕方〔112〕。胷背〔113〕脹〔114〕滿,氣急心〔115〕腫,喘息不積〔116〕,或水

66. 或〔117〕氣,藥主方。杏人二分去皮尖〔118〕,熬,亭歷子五分,熬。二味〔119〕擣篩〔120〕,蜜和為丸〔121〕,丸如梧子,每服卅

67. 丸〔122〕,以痢〔123〕為度。〔又〕方。棗膏和。苐廿七,療腹滿如石〔124〕,

積年不損方。取白楊樹東

68. 南枝〔125〕皮，去蒼皮，縱〔126〕風細細刮，削五升，熬令黃。以酒五升熱淋訖，即以絹袋盛滓〔127〕，

69. 內此酒中，密〔128〕封再宿，一服一盞，日三。〔又〕方。酒三升，煮取令沸，內塩鷄子許，服差。亦云：

70. 煮醋。苐廿九，療失音不語方。取人乳〔129〕、醬清等分，服三〔130〕升，立驗〔131〕。又方。取

71. 青竹〔132〕破如筭子卅九莖，烏豆二升，以水八升，和竹煮，令爛，去滓，取汁灌口。口〔133〕

72. 不開，以竹筒灌鼻，効〔134〕。又方〔135〕。芥〔136〕子熬，擣末，酢〔137〕和，拊〔138〕頭一周，衣覆之，一日一夜

73. 解，効。又方。煮桂汁含〔139〕咽，効。又方。煮大豆，煎汁如湯〔140〕，含。苐卅〔141〕，療消渴方。

74. 生胡麻油〔142〕一升，頓服〔143〕，良〔144〕。又方。取故破〔145〕屋上瓦末〔146〕一升五合〔147〕，水二升，煮三五沸，頓

75. 服，驗。〔又方〕〔148〕。黃瓜根、黃連等分，擣末，蜜和〔149〕丸〔150〕。〔又方〕。取〔151〕桑根入土三尺者，白皮，炙令黃，去

76. 惡皮，細切，以水相淹，煮取四五〔152〕升，濃為度，飲甚効〔153〕。〔又方〕。黃連、栝樓根擣為末，

77. 牛乳、生地黃汁末〔154〕分，和為〔155〕丸，食後服三十丸。〔又方〕。爛煮葵汁，置冷露中，渴飲。

78. 〔又方〕。石榴花，陰干，擣末，和水服。苐卅〔156〕一，療反胃方。大黃四兩，甘草二兩，炙。以〔157〕水三〔158〕升，煮取〔159〕

79. 一升，分〔160〕服，時已〔161〕。〔又方〕。皂莢末安鼻內，合底陽，即下，効。又方。取五月五日蒼耳子，陰干，末，每

80. 服一寸匕，和水服，日再服，以差為度。又方〔162〕。橘皮二〔163〕兩，鼓一〔164〕升，蔥一根，羊肚一具，去糞，勿洗，內蔥

81. 等肚中，繫頭，煮熟，絞取汁一升，服之〔165〕，餘滓作羹，食甚良。又方。攝生

82. 葛根汁服。又方。燒人糞灰，和水服。又方。灸兩〔166〕乳下三寸，扁鵲云〔167〕：隨年壯，亦〔168〕云卅〔169〕壯〔170〕。

83. 芀卅二,療偏風。以〔171〕草火〔172〕令遍體汗〔173〕,差。又方〔174〕。酒
五升,燒〔175〕用車釧令〔176〕赤,徐徐

84. 置酒〔177〕,一服一合,漸加,以為慎風。又方。黑胡麻擣為末,酒浸七日
後服,立差。

85. 又方。取火〔178〕麻子,擣,以酒和,絞取汁,溫服。熬蒸一任〔179〕。芀
卅三,療腳忽痺蹙,不

86. 隨及冷痺方。麥麴末一斗半,塩三升,蒸令氣出〔180〕餾〔181〕。以氈袋盛,
腳踏袋

87. 上,冷易,亦除一切病。又方。灸足〔182〕兩〔183〕外踝上四指,名〔184〕
絕骨穴〔185〕,掐〔186〕時與蹂〔187〕脉相

88. 應處,灸五百壯。又方。冷痺,灸,隨年壯。又方。灸足小指〔188〕文頭,
黑血出,立差。

89. 〔第卅四〕,療顛癇狂方。陰〔189〕後,大孔前,經〔190〕上處中,隨年壯。
婦亦同。又方。灸陰頭七壯。

90. 又方。陰〔191〕莖近本穴中三壯,差〔192〕。又方,灸掌中并中指莭上,立
効。〔第卅五〕,療時患〔193〕遍身生疱〔194〕方。

91. 初覺出,即服三黃湯,令極利,疱即減〔195〕。又方。飲鐵漿一小升,立
差。又方。初覺欲出,即灸兩

92. 手外骨研〔196〕正尖〔197〕頭,隨年壯。〔又方〕。石黛方寸匕,冷水一升,
和服,甚驗。又方。黍米〔198〕一合,淨

93. 掏,經宿露中,平旦服。研半,以喺瘡。又方。小豆一合,平旦〔199〕和
水服之,甚良。

94. 〔第卅六〕,療發種方。取麵傁〔200〕圍〔201〕腫四畔,合童子七人小便侵
之,効。又方,馬糞薄〔202〕乾即

95. 易。婦人發〔203〕,亦差。〔第卅七〕,療腰痛。取鹿角末,和酒服。服方寸
匕,日再服,往〔204〕。又〔方〕。令患人正立,取一箜竹

96. 度患人,從足正齊即斷竹,以其竹重北用,從足上至脊盡竹頭灸,隨年壯。
灸可藏

97. 竹,勿令人見,妙。芀卅一,療嘔噦方。蘆根五兩切,以水五升,煮取三
升,分〔205〕服。不差更昨,時時〔206〕兼〔207〕

98. 童子便〔208〕一小〔209〕合〔210〕,即差。又方。烏豆汁,止心悶。又方。白

羊乳一升，差。又方。卒吐逆方〔211〕。灸兩乳下一寸，七壯。

99. 又方。令噦人以木長二尺許，當壯，口向辟極禁，遣人捋足外兩踝上，令極熱徹。苐卌二，

100. 療九〔212〕噎方。蜜、蘇、生薑汁各一升，合，於微火煎五沸，每服時取三大棗內酒

101. 中，溫服。又方，生薑橘皮湯服，差。〔第卌三〕，反華〔213〕瘡。煎枝葉為煎，塗之，驗。〔又方〕。燒馬齒草〔214〕

102. 灰附之。又方，燒末塩灰附之，驗。〔第卌四〕，洗百瘡方。取槐白皮、柏葉各大握，剉，

103. 以水三升，煮取一升，洗百瘡並可，甚良。苐卌六，療豬啄瘡方。初生似

104. 薊，後无〔215〕痂，疼痛不可忍，名為豬啄瘡，取豬鼻燒〔216〕作灰，附之，差。

105. 〔第卌七〕。療火〔217〕燒瘡方。取新出牛尿〔218〕塗之，差。〔又方〕。樅〔219〕葉塩，合〔220〕煮為湯，洗之差。

106. 〔又方〕。井底青泥塗之。〔第卌八〕，丁瘡。又取鬼徹〔221〕，刑〔222〕如地菌，多菜取〔223〕生糞准〔224〕，

107. 見日消黑。燒作末，針瘡四邊，痛。如不痛，際內作孔，內菜〔225〕孔中，再著。經宿，

108. 療發以針拔根，不覺即出，大驗。又方。以刃刺瘡徹下，令少血出。刃左

109. 右決瘡令寬，取巴豆米斤〔226〕，刀歷處中，以內瘡裏。取乾薑末附上。

110. 帛裹（裹），經宿拔根，驗。以針刺四邊，用硫〔227〕黃面圍四畔灸，以痛為候，

111. 擣沙拊上，慮（急）裹（裹），經宿，連根自出。又方。高良薑三兩，煮汁盞，効。〔又方〕。東行母

112. 豬糞和水絞汁，飲一升，差。〔又方〕。欲死。黃龍湯一升，煖〔228〕，以木拗口灌之，即活。

113. 〔又方〕。獨活五兩，附子五兩，生用，以酒三升，浸三宿，一服一小合。驢糞五升，蛤〔229〕三升，水大煮

114. 十沸，并滓內瓮中浸，四邊煻火園（圍）之。內腳瓮中浸之，不過三宿腫消。

115. 第十四，療狂言鬼語方。針剌足大母〔230〕指甲下少許，即差。又方。甑

116. 帶急縛二手大指，灸左右脅屈肋頭，兩火俱起，各七壯。須臾，鬼

117. 邊〔231〕姓名，道乞去，乃徐徐解之，有驗。〔第十五〕，療大小便不通方。
服大黃湯，利即〔232〕。

118. 又方。服大黃樸消丸，亦差。又方。取難漢〔233〕瓜蒂打碎〔234〕，以綿裹
（裹），內下

119. 部，如非，醫中瓜蒂亦得，差。〔又方〕。豬膽，從筆筒一頭內下，羊亦
良。

120. 〔又方〕。薰〔235〕黃，如豆，內小便孔。又〔方〕。蔥葉小頭內孔中，口
吹令通。又方。石塩、麝香各一分，

121. 研之，安齊中，以水三滴之，立差。〔第十六〕，腹滿，藥所不治者。取
牛屎三升，水五升，煮

122. 滓，頓服一升，熱者服冷水三升，行四五里即差。〔又方〕。牛耳中毛一
撮燒之

123. 末，和水服。〔第十七〕，尿血方。取體髏骨燒作灰，服一撮。又方。取
生地黃一小升，

124. 研，以酒半升汁一服。取卷柏、海藻、蕨梨子、鐵精各等分，擣下和丸，
如悟〔236〕，

125. 每服十丸。又〔方〕。以手第二指橫約〔237〕足大指歧上盡一指外，灸隨
年壯，男左女右。

126. 〔第十八〕，頭下生瘰歷方。人參、甘草、乾薑、白芷〔238〕，四物各等分
擣。五月五日午時，

127. 灸膝外屈腳當文頭，隨年壯，兩邊〔239〕灸，灸時，腳一定不得動。

128. 〔第十九〕，療啉〔240〕方。灸兩曲肘裏大橫文頭，隨年壯。又以繩從項
下垂至兩乳

129. 間，迴繩頭皆〔241〕上正當脊骨，繩頭皆上乳間，灸五百壯，差。

130. 〔第廿〕，鼻血出不至（止）〔242〕方。燒人髮灰吹鼻。又方。研書黑汁，
鼻〔243〕。又方。熬塩三撮和酒

131. 服。〔又〕方。蔥白一握，豉半升，鹿角膠半兩，炙，擣為末，煮一沸，
取汁，和蔥絞

132. 汁，和膠末溫服。〔第廿一〕，耳卒疼痛方。蒸塩熨之。又方。附子、昌

蒲，綿裹塞耳。

133. 蔥白、慈石尤〔244〕。又方。昌蒲、附子、當歸、芍藥、杏人擣合和，內耳中良。

134. 〔第廿二〕，療聾方。巴豆三分，生松脂，二味和擣，綿裹，內耳中，日夜各半時，若患

135. 兩耳，先治一耳。若熱聾，取黃蓮浸汁滴耳中，然後著藥

136. 塞耳。又方。鐵匕子、白桃去塞，杏人塞。又方。附子酢浸令液，取如棗

137. 核大，綿裹塞。又方。真珠末塞之，驗。

138. 〔第廿三〕，療耳膿出方。取成練礬石如小豆，內耳中，不過三日，差。又方。

139. 取伏龍肝以緋沙裹（裹），塞耳。〔第廿四〕，牙疼方。取椒一抄，麵裹作麭

140. 麭三枚，取一燒之，令熟，掐頭破，薰所牙疼。〔又方〕。莨菪子燒，以椀合

141. 甑〔245〕椀底作孔，安竹筒子薰。又方。蒼耳子五升，煮取五升，熱含。

142. 又方，馬夜眼如半大〔246〕，內蟲孔中，入綿裹（裹）小片子著虫孔上，即差。

143. 〔第廿五〕，赤眼方。以繩從頂施〔247〕至前髮際中，屈〔248〕頭，灸三百壯〔249〕。〔又方〕。青荊燒令汁

144. 出〔250〕，點眼〔251〕。〔第廿六〕，療雀目方。攝取耳尖，灸壯。又方。生雀頭血傅目，燥痛止。

145. 〔第廿七〕，療鼻塞方。細辛、瓜蒂莖等分，末，吹鼻內，須臾〔252〕涕下，自然通。

146. 〔第廿八〕，療竹木刺在皮內不出方。燒羊糞〔253〕擣灰，脂和塗之。不出，更塗。

147. 又方，燒角〔254〕灰，水和塗，立出。〔第廿九〕，療卒吐方。取竈底黃土，藥秤一斤，以水三升，

148. 研澄飲之，不過三度，立差。墜落，腹內淤血不通方。蒲黃和酒服之，良。

149. 又方。牡丹皮、牛膝、大黃等分，以水煮，服之，立差。又方。漬菴藺子，生地黃一升。

150. 白禿方。取三月三日桃花未〔255〕開者，陰干百日，與桑椹等分，以豬脂和，先灰

151. 汁澆，然後塗藥。又方。取柳樹細枝一握，水銀、皂莢以酢〔256〕煎如湯，塗之。

152. 瘻方。垂兩手向下，取兩腋上文頭，各灸百壯，亦差。又方，椒、麵各一升，夜漬，畫

153. 瘰〔257〕酢，取海藻、昆布各三兩，惣三斗，每食後服。蔓菁子浸，服。

154. 挽瘻離項，掐其下根，脈斷即差，一日一度掐。胎〔258〕死不出方〔259〕。以酢煮水〔260〕

155. 豆，令汁濃，去滓，飲三升，胎出。又方，取桃根煮汁，極濃。用澄〔261〕及漬膝

156. 下，胎出。婦人損娠方。當歸、寄生、白膠各等分，煮汁飲，差。

157. 又方，芎藭、當歸四兩，酒三升，水二升，煮取三升，分服。

158. 耶氣啼泣或歌哭方，出崔知悌。禹餘糧二兩刀〔262〕，防風、桂心二兩，

159. 勺〔263〕藥二兩，甘草二兩，遠志皮〔264〕二兩，秦膠〔265〕二兩，獨活二兩，白術二兩，人參二兩，

160. 石膏〔266〕二兩，牡蠣二兩，木防匕（己）〔267〕二兩，昌蒲〔268〕二兩，伏神二兩，馳脫皮〔269〕一尺〔270〕，炙〔271〕。右已上十

161. 六〔272〕味，擣〔273〕，以水一斗二升，煮取三升，再沸，去滓服之，日再。虎眼湯，

162. 療邪病暴發無常，跳躑大別，被頭張眼，恒持臂煞人，有

163. 時大走，或投卜山潤，不避水火，凡此病悉主之方。出《古今錄驗》。

164. 虎眼〔274〕一具，無新者，乾亦得〔275〕。伏〔276〕苓三兩，洛〔277〕蜂房一具炙，獨活二〔278〕兩，

165. 石長生兩〔279〕，飛鴟頭并腦〔280〕一兩〔281〕，防風三兩，甘草三〔282〕〔兩〕，桂心三〔兩〕，人參二〔283〕兩，寄生〔284〕五〔分〕〔285〕，

166. 天〔286〕雄三〔287〕兩火炮〔288〕，當歸二兩〔289〕。右十三味，以酒〔290〕一斗二升，煮取三升，三〔291〕服，日一〔292〕，夜二度〔293〕。

167. 治下淤血湯方。大黃三〔兩〕，桂心，桃人十六枚，三味，以水一升，煮取三合，分三

168. 服，溫。胸中氣塞短氣方。甘草一兩，伏苓一兩，杏人去尖，三物以水

一升，

169. 煮取三合，分服。〔又方〕。鼠屎燒末，豬膏和塗。小兒霍亂吐乳不止方。
煎人

170. 參湯服，立差。又方。倉米、乾落煮取汁，量多少服。小兒利方。取燒
羊骨末，飲服。

171. 又方。黃蓮二兩，水二升，煎取二合，去滓，內犀角末四分，煎取一合，
內麝香一分。旦、中、

172. 暮三時各服半雞子許，大驗。胸中氣塞短氣方。甘草一兩，伏苓一兩，
杏人去尖，

173. 三物以水三升三合，溫取三服。治被傷聚血腹滿方。豉一升，以水三升，
煮

174. 三沸，分再服。治下於血湯方。大黃六兩，桂心三兩，桃人十六枚。三
味以水

175. 一升，煮取三合，分溫三服。療帶方。取雀萑草，一名雀林，多生

176. 穀田，搗汁一升，服之。又方。各煮汁，赤帶服赤莖，白帶服〔白〕莖
〔294〕，

177. 驗。又方。斛〔295〕樹皮一束，懸在患人床下，當心，并療痔病。

178. 〔又方〕。三月三日桃花，五月五日亭歷子陰乾，桂心等分，搗末，酒服。
又方。

179. 灸齊左右一寸，百壯，驗。婦人乳中熱毒腫。取青羊腹下毛

180. 燒灰，和水服。又方。朱沙書乳上，作魚字，良。

181. 心痛。生油溫〔296〕。又方。當歸，酒〔297〕。又方。阿魏酒。〔又〕方。
獨顆蒜一頭，書黑，服。

182. 急黃、疸黃、內黃方。黃萎蕤子，豬糞浸，經宿，服。

183. 里〔298〕中丸。治一切氣兼及不下食〔299〕方。人參一兩，甘草一兩灸，
乾薑、橘皮各一兩。

184. 右四味〔300〕蜜和為丸，如〔301〕梧子許〔302〕，每日〔303〕空腹以酒下廿
丸，日再服，漸漸加至廿九〔304〕

185. 丸。忌冷水，油膩，陳臭、桃李。療〔305〕腎〔306〕空〔307〕生藏冷，恐至
冬吐水，并〔308〕筋

186. 骨熱，准狀宜加減。調中理腎湯。檳榔人〔309〕十果〔310〕，桔梗六分，茯

芩四分，芍藥

187. 四〔311〕分，蓽撥三〔312〕分，赦枳〔313〕三分〔314〕，青木香五分，烏犀二分〔315〕，防風五分，訶梨〔316〕勒〔317〕五分，

188. 大黃十分，別擣。右〔318〕水二大升，煎即〔319〕七大合，去滓，分溫三服，別如人行七

189. 八里，退一服〔320〕。忌熱麵、餺飥、米〔321〕醋、陳〔322〕臭〔323〕、蒜，三日內慎，餘任食。

190. 丈夫腰膝冷疼，腳氣，痃癖，疝氣，風蠱〔324〕，耶〔氣〕，鬼魅，瘟瘴，時氣，痳〔325〕痢，少

191. 精，寬陽，餘瀝，盜汗〔326〕，少心力，健忘。鬢髮先黑者，服後身〔327〕不變白，

192. 但加黑烏潤；已黃者，服經六十日變黑；若色〔328〕白者，一如柒。堅牙齒，益筋

193. 力，四時常服三等丸方。地骨白皮〔329〕閬廊，生薑〔330〕、乾地黃三兩江寧，牛膝三兩

194. 河內，枳殼三兩炙高州，覆盆子三兩華山，黃耆三兩原州，五味子二兩，

195. 桃人四兩，微〔331〕熬之，去皮〔332〕，鹿角鎚於瓷〔333〕椀中研之，如膏如粉，兔絲子

196. 四兩潞州，以清羹酒浸，經三宿，去酒乘〔334〕篩下，蒺痢〔335〕子四兩潤州，擣

197. 去尖，簸去土草，然後秤之，已〔336〕藥並是大秤大兩。右擣篩訖，先下桃人，

198. 接便〔337〕相入，煮白蜜，掠去〔338〕沫，和藥可丸，訖，更入臼擣三五日〔339〕百下〔340〕，先以〔341〕紙後（厚）〔342〕裹，

199. 意〔343〕不欲薄，恐泄藥氣，每日空腹〔344〕服卅丸。如〔345〕再服，藥〔346〕絕，經十日，白者即生，急

200. 急〔347〕即拔卻，薰衣服，藥自孔之，便有黑者出，神妙不可言。以生〔348〕牛膝酒

201. 下尤妙。但以無清酒飲，汗煖簿漿及口中津液下藥俱得，終不如沒

202. 牛膝酒下。忌蒜、豬宍。終身不得犯。生韭、生蔥亦不宜与飲〔349〕。

203. 牙疼齒痛。用蒼耳〔350〕子一升，水三斗，煎沸，熱含，即差。匿齒口臭。燒樊石末、

204. 麝香，七日皆齒，即差。

205. 內藥方〔351〕。人參、巴豆、蜀椒〔352〕、黃蓮〔353〕、桂心、茯苓〔354〕、烏頭〔355〕、乾薑、豬子〔356〕、皂莢〔357〕、

206. 結萵〔358〕、莨菪〔359〕子、紫菀、柴胡、昌蒲、石塩、遠志、厚朴、當歸、杏人、恒山、附子〔360〕、

207. 慈毛〔361〕、吳〔362〕茱萸、青木香、兔絲子、葶歷子〔363〕。廿五味各等分〔364〕，亭歷〔365〕子四分，熬〔366〕。

208. 療大小便不通。取大黃、朴消等分作丸，良性〔367〕，服立差〔368〕。

209. 療癭方。昆布八分，參四分，枳殼四分，海藻六分，茯苓四分，桂心四分，芍藥

210. 三分，真珠四分，海合三分，松蘿四分，虎珀三分，羊厭二七枚，橘皮四分，通

211. 草四分，檳榔人五課（顆）〔369〕，乾薑三分。右件藥搗篩，蜜和丸，酒飲下，日服廿五丸，

212. 仍作彈丸如棗大，含細鷰汁，朝含一丸，夜含一丸，忌菜、熱麵、油膩、雞、豬、魚

213. 宛、蒜忌〔370〕。療積年風勞冷病〔371〕，飲食不加，陽〔372〕道微弱，長服蓋〔373〕志，

214. 補髓身輕，積冷自除〔374〕日退方〔375〕。牛膝、人參、防風、黃耆、慈毛、桂心、

215. 枳殼、蒺藜子、桃人、石斛、肉蓯蓉、獨活、天門東〔376〕、伏苓〔377〕、生薑、生乾地

216. 黃、鹿角屑。右件藥切如豆，絹〔378〕袋盛向不津器中，以无灰酒清者

217. 一大升密封。頭春三日，秋冬七日即服〔379〕。

218. 冬物之後，腰腎多冷湯。方〔380〕事不舉，腹脇有〔381〕，久而不浦〔382〕，顏容漸

219. 疲，宜服此湯〔383〕。黃耆十二分，慈石四大兩引針者，搗篩研〔384〕，綿裹，肉

220. 縱容〔385〕二大兩。右以水三升，煮即〔386〕二大升，滓〔387〕澄取，別切

妙〔388〕白羊腎七

221. 筒，去〔389〕切，衣〔390〕常作羹法，熟蔥、椒葉，味羹調和，然下煎〔391〕藥汁二〔392〕

222. 大升，更取，煮三〔393〕沸，空腹〔394〕。頭風目痃，時時欲倒，頭痛嘔吐，宜服菊花丸方。

223. 菊花六分，防風六分，伏神十分，枳殼六分，芎藭八分，白術十分，甘草六〔分〕、

224. 檳榔人八分。搗篩蜜和為丸，每日以酒廿五丸，食前。忌菜、桃、李、大醋。

225. 脾腎風冷，連少腹疼痛，外隱處腫，宜服：桃人十二分，退皮，不得雙人，別搗，

226. 黃耆十分，山茱萸八分，蒺藜子八分，牛膝六分，志殼六分，伏苓十分，

227. 桂心六分，檳榔八分。右搗篩蜜和為丸，每日以酒下廿五丸，忌蔥、醋、牛肉。下食

228. 脾胃氣冷，不能下食，醫僧法丹，防食腹吐妨痛，白朮飲子方。

229. 白朮六分，厚朴五分，甘草四分，橘皮五分，薑五分。右切，以水一升半，煎取五合，去

230. 滓，空腹服。眼中諸疾，赤瞖暗，時時覺熱氣上沖，漠漠兼風淚出，悉主之。

231. 車前子、決明子、秦皮、蕤人、黃蓮、〔黃〕蘗等，支子大合。右妙白蜜半大升，

232. 水未一升，用綿裹已煎藥於桐器中，蜜水等於重湯上煎之，候盡為

233. 度。藥成，攪去滓，綿濾。濾訖，用點眼，待庭盡更點，每夜初臥點。

234. 療賊風喎（面）目喎張，舌重語澀，手足指痺，四支拘攣，吃水不禁，主之筒竽

235. 酒。茵芋一兩炙，附子一兩，天雄一兩炮，細辛一兩，躑躅一兩，石南一兩，桂心一兩。

236. 右件藥切，以絹袋盛之，妙清酒一升沒，經七日。初服一合，一日三度，漸加四合，

237. 知差為度。忌醬、豬肉、喬麥等，每飲酒末即喫，如人行四五里進一服，

即令人悶

238. 乱，犯者吃食。口喎、口氣、牙疼，狂言鬼語，睡中厭死，錯吞錢鐵等。

239. 嵩〔395〕子一枚長二寸，右麤細隨時看，令入得耳孔中〔396〕上，每日側臥，依此〔397〕

240. 灸二七壯伐，仍須使人審看，差〔398〕即休灸，不然恐傷過。療鼻上〔399〕

241. 療丈夫腰膝冷疼，腳氣，痎癖，山（疝）氣，一切風蟲，耶氣，鬼魅、

242. 瘟瘴、時氣，少精、寬陽、餘瀝、盜□□（汗、少）心力、健忘，鬢髮

243. 先黑，服經六十日變黑，四時長〔400〕服三等□□（丸方），□□（地骨）白皮閬州，

244. 生薑地黃江寧，牛膝三兩何〔401〕內，枳殼二□（兩）□□（高州）、覆盆子三兩

245. 華山，黃耆三兩原州，五味子二〔兩〕，桃人□□□□（四兩，以鹿）角鎚於瓷（甆）

246. 椀研，如膏如粉，兔絲子四兩，以清糞□□□□□□□（酒浸，經三宿去酒）乘

247. 篩，下蒺藜子，去尖

校記：

〔1〕熱，馬校、叢春雨均認為「熱」為「熬」之訛。

〔2〕悟，字當作「梧」，《本草綱目・序例上》：「如梧子者，以二大豆準之。」下凡同此不復出校。

〔3〕彊，馬校、叢春雨認為係「強」之訛。案：「彊」當是「彊」之形誤字。「彊」後多作「強」。

〔4〕脝，《集韻・藥韻》：「脝，牛舌。」〔註211〕「脝」當為「暖」之形誤，暖水也。

〔5〕黃丸，《醫心方》引《拯要方》（簡稱《拯要》）在「通」下，「黃」上有「三」。

〔6〕虛，叢春雨：「據文義當作『實』。」

〔7〕「熱」下《拯要》有「氣」。

〔8〕而，《拯要》無。

〔9〕右三味，《拯要》作「上件三物」。

〔10〕篩，《拯要》無。

〔11〕為，《拯要》無，其下有「丸」。

〔12〕許，《拯要》無。

〔13〕五，《拯要》作「三」。

〔14〕稍加，以痢為度，《拯要》無。

〔15〕第，寫卷原無，茲據寫卷體例擬補。

〔16〕惣，沈校：「總」俗字。案：《集韻·董韻》：「惣，《說文》：『聚束也。』或從手。」《龍龕手鏡·手部》：「揔，古，捴，今。音總。」〔註212〕則「揔」與「總」同。「總」為音借字。

〔17〕砂，《千金方》、《醫心方》引《集驗方》（簡稱「《集驗》」）作「沙」，「砂」為「沙」之俗字。

〔18〕膩，寫卷原作「賦」，形誤。

〔19〕及，《千金方》作「乃」，案「及」當為「乃」之形誤字。

〔20〕物，沈校：「『物』當讀作『勿』，與《金匱》、《千金方》『不得截繩』、『勿截繩』意合。『物』從『勿』聲，二字同音通用。且『物』通『勿』在古籍中也非偶見。」

〔21〕慎，寫卷原作「填」，形誤。

〔22〕筆筒，《外臺》作「蘆管」。張校：「筆」為「葦」之形訛。

〔23〕後，沈校：「古俗字『彳』與『系』旁混同，故此字當識為『緩』」。

〔24〕𣯶𣰆，《千金方》作「氍毹」，《外臺》作「氍毺」。案：據《龍龕手鏡·毛部》，「𣯶」為「氍」之俗寫，「𣰆」為「毹」之俗〔註213〕。寫卷作「𣯶」當為「𣯶」之手誤。氍毹、氍毺均為毛毯類織物，「氍毺」又作「氍毯」。

〔25〕月活及至，沈校：「『月』當校作『耳』（屬上……）、『及』當校作『即』（又《外臺秘要》卷28引《肘後》治自縊死方作『取活乃止』故『及』或為『乃』之誤）、『至』當校作『止』，如此則文義暢然可曉，且與古人急救常例相合。」案：《千金方》作「兩人吹其兩耳」，《外臺》作「兩人極力吹其兩耳」，則「月」當是「耳」之形誤字，「及」與「即」通未見古例，則為「乃」之形誤字更勝，「止」與「至」二字可相通。《千金方》卷25：「治落水死方。……又方。倒懸解去衣，去臍中垢極吹兩耳起乃止。」可證之。

〔註212〕《龍龕手鏡》，213頁。
〔註213〕《龍龕手鏡》，134頁。

〔26〕又，寫卷原缺，據寫卷體例擬補，下凡同此不復出校。

〔27〕「胡」下，《千金方》《醫心方》引《龍門方》（簡稱「《龍門》」）有「豆」。馬校據《千金方》於「胡」字後補「豆」字。

〔28〕六，寫卷原闕，茲據上文體例擬補，然下條又作「第十一」，沈校補作「十」，寫卷醫方順序錯亂嚴重。

〔29〕「七」下《千金方》《龍門》有「八」。

〔30〕療，寫卷原作「瘷」，為「厭」之俗，於此處義不通，馬校、叢春雨認為當是「療」之訛。

〔31〕須，叢春雨認為係「頭」之訛，沈校從之。

〔32〕漬，沈校認為係「清」之訛，「清」又通「青」。

〔33〕方，馬校認為此字後當有缺文，但字數不詳。

〔34〕徐，叢春雨疑為「余」之訛。

〔35〕種，下文作「腫」，二字通用。

〔36〕大，寫卷原作「火」，形誤，茲據《救急》擬改。

〔37〕處，《救急》作「院」。

〔38〕內，《救急》作「慎」。「慎」為「填」之形誤，「填」與「內」意相通。

〔39〕搩，《救急》無。沈校認為是「蜀椒」合文。

〔40〕焦，《救急》作「燋」，二字同，其下《救急》有「熱」。

〔41〕「止」下《救急》有「驗」。

〔42〕指，《醫心方》引《救急單驗方》（簡稱「《救急》」）作「枚」。案：莨菪子之劑量有作「升」、「合」、「枚」、「撮」，未見作「指」者。

〔43〕下，《救急》作「底」。

〔44〕良，《救急》作「立差」。

〔45〕隨，《救急》無。

〔46〕「縫」下《救急》有「上」。

〔47〕煮，沈注：「『煮』字當是『者』字之誤。」

〔48〕邊，《救急》無，下有「令遍」。

〔49〕灰，寫卷原作「炙」，茲據《外臺》擬改。

〔50〕大，寫卷原作「火」，茲據《救急》擬改。

〔51〕効，《救急》作「驗」，義同。

〔52〕填，《千金翼》作「慎」。馬校、叢春雨：「慎火草，即景天別名。」

〔53〕葷，寫卷原作「草」，形誤，茲據《肘後》擬改。

〔54〕賊，寫卷原作「賤」，形誤字。

〔55〕「不」下《救急》有「得」。

〔56〕人，《救急》無。

〔57〕中，《救急》作「復」。

〔58〕緄䬼，「緄」與「餛」同，「䬼」與「飩」同，詳見《救急單驗藥方》校〔74〕。

〔60〕「刺」下《救急》有「破」。

〔61〕動，叢春雨疑為「貼」。沈校認為當為「勳」之訛，又通「薰」。案：《外臺》
此句作「當瘡口上掩之，即引風出」。

〔62〕遍，《救急》無。

〔63〕即俞，《救急》作「驗」。「俞」與「瘉」通。

〔64〕醋澱，《救急》作「酢淀」。「醋」與「酢」同，「澱」與「淀」同。

〔65〕糟，叢春雨：糟，原訛作「䆃」。案，叢說是，「赤」與「米」形近而誤。

〔66〕差，《救急》作「易」。

〔67〕「血」上《救急》有「若」。

〔68〕出，《救急》無。

〔69〕生白人口，《救急》作「生蔥白入口」。馬校、叢春雨疑「白」為「杏」之訛。
李釋認為「白」通「柏」，白人疑即「柏仁」，亦即「柏子仁」。《拾遺》：「『生
白仁』，當作『生蔥白仁』，脫蔥字。」案：下文言「更嚼封上」，則此處「口」
前當有一動詞，「人」為「入」之形誤字，寫卷作「生白」不解為何物，則當
從《救急》「白」前脫「蔥」字。搗生蔥白入於口中，更嚼後封瘡上，則初痛
酸癢則定矣，文從而意順也。

〔70〕酸痒定，更封，不過七八日差，《救急》作「發之，驗」。

〔71〕垂，馬校、叢春雨：「唾，原訛垂。」

〔72〕泄，《救急》作「洩」，同。

〔73〕莨，寫卷上原有「莨」，衍，刪。

〔74〕並，《救急》無。

〔75〕療上氣，《救急》作「又方，若」。

〔76〕「如」上《救急》有「丸」。

〔77〕痔，《救急》作「瘄」。《說文·疒部》：「痔，後病也。」〔註214〕《素問·生氣

〔註214〕《說文解字注》，350 頁。

通天論》：「腸澼為痔。」〔註215〕此方所治為腹滿體腫方，以腫消氣下，為心腹之病，「府」疑為「疛」之訛。《說文・疒部》：「疛，小腹病。」段玉裁認為「小」當作「心」，心腹疾也。〔註216〕疛、痔、利（痢），皆腹腸之症。與方證治相合。「瘧」與「痎」同。《說文・疒部》：「痎，二日一發瘧。」段玉裁注：「今人謂間二日一發為大瘧。顏之推云：『兩日一發之瘧，今北方猶呼痎瘧。』」〔註217〕則作「瘧」誤矣。

〔78〕分，《救急》作「久」。「分」為「久」之形誤字。

〔79〕吳萸，《救急》作「吳茱萸」。寫卷脫「萸」字。

〔80〕「酒」上《救急》有「以」。

〔81〕「煮」下《救急》有「上件藥」。

〔82〕「從」下《救急》有「下」。

〔83〕椎，寫卷原作「堆」，形誤，茲據《救急》改。

〔84〕「數」下《救急》有「下至」。

〔85〕隨年，《救急》作「百」。

〔86〕四味等分，《救急》作「已上」。

〔87〕為，《救急》無。

〔88〕「子」下《救急》有「大」。

〔89〕熬，《救急》無。

〔90〕澡，《救急》作「藻」，「澡」為「藻」之省旁。

〔91〕二，《救急》作「三」。

〔92〕六味並，《救急》作「右」。

〔93〕以，《救急》無。

〔94〕為，《救急》作「和」。

〔95〕「漸加」上《救急》有「日再」。

〔96〕拓，《救急》作「取嫩褚細」。

〔97〕三，《救急》無。

〔98〕取汁一斗，《救急》無。

〔99〕「滓」下《救急》有「汁」。

〔註215〕《黃帝內經素問》，12 頁。
〔註216〕《說文解字注》，349 頁。
〔註217〕《說文解字注》，350 頁。

〔100〕鼠黏草子，《救急》作「黏鼠子」。案：當作「鼠黏子」。

〔101〕「破」下《救急》有「驗」。

〔102〕取，《救急》在「苦」上。

〔103〕炊，寫卷原作「煩」，形誤，茲據《救急》擬改，煮一炊，即煮一頓飯的時間。

〔104〕「便」下《救急》有「小」。

〔105〕「下」下《救急》有「下後」。

〔106〕念之，《救急》無。

〔107〕服，《救急》無。

〔108〕「尿」下《救急》有「每服」。

〔109〕劾，《救急》無。

〔110〕子，《救急》無。

〔111〕膝，寫卷原作「陳」，俗寫。

〔112〕「方」下《救急》有「若」。

〔113〕背，寫卷原作「皆」，形誤，茲據《救急》擬改。

〔114〕脤，《救急》作「腹」。

〔115〕心，《救急》作「體」。作「體腫」是。

〔116〕積，寫卷原作「債」，為「積」之俗寫，《救急》作「續」。「積」與「繼」通，「繼」、「續」二字義同。

〔117〕或，《救急》無。

〔118〕「尖」下《救急》有「及雙人」。

〔119〕二味，《救急》作「右」。

〔120〕篩，《救急》作「末」。

〔121〕為丸，《救急》無。

〔122〕卅丸，《救急》作「三七」，「七」為「丸」之形誤字。

〔123〕痢，《救急》作「利」，古今字。

〔124〕如石，《救急》無。

〔125〕枝，《救急》無。

〔126〕縱，《醫心方》引《龍門方》作「護」。

〔127〕「滓」下《救急》有「還」。

〔128〕密，《救急》作「蜜」，古通用字。

〔129〕「乳」下《救急》有「及」。

〔130〕三,《救急》作「二」。

〔131〕立驗,《救急》作「差」,義同。

〔132〕青竹,《救急》作「竹葉枝」。

〔133〕口,《救急》無。

〔134〕効,《救急》作「驗」,義同,下凡同此不復出校。

〔135〕「方」下《救急》有「取」。

〔136〕芥,《救急》作「苩」。作「芥」是。

〔137〕酢,《救急》作「醋」,二字義同。

〔138〕拊,《救急》作「傅」。案:本字當作「敷」,「敷」與「傅」、「附」相通,作「拊」當是「附」之音借字。寫卷有作「拊」、「附」、「傅」,均為「敷」之借字,為塗敷之意。

〔139〕含,《救急》作「令」。

〔140〕湯,《肘後》作「飴」,沈考:「凡言『煎汁』則必濃稠,不可能如『湯』,『湯』當校為『餳』……『飴』與『餳』同。」

〔141〕卅,寫卷原做「冊」,茲據文例改。

〔142〕油,寫卷原作「由」,茲據《救急》擬改。

〔143〕頓服,《救急》在「生」上。

〔144〕良,《救急》作「立驗」。

〔145〕故破,《救急》作「石」。

〔146〕末,《救急》無。

〔147〕一升五合,《救急》作「一斗五升」。

〔148〕又方,寫卷原無,茲擬寫卷體例及《救急》擬補,下凡同此不復出校。

〔149〕「和」下《救急》有「食後服十」。

〔150〕「丸」下《救急》有「差」。

〔151〕取,《救急》無。

〔152〕四五,《救急》作「三四」。

〔153〕甚効,《救急》作「之驗」。

〔154〕未,《救急》作「等」。沈考:「考古人草書中,『等』字的草寫形如『木』字,本條的『未』應該就是草書『等』的變寫。」

〔155〕為,《救急》作「作」。

〔156〕卅,寫卷原做「冊」,茲據文例改。

〔157〕「以」上《救急》有「切」。

〔158〕三，《救急》作「二」。

〔159〕取，寫卷原作「即」，形誤字，茲據《救急》擬改。

〔160〕「分」下《救急》有「再」。

〔161〕時已，《救急》作「時時若自差」。

〔162〕「方」下《救急》有「取」。

〔163〕二，《救急》作「三」。

〔164〕「一」下《救急》有「大」。

〔165〕服之，《救急》作「頓服」。

〔166〕兩，《救急》無。

〔167〕云，《救急》無。

〔168〕亦，《救急》作「華他」，即「華佗」。

〔169〕卅，《救急》作「三十」。

〔170〕「壯」下《救急》有「神驗」。

〔171〕以，P.2666V 作「和」。

〔172〕「火」下 P.2666V 有「炙」。

〔173〕「汗」下 P.2666V 有「流出，即」。

〔174〕「方」下《救急》有「取」。

〔175〕「燒」下《救急》有「経」。

〔176〕「令」下《救急》有「極」。

〔177〕「酒」下《救急》有「中」。

〔178〕火，《救急》無。《龍門》作「大」。

〔179〕一任，《救急》作「亦佳」。叢春雨據《救急》殘卷認為當作「亦佳」。

〔180〕出，《救急》無。

〔181〕餾，《救急》作「溜」。案：米一蒸為饋，再蒸為餾。韓愈《南山詩》：「或如
火熺焰，或若氣饋餾。」〔註218〕「溜」，水垂下貌。此處作「餾」是。

〔182〕「足」下寫卷有「足」，衍，茲據《救急》刪。

〔183〕兩，《救急》無。

〔184〕名，《救急》無。

〔185〕「穴」下《救急》有「其穴」。

〔註218〕《全唐詩》第 6 冊，3770 頁。

〔186〕掐，於文義似有不通，應是「陷」之形誤字。《外臺秘要·灸腳氣穴名》:「絕骨二穴在足外踝上骨絕頭陷中。」

〔187〕蹊脈，蹻脈也。前已出校，不復贅言。

〔188〕「指」下 P.2666V 有「歧」。

〔189〕「陰」上《救急》有「灸」。

〔190〕經，《救急》作「縫」。

〔191〕「陰」上《救急》有「灸」。

〔192〕差，《救急》無。

〔193〕患，P.2666V 作「氣」。

〔194〕「疱」下寫卷原有「疱」，衍字，刪。

〔195〕減，《救急》作「滅」。

〔196〕骨研，《救急》作「研骨」。

〔197〕「尖」下寫卷原有重文符號，茲據《救急》擬刪。

〔198〕米，《救急》無。

〔199〕平旦，P.2666V 背無。

〔200〕傻，《外臺》作「搜」，沈考:「『傻』即『溲』字之訛，以水和麵曰溲。」

〔201〕圍，寫卷原作「園」，形誤，茲據《外臺》擬改。

〔202〕薄，《醫心方》引《經心方》(簡稱「《經心》」)作「敷」，「薄」為「傅」之誤，「傅」與「敷」通。

〔203〕「發」下《經心》有「乳」。

〔204〕往，沈校:當為「佳」字之誤。

〔205〕分，《外臺》作「頓」。

〔206〕不差更昨，時時，《外臺》無。

〔207〕「兼」下《外臺》有「以」。

〔208〕便，《外臺》作「小便」。

〔209〕小，《外臺》作「兩」。

〔210〕「合」下《外臺》有「不過三服」。

〔211〕逆方，寫卷原作「方逆」，茲據《肘後》乙正。

〔212〕九，《外臺》作「氣」。

〔213〕華，P.2666V 作「花」。二字古通用。

〔214〕草，P.2666V 作「菜」。

〔215〕无，寫卷原作「**宅**」，字義不明，《救急》作「破無」。則「**宅**」應是「无」之
　　　形誤字，「无」與「無」同。

〔216〕燒，寫卷原作「饒」，形誤。

〔217〕火，寫卷原作「天」，茲據 P.2666V 改。

〔218〕尿，P.2666V 作「糞」，《千金翼方》、《醫心方》作「屎」，「屎」與「糞」義同，
　　　寫卷作「尿」當為「屎」之形誤。

〔219〕樵，《千金翼》作「桃」。陳校：「樵葉當作桃葉。……桃與樵形似致誤。」

〔220〕合，叢春雨：「當為『和』之誤。」

〔221〕鬼徹，寫卷其下原有「刑鬼」二字，當是承上文「鬼」及下文「刑」而衍，
　　　刪。此處《外臺》作「鬼微」，《本草綱目》作「鬼蓋」，並引陶弘景作「鬼
　　　繖」、陳藏器《本草拾遺》作「鬼屋」，《太平聖惠方》（以下簡稱《聖惠》）
　　　作「鬼傘」。案：《說文新附·系部》：「繖，蓋也。」《集韻·緩韻》：「繖，亦
　　　作傘。」下文言此物形如地菌，「菌」形似屋似傘，則作「鬼繖」、「鬼蓋」、
　　　「鬼傘」、「鬼屋」皆形似，寫卷作「徹」、《外臺》作「微」，皆是「繖」之形
　　　誤字。

〔222〕刑，《聖惠》作「形」，二字古通用。

〔223〕取，《聖惠》作「叢」。叢春雨認為據《本草綱目》卷二十八，當為「聚」。寫
　　　卷作「取」當是「聚」之省，「聚」與「叢」義同。

〔224〕准，叢春雨認為據《本草綱目》卷二十八，當為「堆」，「准」為「堆」之形
　　　誤。

〔225〕菜，《聖惠》作「藥」。

〔226〕米斤，沈考：「校『米』為『半』。」

〔227〕硫，寫卷原作「疏」，形誤。

〔228〕煖，《救急》作「暖」，二字同。

〔229〕蛤，寫卷原作「蜦」，形誤。沈校認為是「鹽」之俗形「塩」之訛。

〔230〕母，《葛氏》作「拇」，二字古通用。

〔231〕邊，《千金方》作「自道」，沈考：「原文的『邊』，其實應析為『自道』兩字，
　　　形訛且誤合，遂成『邊』字。……下文的『道』當係衍文。」

〔232〕即，「馬校」、「叢春雨」認為其下當脫「愈」字。

〔233〕難漢，《外臺》作「濕」。

〔234〕碎，寫卷原作「砰」，形誤。

〔235〕薰，《外臺》作「熏」，二字古通用。

〔236〕梧，寫卷原作「悟」，形誤。「馬校」、「叢春雨」後補「子大」二字。

〔237〕約，當為「紋」之形誤。

〔238〕白芷，《外臺》作「白斂」。案：據《證類本草》，白芷主女人漏下，赤白血閉，長肌膚，潤澤等，而白斂主癰腫疽瘡，散結氣等，本方治頭下生瘰歷，當作「白斂」為是。

〔239〕邊，《千金翼》作「處」。

〔240〕啉，李釋疑為「咻」之誤。咻，喘氣，此指哮喘之類的疾病。沈考：「『咻』即是『哮』，故此方並不治淋證，而是治哮證。……《千金翼方》卷27第8：『呀嗽，灸兩屈肘裏大橫文下頭，隨年壯。』『呀嗽』與『哮證』病近，而其所灸部位與卷子本所灸部位相同。」

〔241〕皆，沈考：「『皆』字當為『背』字之訛。」

〔242〕止，寫卷原作「至」，音誤字。

〔243〕鼻，《醫心方》引《廣利方》作「點鼻中」。馬校、叢春雨、沈校於「鼻」前補「內」字。

〔244〕「尤」下馬校、叢春雨、沈校補「佳」字。

〔245〕𨮯，張校認為「𨮯」為「鐵」俗寫變體，而「鐵」為「鑯」的借字，二者聲近韻同。鑯俗作「尖」，本指銳利，引申可指穿鑿、雕刻。

〔246〕半大，《外臺》作「米許」。「半」為「米」之形誤字。

〔247〕施，《龍門》作「旋」，下有「量」。

〔248〕「屈」下《龍門》有「繩」。

〔249〕壯，《龍門》作「炷」，其下有「驗」。

〔250〕汁出，《龍門》作「出汁」。

〔251〕「眼」下《龍門》有「皆，驗」。

〔252〕臾，寫卷原作「萸」，誤，茲據《拯要》擬改。

〔253〕糞，寫卷原作「番」，形誤。

〔254〕角，《千金方》、《外臺》等作「鹿角」。

〔255〕未，《千金翼》、《外臺》無。《本草綱目》和《聖惠》此處亦作「未開」。

〔256〕酤，《外臺》作「醋」。沈考：「應校為形近的『醋』字。……『湯』字當為『餳』。《千金翼方》卷24第10、《外臺秘要》卷32《白禿方》並載此方，正云『以醋煎如餳』。」

〔257〕澋，叢春雨：浸，原作「澋」，據《本草綱目》卷四癭瘤疣痣條下，「小麥消
　　　　癭，醋浸，同海藻末，酒服」改。

〔258〕胎，寫卷原作「腹」，誤。

〔259〕方，寫卷原在「死」下，誤。叢春雨作「腹中死胎不出方」。

〔260〕水，沈校作認為是「大」之誤。

〔261〕澄，《醫心方》引《如意方》作「浴」。陳校：「『澄』字不順，當作『浴』。」

〔262〕刀，《千金方》無。

〔263〕勺，《千金方》作「芍」，二字古通用，下凡同此不復出校。

〔264〕皮，《千金方》無。

〔265〕膠，《千金方》作「艽」。案：《本草綱目・草部・秦艽》：「秦艽出秦中，以根
　　　　作羅紋交糺者佳，故名秦艽、秦糺。」〔註219〕寫卷作「膠」為音借字。

〔266〕膏，寫卷原作「高」，茲據《千金方》擬改。

〔267〕木防匕，《千金方》作「防己」。案：「匕」為「己」之形誤字。

〔268〕蒲，寫卷原作「薄」，形誤。

〔269〕馳脫皮，《千金方》作「蛇蛻」。案：「馳」當為「虵」之訛，「虵」與「蛇」
　　　　同。

〔270〕尺，《千金方》作「兩」。

〔271〕炙，《千金方》無。

〔272〕十六，《千金方》作「十七」，多「雄黃」一味。

〔273〕搗，《千金方》作「㕮咀」。

〔274〕眼，《千金方》作「睛」。義同。

〔275〕無新者，乾亦得，《千金方》無。

〔276〕伏，《千金方》作「茯」，二字古通用。

〔277〕洛，《千金方》作「露」，二字古通用。

〔278〕二，《千金方》作「一」。

〔279〕「兩」上寫卷應有闕字，《千金方》作「十分」。

〔280〕飛鸱頭並腦，《千金方》作「鵄頭」。

〔281〕兩，《千金方》作「具」。

〔282〕三，《千金方》作「一」。

〔283〕二，《千金方》作「一」。

〔註219〕《本草綱目》，783 頁。

〔284〕寄生，《千金方》作「楓上寄生」。

〔285〕分，寫卷原闕，茲據《千金方》擬補。

〔286〕天，寫卷原作「大」，茲據《千金方》擬改。

〔287〕三，《千金方》作「一」。

〔288〕火炮，《千金方》無。

〔289〕當歸二兩，《千金方》無。

〔290〕酒，《千金方》作「水」。

〔291〕三，《千金方》作「四」。

〔292〕一，《千金方》作「三」。

〔293〕二度，《千金方》作「一」。

〔294〕莖，馬校：白莖，原脫「白」字。

〔295〕「斛」上寫卷有「斛」字，衍。

〔296〕溫，叢春雨以為下脫「服」字。

〔297〕酒，叢春雨以為下脫「服」字。

〔298〕里，P.2882V 作「理」，二字古通用。

〔299〕「食」下 P.2882V 有「者」。

〔300〕「味」下 P.2882V 有「搗為散」。

〔301〕如，P.2882V 作「丸」。

〔302〕許，P.2882V 無。

〔303〕「日」下 P.2882V 有「平明」。

〔304〕九，P.2882V 作「五」。

〔305〕療，P.2882V 作「謹按病狀」。

〔306〕腎，寫卷原作「賢」，形誤。

〔307〕空，P.2882V 作「虛」。

〔308〕「并」下 P.2882V 有「中」。

〔309〕人，P.2882V 無。

〔310〕果，P.2882V 作「顆」，二字可通用，下有「並子同碎」小字注文。

〔311〕四，P.2882V 作「五」。

〔312〕三，P.2882V 作「五」。

〔313〕敖枳，P.2882V 作「枳殼」。馬校：「枳殼，原作『敖枳』，『殼』訛『敖』，又與『枳』倒。」

〔314〕三分，P.2882V 作「五分」，下有「炙」小字注文。

〔315〕「分」下 P.2882V 有「屑」小字注文。

〔316〕梨，P.2882V 作「藜」。案：「藜」與「梨」通，「梨」與「梨」形近而誤。

〔317〕「勒」下 P.2882V 有「皮」。

〔318〕「右」下 P.2882V 有「切，以」。

〔319〕即，P.2882V 作「取」。

〔320〕七八里，退一服，P.2882V 作「八八里進」。

〔321〕米，寫卷原作「半」，茲據 P.2882V 改。

〔322〕陳，P.2882V 作「塵」。

〔323〕「臭」下 P.2882V 有「黏食」。

〔324〕風蠱，P.2882V 作「一切風蠱」。

〔325〕痳，P.2882V 作「瘡」。「痳」當作「赤」，從下「痢」而增「疒」旁。

〔326〕「汗」下 P.2882V 有「癢濕」。

〔327〕身，沈校：「『身』字前脫『終』字。」

〔328〕色，P.2882V 作「已」。

〔329〕「皮」下 P.2882V 有「五兩」。

〔330〕薑，P.2882V 無，衍。

〔331〕「微」，伯二八八二作「微微」。

〔332〕「皮」下 P.2882V 有「以」。

〔333〕瓮，沈校認為據文意當作「瓷」。

〔334〕「乘」下 P.2882V 有「搗之」。

〔335〕痢，P.2882V 作「藜」。案：蒺藜之「藜」，有作「犁」、「藜」、「莉」，寫卷作「痢」音誤字。

〔336〕「已」下 P.2882V 有「上」。

〔337〕便，P.2882V 作「使」。

〔338〕「去」下 P.2882V 有「上」。

〔339〕日，P.2882V 無。叢春雨認為該字衍。

〔340〕下，P.2882V 作「杵」。

〔341〕「以」下 P.2882V 有「蠟」。

〔342〕「後」下 P.2882V 有「以厚紙重」。

〔343〕「意」下 P.2882V 有「者」。

〔344〕腹，P.2882V 無。

〔345〕如，P.2882V 作「日」。

〔346〕「藥」上 P.2882V 有「如」。

〔347〕急，P.2882V 無，衍。

〔348〕生，P.2882V 無。

〔349〕攷，P.2882V 作「吃」。案：「攷」當為「歟」之省，「歟」與「與」通，「与」與「與」同，寫卷作「攷」當是承上字「与」而衍。

〔350〕耳，寫卷原作「茸」，承上字而增「艸」旁。

〔351〕「方」下 P.2882V 有「療一切風冷病」。

〔352〕「椒」下 P.2882V 有「志熬」。

〔353〕蓮，P.2882V 作「連」，二字古通用。

〔354〕茯苓，P.2882V 作「伏令」。「伏」與「茯」通，「令」與「苓」通。

〔355〕「頭」下 P.2882V 有「炮」。

〔356〕牙，寫卷原作「子」，茲據 P.2882V 擬改。

〔357〕「莢」下 P.2882V 有「去皮炙」。

〔358〕結葟，P.2882V 作「桔梗」。案：「桔梗」之「桔」亦作「結」。

〔359〕菩，P.2882V 作「蓉」，形誤。

〔360〕「子」下 P.2882V 有「炮」。

〔361〕慈毛，P.2882V 作「磁毛」，下有「石羹」。案：「慈」與「磁」通，「磁」與「礠」同。

〔362〕吳，P.2882V 無。

〔363〕兔絲子、葶歷子，P.2882V 無，有「苟杞子」一味。

〔364〕廿五味各等分，P.2882V 作「右已上各二分」。案此處當為「廿六味」。

〔365〕亭歷，P.2882V 作「葶藶」。「亭」與「葶」、「歷」與「藶」常通用。

〔366〕熬，P.2882V 無，其下有「牽牛子二分，兔絲子二分，廿八味。右已前件藥共卅九味，並須好藥搗，絹羅羅之，用蜜和為丸，如酸子。欲內時以黑餳餅子裹藥令遍，無餳綿裹亦得。凡欲內藥，晚間早食，須出入胡蹲坐，以中指內著少許唾，便令滑閏，偃腰臥，其藥直入腰，溫下部。內訖即臥，更勿舉動。至一更藥熱，動覺腰跨（胯）暖。二更五藏流通，腹內迴轉。三更漸抽，腹內狀如雷鳴。四更藥熱爭力，有少不安，膿水惡物即出。於淨地便轉，以杖撞看病狀，自覺雖水出，不令人虛，百事無妨，不須補療。其藥治積年沉重，

腰脊宿冷、跨疼、冷痺、陰汗、陽道衰弱，兩膝頑鄙，夜臥小便多，尿後餘
瀝，痔病，癖氣塊氣鬼氣，齊下宿冷，上氣瘦咳，吃食嘔，餘水即心腹滿，
久患心痛，飲食不消，婦人信不通、□白帶下，或生養者多，因資皮膚乾瘦、
冷氣、白痢、馬墜內損、五勞七傷、熱風，暗風，攤風，手腳戰調，白虫，
蛔虫，留虫，疝氣下墜，面黑點蠅，癖塊大如杯椀，食物不消，終朝嘔，變
腹內堅結，上氣沖心妨，兩肋恒似刀刺，夜臥不安，婦人不肥，夢與鬼交。
內此藥不問老少，無不差者。臣親內藥，經三日下出長蟲五寸卅餘箇，稠膿
三、二升出，病患除愈。臣叔先被馬墜內損，經三四年，天陰風種即發，疼
痛不可慽忍，臥在床枕。內藥五日，下紫黑血三四斤，惡膿水二三升。妻患
齊下妨痛，絕嗣十餘年，每發狀如刀刺。內藥，下黑血惡物八九升，出小蟲
卅餘個，其病即差，便即有子。臣試有效，錄狀奏聞。天寶七載正月十三日，
榮王府司馬張惟澄進灌法，神驗」。寫卷應是未抄錄完全。

〔367〕性，P.3144V 作「姓」，二字古通用。

〔368〕差，P.3144V 作「愈」，二字義同。

〔369〕課，叢春雨：「顆，原訛作課。」

〔370〕忌，馬校、叢春雨認為該字衍。

〔371〕風勞冷病，P.3144V 作「多冷，日久風勞」。

〔372〕陽，寫卷原作「湯」，形誤，茲據 P.3144V 擬改。

〔373〕蓋，P.3144V 作「益」，從文義看作「益」是。

〔374〕「除」下 P.3144V 有「風勞」。

〔375〕方，P.3144V 無。

〔376〕東，P.3144V 作「冬」，二字古通用。

〔377〕苓，P.3144V 作「零」，二字古通用。

〔378〕「絹」上 P.3144V 有「以生」。

〔379〕「服」上 P.3144V 有「堪」，下有「每服空腹，量性多少，勿重過度，忌如藥
法」。

〔380〕湯方，P.2882V 作「陽」。沈考：「『湯』校作『陽』，而『方』宜視為衍文。」

〔381〕「有」下 P.2882V 有「氣」。

〔382〕浦，P.2882V 作「補」，形誤。

〔383〕湯，P.2882V 作「者」。

〔384〕篩研，P.2882V 作「碎」。

〔385〕縱容，P.2882V 作「蓯蓉」。案：「縱」與「從」通，「從」從下字增「艸」旁，「容」與「蓉」古通用。

〔386〕取，寫卷原作「即」，形誤，茲據 P.2882V 改。

〔387〕滓，P.2882V 作「去滓」。

〔388〕妙，P.2882V 作「好」。

〔389〕「去」下 P.2882V 有「脂」。

〔390〕衣，P.2882V 作「依」，二字古通用。

〔391〕煎，P.2882V 作「前」。案，據文義作「前」是。

〔392〕二，P.2882V 作「一」。

〔393〕「三」下 P.2882V 有「五」。

〔394〕「腹」下 P.2882V 有「飲服，諸無所廢」。

〔395〕茼，P.3378V 上有「葦」。

〔396〕「中」下 P.3378V 有「口喎向左，即內筒子一頭於耳中孔，隨筒子頭大小旋艾注，炙筒子」。

〔397〕「此」下 P.3378V 有「法」。

〔398〕差，P.3378V 作「止」。

〔399〕「上」下應有闕文。

〔400〕長，前方作「常」，二字古通用。

〔401〕何，前方作「河」，二字古通用。

（十七）醫方（唐人選方）

P.3731＋？＋P.2565＋P.2662

P.3731，起摘自胡爽的未知名方「裏，瓷瓶盛之」，至「茵陳丸」方「亦有得吐兼佳，不（利）」之「不」字，首尾均殘，存四十行，行約三十字。存方八種。《法藏》定名為《藥方》〔註220〕，王目、黃目定名為《殘藥方》〔註221〕，施目定名為《殘藥方書》〔註222〕。叢春雨將寫卷編號為《雜證方書第九種》〔註223〕，陳增岳據叢春雨直接定名為《方書》〔註224〕。馬繼興

〔註220〕《法藏敦煌西域文獻》第二十七冊，171 頁。
〔註221〕《敦煌遺書總目索引》，294 頁；《敦煌遺書最新目錄》，739 頁。
〔註222〕《敦煌遺書總目索引新編》，296 頁。
〔註223〕《敦煌中醫藥全書》，560 頁。
〔註224〕《敦煌古醫籍校證》，333 頁。

則認為該寫卷所錄醫方有唐以前醫家姓名及出處，屬於選方性質，故定名為
《唐人選方》，將其編號為丙卷，並據寫卷中有武周新字（天、地、人、年、
月、日等）證其為唐季武則天時寫本〔註225〕。

　　P.2565，起《僧深方》未知名方「（搗）篩」之「篩」字，至「烏梅丸」
方「（禁生冷）、魚、油滑、豬」之「豬」字，首尾均殘，存一百零五行，行約
三十字。存方二十種。《法藏》定名為《醫方書》〔註226〕，王目、施目、黃目
定名為《殘藥方書》〔註227〕，叢春雨編為《雜症方書第三種》〔註228〕，馬繼
興將其編號為《唐人選方》甲卷〔註229〕。

　　P.2662，起方名「犀角散」，至不知名方「搗以熟為」，首尾均殘，下部殘
缺，存八十三行，行約三十字。存十一方，抄錄在正面。背面為另一種藥方
書。《法藏》定名為《醫方書》〔註230〕，王目定名為《藥方書殘段》〔註231〕，
施目定名為《藥方書殘卷》〔註232〕，黃目定名為《藥方書》〔註233〕，叢春雨
編為《雜症方書第四種》〔註234〕，馬繼興則編號為《唐人選方》乙卷〔註235〕。

　　三個殘卷「字體、款式、體例均相同，並且三殘卷中所引錄醫方均記有
唐以前醫家姓名、出處，如僧深、胡爽、蘇楚、夏服、韋慈藏、張文仲等。同
時此三殘卷中又都有武周新字如天、地、人、年、月、日等，由此可證其均為
唐季武則天時寫本，並可知三殘卷原屬同壹卷軸同一著作所折散之者，而且
在 P.2565 卷之尾及 P.2662 卷之首，不僅有卷子斷痕可以掇合壹起，且有殘文
前後接續，足以明證二者為一」〔註236〕。考 P.2565「耆芷膏」一方中有「如
前茋草等膏法」句，「茋草膏」方見於 P.3731，由此可進一步明確 P.3731 與
P.2565 為同一寫卷的兩個殘卷，且 P.3731 位於 P.2565 之前，然兩個殘卷之間

〔註225〕《敦煌醫藥文獻輯校》，215頁。
〔註226〕《法藏敦煌西域文獻》第十六冊，21頁。
〔註227〕《敦煌遺書總目索引》，267頁；《敦煌遺書總目索引新編》，243頁；《敦煌
　　　　遺書最新目錄》，666頁。
〔註228〕《敦煌中醫藥全書》，469頁。
〔註229〕《敦煌醫藥文獻輯校》，215頁。
〔註230〕《法藏敦煌西域文獻》第十七冊，134頁。
〔註231〕《敦煌遺書總目索引》，269頁。
〔註232〕《敦煌遺書總目索引新編》，249頁。
〔註233〕《敦煌遺書最新目錄》，674頁。
〔註234〕《敦煌中醫藥全書》，478頁。
〔註235〕《敦煌醫藥文獻輯校》，215頁。
〔註236〕《敦煌中醫藥全書》，470頁。

仍有闕文。寫卷內容為各雜症醫方，共存三十九方，並據馬繼興研究，該寫卷有選錄前人醫方的性質，今據其內容及選方性質暫定名為《醫方（唐人選方）》。

馬繼興《敦煌古醫籍考釋》（簡稱「馬繼興」）、《敦煌醫藥文獻輯校》（簡稱「馬校」）、叢春雨《敦煌中醫藥全書》（簡稱「叢春雨」）、陳增岳《敦煌古醫籍校證》（簡稱「陳增岳」）、沈澍農《敦煌吐魯番醫藥文獻新輯校》（簡稱「沈校」）對寫卷均有校釋之作。

三個寫卷均據《法藏》錄文，因寫卷無存世之刊本可以校勘，其所抄錄部分藥方如「神明白膏」可見於《肘後備急方》（簡稱「《肘後》」）、《備急千金要方》（簡稱「《千金方》」），「莽草膏」、「五香丸」、「茵陳丸」可見於《外臺秘要》（簡稱「《外臺》」）等收錄唐代醫方的文獻中，可與寫卷相校，故以諸本為參校本，校錄於後。

錄文：

P.3731

1. ＿＿▨裏，瓷瓶盛之，稍稍減，出漆

2. 合器中服之，每服一兩匙，含銷咽之，亦可以少暖酒下之，漸漸加服，以知

3. 為度。日夜四五服，以意消息。若覺冷利，即減服。忌豬膾血羹為佳。胡爽

4. 犀角膏。主諸風毒，隱軫，熱毒，風腫，丹癰腫，皆以摩之方。

5. 連翹三兩，犀角二兩，升麻二兩，黃芩二兩，支子一兩，白斂二兩，大黃二兩，

6. 虵〔1〕，萹蓄根二兩，漏蘆一兩，玄參二兩，勺藥二兩，芒消二兩，生地黃汁一升半，豬脂五升。

7. 右切，以地黃汁溲漬一宿，即內豬脂中，微火煎三上三下，絞去滓，有病處以膏摩塗三數百遍，良。

8. 神明白膏。主〔2〕百病，中風惡氣及〔3〕頭面諸病，清〔4〕肓、風目〔5〕、爛眥、管翳〔6〕、䶛齜、

9. 耳聾〔7〕、齟齒、樿痛〔8〕、癰〔9〕疽、痔、金瘡、疥〔10〕，悉主之方。

10. 吳茱萸一升〔11〕，蜀椒一升，芎藭切〔12〕一升，白朮〔13〕切一升，白芷切一升，前胡切一升，

11. 桂心二兩〔14〕，當歸二〔15〕兩，細辛二〔16〕兩，附子卅枚生者〔17〕，驗米酢五升〔18〕，豬脂〔19〕一斗二升。

12. 右切，以酢溲漬一宿，以豬脂微火煎三下，絞去滓，有疾以摩傅之，若耳目鼻病內著之。

13. 莨〔20〕草膏。主諸風毒、腳氣、惡腫、疼痛、隱軫、惡瘡、攣急不隨，皆主之方。

14. 莨草四兩，附子十五兩，丹參四兩，細辛三兩，當歸三兩，吳茱萸四兩，白芷六兩，

15. 蜀椒四兩，躑躅〔21〕二兩，升麻二兩，桂心三兩，牛蘇一斗二升，白朮四兩，犀角二兩，

16. 青木香二兩，丁香二兩，零陵二兩，當陸〔22〕四兩，本方用冶葛，今不可得，以當陸代之，驗酢五升。

17. 右切，以酢溲漬一宿，以蘇〔23〕煎三上三下，絞去滓，病處以手摩塗三數百遍近，大摩之佳。

18. 烏膏。主一切癰疽、毒腫、惡瘡，潰後膿汁不盡，肉不生，以怗之，去腫。生肉良方。

19. 黃丹五兩，松脂四兩，薰陸香二兩，臘三兩，亂髮如大鴨子，緋帛方兩五寸。

20. 右以麻油四升，緩火煎之，以髮白銷盡乃好。每用塗故布帛上，厚一

21. 分許，以怗瘡上，惑（或）作紙經，塗膏經上以充〔24〕瘡中，以膿盡肉生為度。

22. 牛黃雙丸。主孩兒百病，心腹積聚悶癖，寒熱來去，漸瘠（消）瘦無辜，頭乾毛豎，

23. 頂後生歷子，疳濕久痢，皆主之方。

24. 牛黃三兩，朱沙四兩，雄黃四分，牡厲四分，葴人四分，石膏四分，研再宿，

25. 甘遂四分，巴豆四分，礜二分。

26. 右切，擣篩，研練如法，密丸之。一月兒如粟米，百日如黍米，朞歲如

27. 大麻，兩三歲如綠豆，四五歲以意漸大作丸，每日空腹服二丸，當下病出，

28. 彊者日一服，羸者兩日一服，以下病盡，能下乳食為度。欲知病盡，

29. 其丸藥兒出即病盡。

30. 療一切鬼注〔25〕、屍注、冷注，卒中惡鬼氣，心腹痛悶欲絕，乾霍亂，大
小便不通，脹滿欲死，立驗。五香丸方。

31. 麝香四分，□（沉）〔26〕香四分，丁香四分，桃人五分，薰六（陸）四分，
青木香四分，犀角四分，

32. 升麻四分，當歸四分，牛黃四分別研，雄黃四分，鬼箭三分，巴豆四分，
檳榔人四分，

32. 光明沙四分，訶梨勒四分，大黃六分，豆蔻四分，甘草四分，桔梗四分。

33. 右切，擣篩，密丸之，飲汁惑暖湯服五丸，如梧子大，得通利即差，不利

34. 加服三兩丸，要以得利為限。

35. 茵陳丸。主天行時氣，溫瘧、寒熱來去，及發黃，黃疸，大小便澀秘不通，
心腹脹滿，

36. 心悶氣喘，服之得利即差方。

37. 茵陳二兩，杏人三兩，恒山三兩，□〔27〕合，大黃五兩，芒消〔28〕三
兩，支〔29〕子人二兩，巴豆一兩。

38. 右切，擣篩，密□〔30〕得三數行，利即差，亦有得吐兼

39. 佳，不▨（利）□〔31〕

P.2565

1. □▨（擣）〔32〕篩，密和為丸，飲服七丸，丸如梧子大。日再服，漸加
至二七丸。當

2. □心中淡淡，數欲唾，吐淡涕為佳。若不覺觸，可至二七丸。此是

3. □孝感所用，元出僧深方胡爽。

4. 耆▨（芷）〔33〕膏。療百病，大風、惡瘡、諸腫、毒瘻、瘡癬，皆主之方。

5. 石流黃三兩，朱沙三兩，雄黃二兩已上並細研如粉，附子卅枚，天雄卅枚，
烏頭十五枚，

6. 人參三兩，常〔34〕歸三兩，芎藭三兩，細辛三兩，防風三兩，白芷三兩，

7. 乾薑三兩，桂心三兩，松脂八兩，生地黃三斤，豬脂一斗二升。

8. 右切，以清酒淹溲一宿，用豬脂於微火上煎之，九上九下，絞去滓，以摩

9. 病上。如前茛草等膏法。

10. 羊髓面脂，久用香悅甚良方。

11. 丁香三分，麝香三分，別研，綿裹煎膏，絞訖更內香，煎十數沸塗之。香附子三

分，青木香三分，白附子三分，

12. 芎藭四分，辛夷仁三分，蔞蕤三分，白芷三分，甘松香二分，苓蔆三分，

13. 霍香二分，白殭蠶二分，白蠟八分，羊髓三升，桃人脂三合，豬脂七合，
    熊白三合，蘇三合。

14. 右切，諸藥綿裹，以清酒七合，水七合，和漬一宿，並內脂中，暖火煎，
    水

15. 盡絞去滓。別研麝香，綿裹於膏中，煎十數沸，綿濾度，以楊木捉攪

16. 使光，用之如法。

17. 石龍芮廿四分，菌桂四分，巴戟皮十二分，伏苓八分，五味子十二分，澤
    寫八分，

18. 縱容十二分花者，虵床人八分，牛膝十二分，遠志皮八分，蘿藦子十分，

19. 菟絲子廿四分酒漬七宿，覆盆子十分，苟杞子十分，石斛十二分。

20. 右十五味搗篩，密和為丸，丸如梧子大。一服卅丸，日二服。不覺，稍加
    至卌丸，

21. 用黃耆酒服，不忌食。張仲

22. 石龍芮丸。主上熱下冷，脾胃氣不足，不多銷食，縱食無味，不長肌膚。
    此方宣

23. 通榮衛，調中，兼理石氣，平胃能食，充實陪力方中。夏服。

24. 石龍芮六分，蔞蕤四分，枳殼十六分炙，麥門冬四分去心，甘草十六分炙，

25. 菌桂一分，署預四分，乾地黃六分，石斛四分，女麴八分熬香。

26. 右十味搗篩，密和為丸，丸如梧子大。一服廿丸，日二服，稍加至廿五
    丸。酒

27. 飲任量，體中冷，熱服藥。禁海藻，大肥滑，難消食。張文仲。

28. 療腳氣兩〔35〕煩疼，惑（或）時微腫，膀胱間有水及心膈積淡（痰）等患，
    去之，服桃花散方。

29. 桃花陰乾，量取二升，垂尔盧平量之，不須按捺。

30. 右一味搗篩為散，溫漬酒和之，令得通咽，空腹頓服之。如人行十里

31. 久，當覺腹中鳴轉，以少熱粥飲之，即寫三數行。所有宿水、淡冷

32. 不銷之物，皆悉下盡。惑下熱水如湯，惑下冷水如泉。若寫多力弱，隨

33. 喫三口冷飯，即安穩。全不使人虛損，不比服餘寫藥也。經宿已後，即

34. 覺腰腳輕健，進食極美，膊腫立銷，小便微利，甚驗，大彊壯人

35. 服三升為劑，佳。忌食豬肉、肥滑物等，三日忌之。胡爽。

36. 療淡飲內銷方。

37. 前胡七分，菴藺子十二分，枳殼十分炙，伏苓十二分，薏苡人十二分，

38. 澤寫八分，細辛七分，柴胡六分，旋伏花六分。右為丸，食後欲

39. 消之間，以粥飲，一服卅丸，日再服，不忌之物。四時常服方。菟絲子三升，酒浸，

40. 伏神五兩，人參三兩，遠志三兩，桂心二兩。

41. 右搗篩為散，以酒服之二方寸匕，日再服，服別漸加至三七日。忌大

42. 酢、熱麵，餘並無妨。韋慈藏。

43. 前件方去年已服，微覺得力，為近來腸（腸）胃不調，又鐘乳丸訖，今更

44. 請依此方服一劑。加：虵床子三兩，肉縱容三兩，巴戟天三兩。

45. 右加三味已外，並依舊方，服法亦准舊。

46. 孩子兩三歲至五六歲，患赤白膿血熱痢，黃連散方。

47. 黃連十二分，烏枚肉八分熬乾，阿膠七分炙，犀角末七分，黃蘗八分，

48. 蒨根六分，黃芩六分，龍骨八分。

49. 右搗篩為散，兩三歲已來，飲服半錢許，日再服，稍稍加至一

50. 錢。四五歲已上，量大小以意加服之，日並再服。忌食豬、魚、生冷、油

51. 脂、蒜、麵等。

52. 又主孩兒冷利，下水穀白色，食不銷等方。

53. 厚朴十分炙，黃連十二分，龍骨八分，赤石脂八分，物食子六枚，

54. 人參六分，阿膠七分炙，甘草六分。

55. 右切，擣篩為散，服法多少，禁忌同前散法。胡爽

56. 丈夫虛腎熱客，數苦自洩不止方。

57. 白龍骨十分，牡厲六分，車前子六分，韭子八分熬令香，鹿茸八分炙，

58. 酸石榴皮五分，礜骨八分燒為灰，花縱容八分。

59. 右切，擣篩為散，溫酒服之方寸匕。日再服，漸漸加至兩匕。忌豬膾、

60. 油脂、肥滑物等。

61. 療鬼魅等病方。

62. 右好蜀升麻十兩，著一兩青木香，和擣為末，每服一方寸匕，日三服，暖水下之無禁。

63. 療瘦病，人糞酒方。

64. 右取眾人尿三升，眾人糞一升，六月六日麴末三升，豉心一升，蔥

65. 白切一升，乾粟米飯熱，一時和，內瓮子中。夏月埋土下，冬月埋馬

66. 糞中，三七日熟，去上蓋取清，每日兩服，服別，彊者一升已下，弱者

67. 半升已來。病重者不過盡一劑，輕者差即休。

68. 令人省睡方。

69. 馬頭三兩炙，酸棗中人三兩別搗研如脂，苦菜子三兩，通草三兩，玄參六
    兩，

70. 伏神三兩，麥門冬三兩去心，枳殼二兩炙。

71. 右搗篩，密和為丸，食訖水服卅丸，日二服，加至卌丸為恒常。

72. 宜喫苦菜，爛煮下飯為佳，無所忌。蘇楚。

73. 常服補益方。

74. 重〔36〕乾地黃六兩，縱容三兩，牛膝三兩，菟絲子二升酒浸七日，別搗，巴
    戟天五兩去心，

75. 遠志二兩，桂心二兩，五味子五兩。

76. 右搗篩，密和為丸，丸如梧子。以酒服卅丸，日再度服，服別稍稍加至

77. 六、七十丸，無所忌。韋〔37〕藏。

78. 秘洩津液。延年養性，神秘不傳。

79. 蠰蠱蛾未連者卅枚，去頭足，相以苦酒浸，浸周之時出，蔭乾之；大青蜓十四枚，
    六足四目者，青色者良；

80. 蜂子臨飛赤黃者六十枚，蒸之三斗米下，令足羽自落後，去頭陰乾之。

81. 右合搗篩，以雞子白和為丸，丸如梧子。酒服三丸，日三服，九

82. 丸止盡，日交而液不出也。欲下者，食豬脂一斤。

83. 備急丸。主霍亂、心腹急痛滿悶，不得吐痢方。

84. 乾薑三兩，大黃三兩，巴豆三兩，去皮心，熬令黃，別搗如膏。

85. 右三味搗篩，和巴豆搗，令相入，少少加密，搗一千杵即好。有病服三丸，
    丸如梧子大，飲汁服，以得吐痢

86. 即差。三日內，食糜粥自養。

87. 理中丸。主宿食不消及霍亂吐痢不止方。

88. 人參三兩，乾薑三兩，白朮三兩，甘草三兩炙。

89. 右搗篩為散，密和作丸，丸如梧子大。飲汁服卅丸，日二服，不定至卅
    丸。

90. 牛黃丸。主一切惡氣，蠱毒痓忤，心腹痛脹結實，小兒驚熱，咳逆上氣，身面

91. 腫氣，婦人血氣，帶下赤白，悉主方。

92. 牛黃一銖別研，麝香一銖別研，犀角二銖錯末，吳公一節炙，朱沙一分研，石蜴蠟一寸炙，

93. 禹餘糧一分，元青一分去翅熬，雄黃一分研，黃連一分，元花一分熬，甘遂一分，

94. 大戟一分，人參一分，伏苓一分，桂心一分，乾薑一分，前胡一分，紫菀一分，

95. 亭歷子一分熬，當歸一分，勺藥一分，芎藭一分，蜀椒一分熬，細辛一分，

96. 蒲黃一分，巴豆一分，去皮心，熬黃別擣。

97. 右廿七味擣篩為散，內巴豆中擣，令相入，少少下密，擣三千杵，成丸，

98. 內密器中。一服三丸，丸如梧子大，飲〔38〕汁服，常以微痢病破為度。

99. 彊藥人增服之，老小減服。一二歲服一丸，丸如麻子大。三四歲服二丸，

100. 如小豆。五歲、六歲服如梧子一二丸。並已微痢為度，差止服。忌如藥法，禁生冷、豬、魚、麵、宍。

101. 烏梅丸。主諸雜痢，無不差方。

102. 烏梅宍二兩熬，黃蘗二兩，黃連三兩，熟艾二兩，甘草二兩炙，

103. 附子二兩炮去皮，乾薑三兩。

104. 右七味搗篩，密和為丸，丸如梧子大。一服卅丸，日二服，漸加至

105. 四五十▨（丸）〔39〕，飲汁服。▨▨▨（禁生冷）〔40〕、魚、油滑、豬。

P.2662

1. 犀角散。主熱毒痢、純痢，血熱壯〔41〕，口乾，惑（或）骨內痛▨▨

2. 犀角三兩錯末，黃蘗四兩，地榆根炙，黃芩三兩，蜀▨（柒）〔42〕▨▨

3. 右六味，擣篩為散，一服二方寸匕，飲汁服，日三▨▨

4. 七，痢止停。禁蒜麵油宍。

5. 又方。薤白切一升，淡豉一升。

6. 右二味，用水五升，煮取二升，去滓，分再服，服別▨▨

7. 又方。竈下黃土一升。

8. 右用酢漿三升，煮取一升五合，頓服之，不過▨（再）〔43〕▨▨

9. 凡得時行病及傷寒溫疫之疾，皆是熱病。一日在▨▨

10. 食豉粥即愈。二日宜針刺，服小便、豉，日三服，得▢▢

11. 愈。三日滿不愈，至四日、五日，服苦參湯即愈。六日、七日▨（熱）〔44〕
　　▢

12. 藥得利通藏，熱毒氣散，即差。淡豉一升、小便▢▢

13. 右煎一沸，分溫三服。若不汗，熱不散，加蔥根▢▢

14. 至四日來不退，加支子人三七枚，小便又加一升，血▢▢

15. 服無不差者，日日服之。

16. 病至四五日，苦參吐湯方。

17. 苦參一兩切，用酢二升，煮取一升，頓服，當吐惑（或）汗即差。若渴▢▢

18. 療熱滿六七日，熱不散，宜服柴胡湯。

19. 柴胡四兩，升麻三兩，黃芩三兩，芍藥二兩，大青▢▢

20. 知母四兩，石膏六兩碎，支子人三兩，大黃三兩，芒消二兩。

21. 右切，以水九升，煮取二升八合，去滓，內芒消，分溫三服，服別相去

22. 如人行十里九〔45〕。禁蒜、面。

23. 熱病六七日，結心黃，氣急，口乾渴、大便赤，便赤熱，宜服▢▢

24. 苽蒂三七枚，赤小豆二七枚，黍米二七枚。

25. 右擣篩為散，溫水服一錢匕，當吐黃▢▢

26. 大豆許內兩鼻孔中吹入，黃水為度，藥少依▨▨▨▨▨（此數服合之）〔46〕。

27. 雖吐黃水，心黃及體黃不除，速服茵陳湯。

28. 茵陳四兩，黃芩三兩，支子人四兩，柴胡四兩，升麻三兩，大黃三兩，龍
　　膽三兩。

29. 右切，以水八升，煮取二升，去滓，分溫三服。服別▨▢▨▨▨（相去如
　　人行）〔47〕

30. 十里炊〔48〕。若大便不通，加芒消二兩。

31. 又灸急黃方。

32. 灸中管穴，穴在心歧骨下，齊上處中，是其穴。▢▢

33. 壯，得氣轉為度。如不轉，更二三七壯。

34. 又灸兩手小指指爪頭，各三壯。又灸兩腳膝鼻上，下望當膝骨下宛宛凹
　　處，灸七壯。

35. 又灸脊中，從大椎直著繩，度下窮骨頭即卻搞處，中是其穴，當

36. 脊骨中，灸之三壯。其艾炷小指頭大，灸之。

37. 又方。著黃欲死不識人，燒鑷莖令赤，烙腦門下頤▨￣￣

38. 療黃，身體黃，唯心下硬者方。

39. 右取萱草根擣取汁，一升五合，煎￣￣

40. 又方。取栝樓子中黃汁一小升，和暖水五▨（合）〔49〕￣￣

41. 又方。取蔓菁子一小升擣末，用水一大升和￣￣

42. 每日平旦服一升，三日服盡，小便色￣￣

43. 又方。服蔓菁子油一升亦佳。張文仲。

44. 牙疼方。

45. 無灰清酒一升，縵緋一片，縵青一片￣￣

46. 右以酒煎取半升即含，每冷煎￣￣

47. 又方。取松脂一兩，酢半升，煎取半￣￣

48. 療天行時氣之方。

49. 取桃枝、楊柳枝及葉￣￣

50. ▨▨細切得二升，清水二升半，煎￣￣

51. 消一兩半，置汁中。內銷令暖如人￣￣

52. 面藥方。生豬腦五具，浸去白血脈，黃瓜￣￣

53. 蔓菁子三兩細研，芎藭二兩，白芷二兩￣￣

54. 右並和於臼中，擣二千杵，即以密￣￣

55. 漿水淨洗面項，拭乾訖，以藥￣￣

56. 內色即白。三七日如練，七七日似￣￣

57. 療時行方。

58. 臘月雪昱空埋中，與豬矢和埋安土￣￣

59. 二升即差。天下良驗，百療百效也。

60. 服槐子堅齒骨、明目、令髮不白，兼療￣￣

61. 十月上採取槐子，隨多少，以新瓷￣￣

62. 三七日，一方云七七日開之。以水濤洗去￣￣

63. 陰乾服。從月一日為始，一日吞一枚，二日￣￣

64. 到十一日，又從一枚起，還依上法，至廿日￣￣

65. 終始如此，不過十枚也。無所禁忌，此￣￣

66. 療孩子心腹脹滿，大小便不通，眼目仰￣￣

67. 痢不斷，食乳不銷，但有一狀相￣￣

68. 皆服此藥，令微痢，即一年無病。

69. 牛黃一分，麝香一分，甘遂一分去心，大▢

70. 巴豆八枚，火上微熬研。

71. 右蕤人、巴豆同研作膏，以▢

72. 絹篩，唯細唯佳。都和之▨（如）〔50〕▢

73. 木臼中搗三千杵，合藥不用▢

74. 日令童男合之。如無童男▢

75. 不得穢，穢即藥不利。一月孩子▢

76. 痢麻子大。一炊久當痢。如不痢▢

77. 意量減之。其小孩子服時，取▨（藥）〔51〕▢

78. 上令孩子吮之，即下。大者以米▢

79. 宍麵醬酢生冷油膩等。

80. 杏人二升，去皮尖雙人，蒸之九度，度別取水▢熬令香，別末，便▢

81. 蔓菁子二升，九蒸九暴，蒸別水淋去▢

82. 大棗三升，蒸，去皮核，於馬尾羅手摩▢

83. 右三味以少密和之，搗二千杵，以熟為▢

校記：

〔1〕蚰，沈校認為與上下文不諧，當係衍文。

〔2〕主，《肘後》作「療」，《千金方》作「治」。義同。

〔3〕及，《肘後》無。

〔4〕清，《肘後》作「青」，古通用字。

〔5〕目，《肘後》無。

〔6〕管翳，《肘後》無。陳增岳：「『管』通作『睆』，指內障病。慧琳《一切經音義》卷四十二：『白睆，還板反，許慎注《淮南子》云：睆，謂目內白翳病也』。」

〔7〕䶌衄、耳聾，《肘後》作「鼻耳聾寒」，《千金方》作「耳聾鼻塞」。《素問·金匱真言論》：「春不䶌衄。」王冰注：「䶌，謂鼻中水出。」〔註237〕「䶌衄」與「鼻塞」均為鼻之病症。疑《肘後》「寒」為「塞」之誤。且順序有誤。

〔8〕齼齒、梃痛，《肘後》作「齒痛」，《千金方》作「齼齒齒根挺痛」。「廷」亦作「庭」，「梃」即「梃」字俗寫，「梃」與「挺」同。

〔註237〕《黃帝內經素問》，13頁。

〔9〕癰,《肘後》作「癱」,二字同。其下有「腫」。

〔10〕疥,《肘後》作「癬疥」。

〔11〕升,《肘後》作「兩」,以下「蜀椒」至「前胡」量劑「升」字《肘後》皆作「兩」,不復出校。

〔12〕切,《肘後》無。以下「白朮」、「白芷」、「前胡」下「切」字《肘後》亦無,不復出校。

〔13〕白朮,《肘後》作「朮」。

〔14〕桂心二兩,《肘後》無。

〔15〕二,《肘後》作「三」。

〔16〕同校 15。

〔17〕生者,《肘後》無。

〔18〕驗米酢五升,《肘後》無。

〔19〕豬脂一斗二升,《肘後》作「煎豬脂十斤」。

〔20〕茵,《外臺》作「莽」。茵為「茵」之俗寫。

〔21〕躄,跛行也,為「躑」之形誤。

〔22〕當陸,《外臺》作「商陸根」。馬校:「當陸,商陸別名。」

〔23〕蘇,《外臺》作「酥」,二字同。

〔24〕充,陳增岳:「疑為『兌』字之誤。將藥劑作成上尖下大的形狀,可置於瘡孔中,是為兌藥。」

〔25〕注,《外臺》作「疰」。作為病名,二字可通用,下凡同此不復出校。

〔26〕沉,寫卷殘沴,茲據《外臺》擬補。

〔27〕「兩」下,寫卷殘沴,據《外臺》卷三「茵陳丸方」,此處擬補「鱉甲二兩,豉五」六字。

〔28〕消,《外臺》作「硝」。《本草綱目·石部》:「朴消,此物見水即消,又能消化諸物,故謂之消,生於鹽鹵之地,狀似末鹽。」〔註238〕則作「消」為本字,作「硝」為後起換旁字。

〔29〕支,《外臺》作「梔」,「支」為「梔」之借字。

〔30〕「密」下寫卷殘沴約九字位置,據《外臺》可於「密」下擬補「和為丸」三字,其餘不明。

〔31〕利,寫卷殘存右半「刂」,其下殘沴。

〔註238〕《本草綱目》,644 頁。

〔32〕擣，寫卷殘缺右上角。

〔33〕芷，寫卷殘存左半。

〔34〕常，應是「當」之形誤字。

〔35〕兩，馬校於字後補「足」字，認為原脫，據文義補。

〔36〕重，馬校認為係衍字。案：「重」字字體與寫卷不同，當是後加之字。

〔37〕韋，馬校認為其後脫「慈」字。

〔38〕飲，寫卷原作「欽」，形誤。

〔39〕丸，寫卷殘存左半。

〔40〕禁生冷，寫卷殘存左半。

〔41〕熱壯，馬校認為當乙易為「壯熱」。

〔42〕柒，寫卷殘存上邊殘畫。

〔43〕再，寫卷殘存上半。

〔44〕熱，寫卷殘存上邊殘畫。

〔45〕九，馬校認為係「久」之訛。

〔46〕此數服合之，此五字寫卷殘存左半。

〔47〕炊，當為「久」之增旁訛字。

〔48〕相去如人行，寫卷「相」殘存右半「目」，「去」殘泐，茲據上文體例擬補，「如」殘存右半「口」，「人（至）」殘存右半，「行」殘存右半「亍」。

〔49〕合，寫卷殘存上部「人」。

〔50〕如，寫卷殘存左邊「女」。

〔51〕藥，寫卷殘存上邊「艸」。

（十八）醫方（五臟六腑虛實病及天行等雜症方）

P.3877P-A＋？＋P.3885V＋？＋P.3877P-B

　　P.3877P-A 起「療皮實諸病方」中「支（子人）」之「支」，至「療脈虛諸病方」中「右九（味末之）」之「九」，凡十一行，首尾均殘，前兩行殘存首字，末三行下截殘，行約二十四字（藥名之間有空闕），行有界欄。《法藏》、施目定名為《醫方》〔註239〕，范新俊從之〔註240〕。黃目定名為《藥

〔註239〕《法藏敦煌西域文獻》第二十九冊，71頁；《敦煌遺書總目索引新編》，302頁。

〔註240〕《敦煌醫海拾零》，290頁。

方》〔註241〕。

P.3885V，起「療脈實諸病方」中「支子三兩」，至「治蟲疼」方中「細辛兩南許」，共二十七行，首尾均殘，第一行中間殘缺，行約二十八字，行有界欄。《法藏》、施目定名為《醫方》〔註242〕，王目定名為《醫方書》〔註243〕，黃目定名為《療病方》〔註244〕。馬繼興編為《不知名醫方第二十種殘卷》〔註245〕，叢春雨則定名為《雜症方書第十種》〔註246〕。馬繼興認為寫卷避「葉」字諱，也有避唐高宗的「療」字，又與「治」字互見，當係唐季末期以後寫本，諱例不嚴謹。叢春雨則認為是唐高宗之前所抄寫。

P.3877P-B，起未知名醫方「中，然後下參末」，至「薰衣香方」中「鬱金各三分」，共六行，首尾均殘，行約二十八字，《法藏》將其與 P.3877P-A 放在一起，編號為 P.3877P 一，然考寫卷內容，P.3877P-A 與 P.3885V 在內容上有銜接。所抄內容大多為五臟六腑虛實諸病及天行等雜症方，故從本書體例定名為《醫方（五臟六腑虛實病及天行等雜證方）》。

綴合後的寫卷存方十八首，每方前以朱筆三角標記，沈澍農《敦煌吐魯番醫藥文獻新輯校》（簡稱「沈校」）對寫卷有校釋之作，馬繼興《敦煌醫藥文獻輯校》（簡稱「馬校」）、叢春雨《敦煌中醫藥全書》（簡稱「叢春雨」）對 P.3885V 有校釋之作。

寫卷抄錄「皮實」之「治皮實主肺病熱氣」方見於《備急千金要方》（簡稱「《千金方》」）卷十八「大腸腑」之「皮虛實第四」；「肉虛、肉實諸病」二方，可見於《千金方》卷十五「脾臟」之「肉虛實第五」；「脈虛諸病」二方，可見於《千金方》卷十三「心藏」之「心虛實第二」；「髓虛、髓實諸病」二方可見於《千金方》卷十三「膽腑」之「髓虛實第四」；部分醫方也可見於《醫心方》。今據《法藏》錄文，以《千金方》、《醫心方》為參校本，校錄於後。

〔註241〕《敦煌遺書最新目錄》，747 頁。
〔註242〕《法藏敦煌西域文獻》第二十九冊，90 頁；《敦煌遺書總目索引新編》，303頁。
〔註243〕《敦煌遺書總目索引》，297 頁。
〔註244〕《敦煌遺書最新目錄》，747 頁。
〔註245〕《敦煌醫藥文獻輯校》，461 頁。
〔註246〕《敦煌中醫藥全書》，565 頁。

錄文：

P.3877P1A

1. 支□〔1〕

2. ▨（葉）□〔2〕

3. 芒消，為〔3〕三服。▨▨▨▨▨（療宍虛病諸方）〔4〕。▨▨▨▨▨▨
（宍虛，坐不安席，好）〔5〕動，主胃〔6〕病，寒氣所

4. 加〔7〕，五枷〔8〕酒方。五枷皮二升，苟〔9〕杞皮二升，干〔10〕地黃八兩，
丹參八兩，杜仲一斤，干薑四

5. 兩，附子二〔11〕兩炮，石床〔12〕一斤碎〔13〕，別囊子貯之〔14〕。右㕮咀，
澄之〔15〕貯之，清酒二升〔16〕，漬三宿，

6. 一服七合，日再服之〔17〕。療宍實諸病方。安〔18〕席不〔19〕動，喘〔20〕
氣，主脾病，熱

7. 氣格〔21〕，半夏湯除喘方。半夏八兩四破〔22〕，宿薑八兩，細辛二〔23〕兩，
杏人五兩，

8. 橘皮四兩，麻黃三〔24〕兩去茚（節），石膏七兩碎，夜〔25〕干三〔26〕兩，
八物以水九升，煮取三升，

9. 去滓，三服，須利，下亡〔27〕消三〔28〕兩。療脉虛諸病方。驚跳不定，
乍〔29〕□

10. 府〔30〕寒，補〔31〕調中〔32〕。防風十兩〔33〕，桂心十二兩〔34〕，通草十二
兩〔35〕，伏〔36〕神十二分□〔37〕，

11. □▨▨▨（麥門冬）〔38〕十二分去心，白石〔39〕十二分〔40〕，搗碎〔41〕。
右九□〔42〕

P.3885

1. 支〔43〕子三兩，生地黃切〔44〕□水九升，煮取三升，去滓，下芒消，
分服之〔45〕。

2. 療髓虛諸病方〔46〕。痛惣〔47〕不安，▨（膽）〔48〕府中〔49〕，羌活補髓丸
方。羌活二〔50〕兩，桂心二〔51〕兩，

3. 芎窮二〔52〕兩，當歸三兩，人參四兩，棗肉一升，研為〔53〕脂，大麻人
〔54〕二升，熬研為〔55〕脂，

4. 羊髓一升，蜀蘇〔56〕一升，牛髓二〔57〕升。前〔58〕搗篩〔59〕五種干藥為
散〔60〕，下棗膏、麻人又更〔61〕

5. 搗，▨▨（相濡）〔62〕為一〔63〕，下三髓〔64〕，內銅鉢中調之〔65〕，以〔66〕好為丸〔67〕，一服卅〔68〕，日再〔69〕，加至卅為劑〔70〕。平旦煖後進〔71〕。

6. 療髓實諸病方。勇焊〔72〕驚熱，主〔73〕熱，柴胡〔74〕發泄湯〔75〕：柴胡三兩，升麻三兩，

7. 黃芩三兩，澤寫〔76〕四兩，細辛三兩，枳實三兩，支子人三兩，生地黃切〔77〕一升，

8. 芒消三兩，淡竹葉切〔78〕一升。九物〔79〕以水▨▨（九升）〔80〕，煮取三▨（升）〔81〕，絞〔82〕去滓，下芒〔83〕消，三〔84〕服。

9. 療天行病後區逆不止方。竹葉一握，蘆根一握，人參一兩，生麥門冬二兩，

10. 橘皮三兩，生薑四兩，小麥一升洗。右以水十升，煮取小麥熟，內藥更煮，取三升，去

11. 滓，渴即飲一合。療天行後熱毒痢如赤小豆汁。取車前子搗如末，以飲汁，

12. 每旦服一匕，以差為度。天行後熱痢，取甘草三小兩，以水六升煎取三合，日二服。

13. 療眼胎赤，風赤，經三二十年亦効。穿東屋地作坑，深七寸，腹中如瓮形，取

14. 赤桯乾者，若麁擗碎五六寸，取青布方長二尺許，以熟艾三兩，蠟一兩，青布

15. 裹之，盤於柴上，燒之至半，即下磨藥，青石蓋坑口，四面以土蓋之，勿

16. 令漏氣，經半日已下，即援之，收取，如乳下垂青色者好，若只散作津者

17. 不堪，若塗眼先以暖水洗眼，然點之，必須避風，不過三四夜必差。先以青

18. 錢一文，鰻〔85〕半合油中，經三日，即以錢於薄青石如椀口大，於石上研錢，下少

19. 龍腦香，研如青汁出，即以研藥面向下著。煮石法。取鴿色青

20. 石似燒灰者，於清淨處鐵錫中，以桑柴灰汁煮，亦以桑柴煎之，經一

21. 復時，即爛，取食之，經七日後即不要飲食，久服力敵千人，身輕如風，日行

22. 數百里，能斷房入山隱，受數千歲。治鼠漏瘡經數年不

23. 差者，多在項，生作數箇孔者。豬脂、死鼠和煎服之，經七日，內瘡孔中，

24. 有鼠兒數箇出，即永差。然於瘡上塗膏。治牙齒風疼，虫疼

25. 等方或頭面腫。取松節輕者三箇，重者五七枚，細擗碎，取好酒二升和，

26. 煎彊半升，溫溫含之，冷即吐之，別暖者含之。輕者一度差，重者不過三。

27. 治虫疼，茛草少許，生地黃一分，郁李根皮一分，地骨白皮一分，細辛兩南許☐☐

P.3877P1B

1. ▨☐

2. 中，然下參末，熟攪相和，每日空服，好酒中下一匙，如患熱，少服，若覺熱，以三五

3. 飯押。裛衣香方。霍香、苓陵各一斤，鷄舌、甘松各八兩，麝香、青

4. 木、詹唐、蘇合各二兩，丁香一兩，群澤蘭各一兩，麁搗，絹袋盛，置酒甕

5. 上半月，取以綿絮裛〔裹〕之，更以絹袋盛之，袋方圓各一尺，一幙看三袋，逆

6. 風聞百步。薰衣香，沉香一斤，欒香、薰陸各三兩，安悉、霍香、

7. 詹唐、雀頭各一兩二分，甲香、青木各五分，零陵、艾納、鬱金各三分☐☐

校記：

〔1〕「支」上寫卷殘泐，《千金方》作「治皮實主肺病熱氣梔」，《醫心方》作「治皮實，主肺病，熱氣所加，支」。支為「梔」之借字。「支」下寫卷亦殘，《千金方》作「子煎方。梔子人、枳實、大青、杏人、柴胡、芒消各二兩，生地黃、淡竹」，《醫心方》作「子煎方。支子人三兩，生地黃切一升，枳實三兩，石膏八兩，大青三兩，杏人三兩，淡竹」。此為「治皮實」方殘文。

〔2〕葉，寫卷殘存上半，其下殘泐，《千金方》作「切各一兩，生玄參五兩，石膏八兩。右十味㕮咀，以水九升，煮取三升，去滓，下」。《醫心方》作「切一升，紫胡三兩，生玄參五兩，芒消三兩。凡十物切，以水九升，煮取三升，去滓，下」。

〔3〕為，《千金方》作「分為」，《醫心方》作「平旦分」。

〔4〕療宂虛諸病方，「療宂」，寫卷殘缺右邊殘畫；「虛」，寫卷殘存左半；「諸」，寫
卷殘存左半「言」；「方」，寫卷殘存左邊殘畫。

〔5〕「宂虛，坐不安席，好」七字，寫卷均殘存左半。安，《醫心方》作「平」，義
同。

〔6〕胃，《千金方》作「脾」。《千金方》卷四十八「脾藏方」有云：「肉虛實之應主
於脾，若其腑臟有病，從肉生熱則應臟，寒則應腑。」此主寒氣，當應腑，作
「胃」是，《醫心方》同。

〔7〕加，《醫心方》同，《千金方》作「傷」。《千金方》「治肉實諸病方」有「主脾
病，熱氣所加關格」，則此處作「加」義勝。

〔8〕枷，《千金方》作「加」，《醫心方》作「茄」。《說文·木部》：「枷，柫也。」
《釋名·釋用器》：「枷，加也，加杖於柄頭以擔穗而出其穀也。」「五加酒」、
「五加皮」之「加」當作「加」，寫卷作「枷」是「加」之增旁俗字。「加」與
「茄」通。下凡同此不復出校。

〔9〕苟，《千金方》作「枸」，二字古通用，下凡同此不復出校。

〔10〕干，《千金方》作「乾」，二字古通用，下凡同此不復出校。

〔11〕二，《千金方》作「三」。

〔12〕石床，《千金方》作「石膏」，注曰一方作石床。《醫心方》作「鐘乳床」。

〔13〕碎，《醫心方》作「研」。

〔14〕別囊子貯之，《醫心方》作「別囊貯」。

〔15〕澄之，《醫心方》作「橙子」。「澄」指使液體中的雜質沉澱分離，使清澈純淨，
「澄之」於存世醫方中作為炮製方法常見，如「去滓澄之」、「取汁澄之」等，
《醫心方》作「橙子」為音訛字。

〔16〕升，《千金方》《醫心方》作「斗」。沈校認為「二斗」酒方與所浸藥物總量相應。

〔17〕日再服之，《千金方》作「日再」，《醫心方》作「日再服」，意相類同。

〔18〕「安」上《千金方》有「坐」。

〔19〕「不」下《千金方》有「能」。

〔20〕「喘」上《千金方》有「作」。

〔21〕格，《千金方》作「所加關格」。

〔22〕四破，《千金方》無，《醫心方》作「洗」。

〔23〕二，《千金方》作「四」，《醫心方》作「三」。

〔24〕三，《千金方》作「一」。

〔25〕夜,《千金方》作「射」,二字古通用。

〔26〕三,《千金方》作「二」。

〔27〕亡,《千金方》作「芒」。《說文‧艸部》:「芒,艸耑。」〔註247〕後引申為「尖刺」之意。《本草綱目》云,煎煉入盆,凝結在下,粗樸者為樸消,在上有芒者為芒消。《名醫別錄》始有芒消〔註248〕。則作「芒消」是,寫卷作「亡」是為「芒」之省。

〔28〕三,寫卷原闕,據《千金方》擬補。

〔29〕「乍」下寫卷殘泐約六字位置,《千金方》作「來乍去,主小腸」。

〔30〕府,《千金方》作「腑」,古今字。

〔31〕「補」下《千金方》有「虛」字。

〔32〕「中」下《千金方》有「防風丸方」。

〔33〕十兩,《千金方》作「三兩」,《醫心方》作「十二分」。

〔34〕十二兩,《千金方》作「三兩」,《醫心方》作「十二分」。

〔35〕同上。

〔36〕伏,《千金方》作「茯」,二字古通用。

〔37〕十二分,《千金方》作「三兩」。「分」下寫卷殘泐,據《千金方》擬補「遠志、甘草、人參」三味。

〔38〕麥門冬,寫卷殘存右邊殘畫。

〔39〕白石,《千金方》作「白石英」。「白石」為「陽起石」的別稱,然「陽起石」主治崩中漏下等婦科疾病,「白石英」有益氣、除風濕、補五藏等功用,則作「白石英」是,寫卷脫「英」字。

〔40〕「防風」等九味藥之劑量,《千金方》均作三兩。「白石英」劑量,《醫心方》作「十六分」。

〔41〕搗碎,《千金方》無。

〔42〕「九」下寫卷殘泐,《千金方》作「味末之,白蜜和丸如梧子大,酒服三十丸,日再,加至四十丸。」《醫心方》作「味搗篩為散,白蜜和丸,如梧子,酒服十丸,日再加至廿為劑。」

〔43〕「支」上寫卷殘泐,《千金方》作「治脈實洪滿,主心熱病,升麻湯方。升麻」,《醫心方》「升麻」作「蜀升麻」。

〔註247〕《說文解字》,22頁。
〔註248〕《本草綱目》,644頁。

〔44〕「切」下寫卷殘泐，《醫心方》作「一升，子芩三兩，澤瀉三兩，淡竹葉三兩，芒消三兩。七味以」。《千金方》作「一升，右七味㕮咀，以」，「生地黃」上，有「子芩、澤瀉、淡竹葉、芒消各三兩」。

〔45〕服之，《千金方》作「二服」，《醫心方》作「三服」。

〔46〕療髓虛諸病方，馬校：「此方又見於《千金要方》卷十二『髓虛實第四』。宋本《千金方》作『治髓虛』，無『諸病方』三字。

〔47〕痛惚，《千金方》作「腦痛」，《醫心方》作「痛揔」，於痛旁注「骨節疼」，「揔」旁注「惱」。

〔48〕膽，寫卷殘存上半。

〔49〕「中」下《千金方》《醫心方》有「寒」。

〔50〕二，《千金方》《醫心方》作「三」。

〔51〕二，《醫心方》作「三」。

〔52〕二，《千金方》《醫心方》作「三」。

〔53〕為，《千金方》作「如」。

〔54〕大麻人，《醫心方》作「大麻子人」。

〔55〕為，《千金方》作「如」。

〔56〕蜀蘇，《千金方》作「酥」，《醫心方》作「蘇」。「蘇」與「蘇」同，「蘇」與「酥」可通用。

〔57〕二，《醫心方》作「一」。

〔58〕前，《千金方》作「右十味先」，《醫心方》作「十味前」。

〔59〕搗篩，「搗」，《千金方》作「擣」，二字同。「篩」，《千金方》無。

〔60〕散，《千金方》作「末」。

〔61〕又更，《千金方》作「又」，《醫心方》作「更」。

〔62〕▨▨，寫卷殘缺不可辨，《千金方》作「相濡」，據補。

〔63〕「一」下《千金方》、《醫心方》有「家」。

〔64〕三髓，《千金方》作「二髓並酥」，《醫心方》作「二髓」。馬校：「指羊髓及蜀酥三種。《千金方》此句作『下二髓並酥』，義同。」

〔65〕調之，《千金方》作「重湯煎之」，《醫心方》作「湯中」。馬校：「此下本行文字疑有訛誤。當據《千金方》，作『重湯煎之，取好為丸，如梧子。酒服三十丸，日二服，稍加至四十丸。』」

〔66〕以，《千金方》作「取」。

〔67〕「丸」下《千金方》有「如梧子」，《醫心方》有「丸如梧子」。

〔68〕一服卅，《千金方》作「酒服三十丸」。

〔69〕再，《千金方》作「二服」，義同。

〔70〕加至卅為劑，《千金方》作「稍加至四十丸」，《醫心方》作「加至卅丸」。

〔71〕平旦煖後進，《千金方》《醫心方》無。

〔72〕焊，《千金方》作「悍」，《醫心方》作「干」。《說文·心部》：「悍，勇也。」
　　　寫卷作「焊」為「悍」之訛，《醫心方》作「干」為「悍」之省。

〔73〕「主」下《千金方》《醫心方》有「肝」。

〔74〕柴胡，《醫心方》作「紫胡」。「紫」為「柴」之形誤。

〔75〕「湯」下《千金方》有「方」。

〔76〕寫，《千金方》作「瀉」。段玉裁《說文解字注·宀部》：「寫，俗作瀉。」

〔77〕切，《千金方》無。

〔78〕同上注。

〔79〕九物，《千金方》作「右十味㕮咀」，《醫心方》作「凡十物」。因「芒消」後下，
　　　則當為九味藥先煮去滓，寫卷作「九物」是。

〔80〕九升，寫卷「九」殘存上邊殘畫，「升」殘存右下角殘畫。

〔81〕升，寫卷殘存右下角殘畫。

〔82〕絞，《千金方》無。

〔83〕芒，《千金方》無。

〔84〕「三」上《千金方》《醫心方》有「分」。

〔85〕㲛，字書無此字，後接「半合油」，當是「浸」之訛。

（十九）醫方（頭面、竅病、婦人等方）

P.3930＋P.5549＋P.5549V

　　P.3930，起不知名醫方「灸項宛一二七壯」，至「治令女人面白」方中「七八度即（差）」之「即」，為「蝴蝶裝殘冊，存十五個半葉」〔註249〕，凡一百八十四行，前兩行上部殘缺，行約二十五字，存方六十首。《法藏》定名為《醫方書》〔註250〕，王目、施目、黃目定名為《殘醫方書》〔註251〕，叢春雨《敦

〔註249〕《敦煌醫藥文獻輯校》，381 頁。
〔註250〕《法藏敦煌西域文獻》第三十冊，212 頁。
〔註251〕《敦煌遺書總目索引》，298 頁；《敦煌遺書總目索引新編》，306 頁；《敦煌遺書最新目錄》，750 頁。

煌中醫藥全書》〔註252〕、張景紅《敦煌外治法與保健養生》〔註253〕據內容定名為《頭、目、產病方書》,《敦煌醫藥文獻輯校》編為《不知名醫方第十種殘卷》〔註254〕。寫卷抄錄多為治療頭部、面部、眼、耳、鼻、喉及婦人等病,今據其內容定名為《醫方(頭面、竅病、婦人等方)》。羅福頤據寫卷裝潢認為似出五代或宋初〔註255〕,《敦煌醫藥文獻輯校》、《敦煌中醫藥全書》據寫卷避「世」字諱,認為當為唐人寫本。

P.5549,殘存三行共十八字,P.5549V,殘存四行二十二字,《法藏》定名為《醫方》〔註256〕,王目、施目、黃目定為《殘醫書》〔註257〕,叢春雨定為《醫方殘片》〔註258〕馬繼興編為《不知名醫方第十四種殘卷》〔註259〕。P.5549與P.3930 第一百四十七至一百四十九行下截殘缺部分可綴合,P.5549V 與P.3930第一百五十至一百五十三行下截殘缺部分可綴合。

馬繼興《敦煌醫藥文獻輯校》(簡稱「馬校」)、叢春雨《敦煌中醫藥全書》(簡稱「叢春雨」)、沈澍農《敦煌吐魯番醫藥文獻新輯校》(簡稱「沈校」)、張小豔《〈敦煌醫藥文獻真蹟釋錄〉校讀記》(簡稱「張校」)對寫卷有校記。范學峰《敦煌醫藥卷子 P.3930 校補》(簡稱「范校」)、彭馨、沈澍農《敦煌醫藥卷子 P.3930 校讀補遺》(簡稱「《補遺》」)對 P.3930 有校釋。

《醫方(頭面、五官、婦人等方)》未見傳世之本,部分方劑可見於《備急千金要方》(簡稱「《千金方》」)、《醫心方》、敦煌寫卷 P.2662V 中。今據《法藏》錄文,以《千金方》、《醫心方》、敦煌寫卷 P.2662V 等為參校本,校錄於後。

錄文:

1. □□□□灸項宛一二七。又〔方〕〔1〕。生熟湯淋,已上必効驗。
2. □(治)□□痛方。頭頂塗蘇及油麻油,向火炙之。又方。以暖水淋頭
3. 上,即差。又〔方〕。煎椒湯淋頭上即差。又方。取椒一二升,布裹頭

〔註252〕《敦煌中醫藥全書》,602 頁。
〔註253〕《敦煌外治法與保健養生》,73 頁。
〔註254〕《敦煌醫藥文獻輯校》,381 頁。
〔註255〕《敦煌中醫藥全書》,602 頁。
〔註256〕《法藏敦煌西域文獻》第三十四冊,232 頁。
〔註257〕《敦煌遺書總目索引》,312 頁;《敦煌遺書總目索引新編》,335 頁;《敦煌遺書最新目錄》,7582 頁。
〔註258〕《敦煌中醫藥全書》,622 頁。
〔註259〕《敦煌醫藥文獻輯校》,426 頁。

4. 上即差。又方。灸百會一二七，即差。

5. 治風頭痛方。煎麻子，取汁淋頭，三五度即差。又方。烏麻油漬

6. 青木香，塗之即差。又方。蕧蔾子一勝〔2〕，鼠黏子半升，莨菪

7. 子半升，黑豆一升，以水三升，煎取二斗〔3〕，去滓，淋頭，即差，三五度，汁

8. 冷又溫之。又方。灸百會三二七，即差。又方。灸腦後去百會

9. 三寸，一二七即差。又方。槐白皮水煎洗頭，即差。又方。青木香、

10. 鬱金、龍腦、油麻油，塗之即差。

11. 治頭白屑〔4〕方。取苟杞子根、葉，四時俱得，擣作末，量多少，每日服之，

12. 即差。又方。以根細剉，甘清漬之一兩宿，煎汁淋頭，并治箒髮。

13. 又方。更燒渾赤即停，使冷。更擣作末，即漿泮之，更燒，如是八遍，

14. 即以牛乳泮，燒之令赤出了，擣研作粉，和密漿塗面甚妙。

15. 治面熱卒▨▨（赤腫）〔5〕方。鷄子白塗，寒水石塗，白斂、石膏水磨塗，

16. 葵子搗□□塗，苟（狗）糞下土和水塗皆差。

17. 治面腫。鼠衣▨（黏）尿和胡粉塗之即差。又方。黃蘗及小蘗皮

18. 作末，塗之即差。又方。熱瘡腫，石膏水磨塗之即差。又方。

19. 龍骨磨塗，即差。

20. 治面上黑䵟。麝香水研塗之即差。又方。蜜陁僧磨塗之即差。

21. 又方。牛蒡，五月五日採根，陰乾，酢磨，塗之即差，身上〔6〕。又方。取益

22. 母草燒▨□□，取汁澄清洗頭即差。又方。油麻及蔓菁油、青木

23. 香末塗▨▨（頭即）〔7〕差。又方。巴豆細研，和蘇塗白瘠上，黃水出即差。

24. 治頭上瘡方。以暖水澆，大黃甘草末塗之，即差。又方。蔓菁子搗

25. 作末，和酒傅〔8〕瘡上即差。又小兒瘡方。馬骨灰和人乳塗之，

26. 即差。

27. 治頭皮頑腫方。取椒并子、葉一升，以水一斗，煎六七沸，去滓，淋頭即▨（差）〔9〕。

28. 又方。取赤芥子搗末，和水，頭上塗，有黃水出。若出盡，以暖水澆頭，

29. 取大黃、甘草末塗之即差。又方。燒鐵，烙髮際四面及頭縫中處

30. 處，即差。

31. 治面上一切諸疾方。又三、四月益母草花盛時收取，令浥浥，勿令絕

32. 乾，燒作灰，以水泮作團，大如拳，眼中差〔10〕。又方。蠐曹汁著目中即
    差。

33. 又方。蘭香子二七枚，細研，目中即差。

34. 治眼熱暗方。羊子肝澆去血，冷水澆之，食後服之即差。

35. 又方。好豆豉一升，羊肝一具，作條切之，以水澆去血水漬，食後服之即
    差。

36. 治鼻血不止方。人髮灰，龍骨。又二味擣作末，吹鼻中。羊毛裹末

37. 塞鼻即止。又方。燒羊、牛毛作灰，淶〔12〕布裹之，麁細看患人鼻

38. 孔大小，驗酢漬之，寒〔12〕孔深二寸即差。熱者，以冷水三五度淋頭，即
    差。

39. 又方。取白粳米一杪，冷水一升，於木盆中以石磨粳米，令汁白如酪

40. 樂，服一、兩度即差。又方。騏驎〔13〕竭，有黑斑，塗之三五遍，亦差。
    又方。

41. 野羜牛角尖酢磨，塗之即差。

42. 治頭面甘瘡。□□與胡桃嚼，塗即差。小兒禿瘡，取馬骨灰和

43. 豬脂，塗之即□（差）。

44. 治眼熱赤方。黃蓮打碎，朴消綿裹，水漬，點眼中即差。又方。眼闇，

45. 魚膽澆之即差。

46. 治眼冷疼痛方。擣乾薑作末，點眼中即差。

47. 治眼風赤癢方。蓀人磨研取〔14〕細，和人乳著眼中即差。又方。赤爛

48. 者，取胡▨▨▨和臘脂塗即差。又方。黃丹和石蜜水調塗眼，即差。

49. 治眼中翳方。黃蘗、黃連、沒食、消石各一分。已上細末，著吹鼻中即差。

50. 治赤眼疼痛方。著艾薰桐器，內人乳一合，錢摩，著眼中即差。

51. 治眼中翳方。取好經墨汁瀝，著鼻孔中，即差。又方。取赤京皮

52. 兩指一條，長三寸，消膠帖〔15〕鼻頭及額上，即差。又方。擣剌（刺）薊
    〔16〕汁，服

52. 一升，即差。又方。好酢三合，煖服之即差。又方。地黃、蒲黃、

53. 赤蜜各一兩，水一升，強煎三五沸，去滓，服之即差。又方。黃蒸

54. 半兩，以水一升漬，去滓，頓服即差。又方。取蔥白兩握，掘豉半升，

55. 鹿角膠半兩，炙令遍起，搗為末，蔥細切，並豉等，以水一升煮三

56. 沸，取汁及膠末，溫頓服，即止。又方。若藥無効，即灸鼻根，當

57. 眼兩角相當中央窋內，三五壯即差。又方。灸兩膊上大脈，以病人

58. 臺手，當孔血〔7〕點脉處，五壯即差。

59. 治鼻疳方。葵根灰効。又方。病人面向地臥，長展腳手，於病人腳心中，
    壯人腳進力踏三下即差。

60. 治人口瘡方。含朴消即差。又方。酢酪一升即差。又方。含青桐錢即

61. 差。又方。含石榴子即差。

62. 治唇爛方。胡粉、沒石子、黃蘗等分末，怗向脣（唇）上即差。

63. 治口臭方。含肉豆吼〔18〕即差。又方。含水，廁中吐之即差。又方。甘草、
    細

64. 辛各一兩，搗篩為末，和桂心服之即差。又方。其骨上精肉，並細擘之，

65. 下汁中。著畢撥末少許，阿魏一豆，立〔19〕報〔20〕煎五六沸，著蘇一兩，
    塩少許，煎令調

66. 和，共熱麨團□胡蒸等干粳米飯相和，服三五度，甚効。如有冷痢亦効。

67. 如渴，取漿水及酒煎兩沸，著少細麨，飲之即止。

68. 治一切冷方，瘦弱不能食，食乃不消方。好麴末一升，胡椒、伏苓、橘
    皮、甘草

69. 各三兩，乾薑二兩。右搗篩為散，每日空腹服方寸匕。蜜丸亦得，酒下覺

70. 熱，飯押，即差。

71. 治嗽方。紫菀二兩，干棗廿枚，右以水五升煎，絞取汁，細細服之即差。

72. 治人卒得不性，昏迷無覺知者方。龍腦香一分，犀角二分，右取驢乳二
    合，

73. 研磨服之。如口已噤，勒〔21〕口灌之，其脉如常，用此法必差。

74. 治人卒死，其脉如常方。取皂莢末吹著耳鼻中即差。又方。昌蒲末

75. 亦得，及著口舌上甚効，無脈者真死。

76. 治人失音不語方。桂心末著舌下，及煎汁服之即差。又方。大豆汁亦得。

77. 又方。灸承漿穴七壯，在唇下五分，即差。

78. 治女人難產方。右吞皂莢子七枚驗。又方。水銀如大豆許，二枚，服之即
    差。

79. 又方。蘇、蜜各二兩，煖酒一升，相和，服之三兩，服甚効。又方。有咒

法：「南

80. 无乾施婆，天使我廣說此咒偈，邪唎邪唎，邪婆怛他，邪婆怛他，莎訶」。

81. 右此咒於革皮上抄之，淨漱口，含淨水，燒香佛前，一氣抄之，但覺欲產時〔22〕，

82. 治女人產後得熱疾方。取柳脉擣〔23〕作末，兼大黃塗

83. 臍已下，更與布手巾一二，與冷水漬之煲〔24〕之，即差。柳脉者是柳根也。

84. 即急於瓷椀中燒作灰，令盡，研灰和清水，面向東服之即差。令人腹

85. 不痛，便即平安。此咒唯須虔誠，不得輕之。又方。石灰半兩搗末，和

86. 酒服之即差。又方。鼠頭燒作灰，和水服之，酒亦得。又方。蒲黃

87. 一合，和酒服之，即差。又方。飛生鳥肉煎汁，服之即差。又方。零羊

88. 角煎汁，服之即差。又方。小豆一升，以水五升煮取汁，內膠二兩，調令消，

89. 服之一兩度甚効。

90. 治倒產方。取蔥白切，一握，豉一杪，水一升，煮去滓，服之即差。又方。吞麻

91. 子二七枚，水下之即差。又方，先出手足者，嚼塩塗掌上即効。

92. 治胎在腹死不出方。又大豆半升，酢二升，煮汁服之，差。又〔方〕。雄鼠糞

93. 二七枚，搗末，和煖水服之，即差。又方。苟杞子三升，煎湯服之，即差。

94. 又方。子死腹中，寒熱頭重者，取竈下黃土和酒，服之即差。

95. 治產難及胎衣不出方。取皂莢末一錢對，和水服之即差。又方。水二

96. 分，吞之即差。

97. 又治胎衣不出方。取蘘末和酒，服之即差。又方。牛毛一撮，燒作灰，和酒

98. 服之即出。又〔方〕。瑱〔25〕珠末和酒，服之即出。又方。蒲黃、桂心末、石灰末、鹿角

99. 末、竈下黃土末，已上等，並和酒，服之即出。又方。零羊角末之，水煎服之。

100. 又方。山驢角末酒服。又方。囱沙二分末，和酒服之立出。

101. 治產後腹痛方。又桂心末、牛膝末，並酒服之即差。當歸亦得。又方。

102. 燒大斧令赤，置酒中，服之即差。又方。松脂如彈丸，和酒服之即差。

103. 又方。煮韭、蒜、芸薹菜服之，即差。

104. 治產後瘀血在齊下不出，妨痛方。蒲黃、桂心、牛膝、買子木、蘇方木，
     右

105. 各已上水酒煎，服之甚効。又方。齊下橫文上灸七壯，即差。又血下不

106. 盡，煩乱腹滿熱悶方。豉一升，鹿角末一兩，熬〔26〕。右二味，水三升，
     煮去滓，頓服即差。

107. 治產後血不止方。白勺藥五兩，打碎敖令黃色，搗篩，每日酒下方寸匕，
     空腹

108. 甚効。又方，零羊角燒作灰，鷄子三枚，燒作灰，蒲黃二兩，並各和酒。
     治乳肪方。熱煎桃、柳枝，洗之一兩度，取礜〔27〕香、胡粉、丁香、薑、
     桂心，擣作末，已酒下之。暖蓋臥，得汗即差〔28〕。

109. 服之即差。

110. 治產後小便不通方。瓩帶水煎煮肥葵汁，服之即差。

111. 治產後卒得欲死方。取衣中血少許口中〔29〕，即活。又方。忽悶汗出不

112. 識人者，暴虛故也。又方。取鷄子打破，吞之即差。又方。取小兒

113. 小便，灌之効。

114. 治產後兒藏返出不入方。又煖一石已來。

115. 治齒痛方。細辛綿裹怗齗上即差。又方。腫疼痛不可忍，即灸兩

116. 手大母指弟（第）一節裏文上三壯即差。

117. 治牙痛有虫方。莨蓎子薰之。又方。燒鐵烙之，即差。又方。松脂

118. 怗牙上，即差。

119. 治疳食齗方。取葵根本〔30〕燒作灰，和麝香，綿裹怗上即差。

120. 治五舌重舌方。灸頤中曲處，當舌底三五壯即差。又方。鈍子木、樫

121. 木、連珠木於鐵器上薰，取藝〔31〕塗舌下即差。

122. 治咽喉痛方。升麻、鼠黏子、玄參、黑豆並含之効。又方。韭一握〔32〕
     細

123. 切，熬熱，用酢和附上，似冷易之。

124. 治咽喉及舌腫方。地膽和蜜，水含服之即差。又方。囟砂怗腫上。又

125. 方。蝦蟆煮汁含之，膿血出即差。

126. 治喉痹方。取丁香三七枚，升麻、青木香、黃芩各二分，水一升，煎含
     之

127. 即差。又方。熬杏人搗，和蜜含之即差。又方。鷄子白服之，即差。

128. 又方。升麻六分，紫雪十二分，右煎，細燕（嚥）之，即差。

129. 治耳痛方。蔥白截，塞耳即差。又方。蔥汁點耳中即差。又方。取

130. 阿魏，毛裹內耳中即差。又方。暖蘇點耳中即差。又方。炒〔33〕塩熨

131. 之即差。又方。獵煙薰之即差。又方。燒杏人，毛褁（裹）著耳中，冷

132. 易之，即差。

133. 治耳中血出方。髮際出，竈底黃土，酒漬汁，服之即差。

134. 治上氣氣斷方。生蔥白不限多少，無塩熱餅裹食之，以暖□□

135. 即差。又方。羊肺中著桂心、砂唐、甘草，乳灌之，熟煮，食之即差。

136. 又方。灸臀前二穴各七壯，即差。又方。蔓菁切，取二升，粳米一☒（抄）
〔34〕，

137. 以水四升，煮取二升七合，去滓服之，和滓服之亦得。搗韮汁服之。

138. 治上氣咳嗽方。砂唐、好甜蘇各一兩，羖〔35〕羊乳一升，熟煎，相和服
之，□

139. 五升即差。又方。甘草五兩，蘇半升，煎甘草令紫□（赤）〔36〕色，搗為
末，每

140. 取羖羊乳半升，下甘草末二分，煎三兩沸，服之，☒（即）〔37〕差。又方。
取☒（作）〔38〕

141. 酒漿四升，去滓，好蘇三兩即差。

142. 治耳中膿水出者。白礬、黃礬燒作末，耳〔39〕中即差。

143. 治耳聾方。昌蒲、當歸、杏人、慈石、松脂各等四分，巴豆少許，並搗
消，

144. 臈和作丸，綿裹塞耳即差。加塩并耳痛☒☒。又方。每日日未

145. 出時以手摩耳，冷熱徹，即以油麻油瀝耳中，不限多少度數，即差。

146. 又方。取驢脂塞耳，即差。又方。陳芥子搗末，和臈蜜塞耳即差。

147. 治耳鳴方并沸悶方。吳茱萸、巴豆、乾薑、慈石、昌蒲、細辛各一分，

148. 搗末綿裹耳中即差。

149. 治產〔40〕中風，流腫浴湯方。右石塩五升熬令赤，鷄毛一把燒作灰，以

150. 水一石，煮三四沸，適冷暖浴之即差。又方。烏豆壹升熬熟，下酒三

151. 升中，服酒即差。

152. 治產後風虛〔41〕瘦弱，不能立，無力，短〔42〕氣方。取當歸、生薑各四

兩，黃

153. 耆、芍藥、芎藭各三兩，桂心、甘草各二兩，羌活一兩，乾〔43〕棗卅枚 擘破，

154. 羊精肉三斤。右已上並切，以水二斗，先煮肉，取汁一斗（斗），去肉下 諸

155. 藥，復煎取汁二升半，即去滓，分作三服，服別如人行十里，進一服即 ☒（差）〔44〕。

156. 治〔產〕〔45〕後虛羸，喘息不調，或寒或熱，名為腎勞方。豬、羊腎一具， 去☒☒☒（脂切）〔46〕，

157. 蔥白一升切〔47〕，豆豉一升，白粳米一升，勺藥、生薑各一兩，當歸☐☐ 〔48〕

158. 右切，以水五升，〔煮取三升〕〔49〕去滓，適冷暖，服之即差。

159. 治〔50〕血悶方。好墨，酢〔51〕研，服一合即差〔52〕。又方。酢噀於面上 ☒（當）☐☐〔53〕

160. 鑛搗末，綿裹，內之即差。

161. 治女人產後干嘔方。取牛脂三兩，當口著燒鎌☐☐

162. 煙入喉中即差。又方。桂心末和酒服之即差。☐☐

163. 湯服之即差。

164. 治產後風虛口禁不能言，背不著床方。竈下☒（黃）☐☐〔54〕

165. 服之即差。又方。豆淋酒服之即差。

166. 治產後在辱（褥）赤白痢方。取杏人不限多少，去皮☐☐

167. 煮餺飥食即差。又方。灸額上三七壯即差。☐☐

168. 一枚，羊脾一片，乾薑末少許，韮白一握，切。右並☐☐

169. 作餛飩，空聞酢氣。

170. ☒（治）氣急腹〔55〕脹不下食，心悶方。取地黃汁，小便☐☐

171. 治產後虛弱，腸〔56〕中百病方〔57〕。當歸一兩，勺藥五☐（兩），☐☐〔58〕

172. 五十枚，生薑六分，甘草〔一分〕〔59〕炙。切，以水三升，煮取一升☐☐ 〔60〕

172. 凡灸頭面，艾炷〔61〕不得大〔62〕，但須當脉當穴，徐徐隔☐☐

173. 手腳，艾炷一依筋〔63〕頭。如頭面手腳上灸，艾☒（炷）☐☐〔64〕

174. 令人失精神，四支無力，枯細。凡灸腹背，即艾☐☐

175. 間史一穴，在手橫文後量四指，當雙筋空處，▨（是）☐☐〔65〕

176. 哭泣，稱見鬼神，妄語恍惚，手腳疼痛，卒死。▨（胷）〔66〕☐☐

177. 瘦病，灸三、二七壯，如斯之病並無不差。

178. 治瘦病。當灸病人脊中當節三間寸，三二七壯。☐☐

179. 油麵酒等，其病不差。又方。灸兩手間史☐☐

180. 上三寸，各三壯，日午時將病人於五道上，三性〔67〕人▨（灸）〔68〕☐☐

181. 治令女人面白。生鷄子白一枚，杏人廿枚，去皮尖，研☐☐

182. 明旦煮漿水☐塗☐七八度即☐（差）。

校記：

〔1〕方，原闕，據寫卷體例擬補，下凡同此不復出校。

〔2〕勝，當為「升」之音誤字。

〔3〕斜，叢春雨：「疑『升』字之訛寫。」「斜」為「斗」之俗，一斗等於十升，此處三升水加諸藥，不可能煎取二斗湯藥，故為「升」之誤。

〔4〕屑，寫卷原作「瘠」，形誤。

〔5〕赤腫，寫卷「赤」存上半「土」，「腫」存右半「重」。

〔6〕身上，馬校認為此二字衍。叢春雨認為當在「塗之」之後。案：前方治面上黑黯，「身上」當不屬此方，其下應有闕文，後之「又方」，所用之方皆為塗頭之法，當治頭上諸疾。

〔7〕頭即，寫卷殘存左上角殘畫。

〔8〕傅，寫卷原作「愽」，形誤。

〔9〕差，寫卷殘存上半「羊」。

〔10〕大如拳，眼中差，范校：「『大如拳眼中差』費解，當有脫文。此方以益母草燒灰拌團治面上病，傳世文獻亦有記載。……緊接此方之後的幾個方子是治眼中病，沒有方名，這與醫書體例不符。醫書中每類藥方前均標出總名，本卷體例亦同，然治眼中病的數方沒有名字，顯然這幾個方子前面有脫文。『眼中差』幾字應是治眼病方的文字，與其前的文字不屬同一方，前者治面，後者治眼。」

〔11〕㡳，張校認為是「㡃」的避諱改形字。「㡃布」即「疊布」，即棉布。

〔12〕寒，當為「塞」之形誤字。

〔13〕騏驎，叢春雨：「麒麟，原訛作『騏驎』。」案：「騏驎」與「麒麟」同。

〔14〕取，馬校：「須，原作『取』，西北方音相通。」范校：「『取』在隋唐時期用法

靈活，其後可跟名詞，也可跟表狀態的詞作賓語，作『取』本通，不煩改字。」

〔15〕怗，為「帖」之俗寫，「帖」與「貼」同。

〔16〕薊，應是「薊」之形誤。

〔17〕血，叢春雨：「疑『穴』字之通假。」

〔18〕吼，《醫心方》引《拯要方》作「蔻」。「吼」為「蔻」之音偽。

〔19〕立，《補遺》：「『立』字很可能是『大』的訛誤字，本文中，無論用藥多麼急，『煎』字前均沒有用義為『立刻、馬上』之類的時間副詞。何況本方僅是一個治口臭的方，完全可以慢慢來。如果將『立』改為『大』，那麼句子的意思就會變得更加通達一些：『阿魏一豆大，報煎五、六沸。』」

〔20〕報，《補遺》：「中醫古籍中，『報』字常見，義為反覆，往復。」

〔21〕勒，叢春雨：「拗，原訛作『勒』。」

〔22〕「時」下應直接接 84 行「即急於瓷椀中燒作灰」。82、83 兩行為後抄入之方。

〔23〕擣，寫卷原作「檮」，形誤。

〔24〕褁，當為「裏」之誤。

〔25〕瑱，《外臺》作「真」。案：「瑱」指塞耳之玉，與「真珠」之義不同，當是從下字「珠」誤增「王」旁。

〔26〕熬，寫卷原作「敖」，形誤。

〔27〕馨，字當作「麝」，當是從下字「香」之換旁訛字。

〔28〕「治乳肪方。熱煎桃、柳枝，洗之一兩度，取麝香、胡粉、丁香、薑、桂心，擣作末，已酒下之。暖蓋臥，得汗即差。」此句抄錄之字體不如寫卷工整，且插入在「治產後血不止方」在第二方中，似是後補之方。

〔29〕口中，范校：「『口中』前少一動詞，依本卷用字習慣宜補出『內』或『著』。」

〔30〕本，《補遺》認為係衍字。

〔31〕藝，《補遺》：「『藝』當是『濟』的記音旁出。」

〔32〕握，寫卷原作「掘」，形誤。

〔33〕炒，《醫心方》引《葛氏方》作「蒸」。

〔34〕抄，寫卷殘存上半。

〔35〕羖，范校認為係衍字，蓋「羖」是公羊，顯然是不可能產乳的。此說非也，羖羊乳醫方中常見，可治小兒臍中生瘡等疾，此「羖」可指山羊，而非公羊。

〔36〕赤，寫卷殘泐，茲據 Дх.11210 擬補。

〔37〕即，寫卷殘存左半。

〔38〕作,寫卷殘存右半「乍」。

〔39〕「耳」上馬校補「內」字。

〔40〕「產」下《千金方》有「後」。

〔41〕「虛」下 P.2662V 有「勞損」。

〔42〕短,寫卷原作「矩」,形誤。

〔43〕乾,P.2662V 作「干」,二字古通用。

〔44〕差,寫卷殘存上邊殘畫。

〔45〕產,寫卷原脫,茲據文意及 P.2662V 擬補。

〔46〕脂切,寫卷「脂」殘存下半,「切」殘存右半「刀」,後仍有一字殘缺筆劃,不可辨。

〔47〕切,P.2662V 在「白」下。

〔48〕「歸」下寫卷殘缺劑量。

〔49〕煮取三升,寫卷原無,據 P.2662V 擬補。

〔50〕「治」下 P.2662V 有「產」。范校:「方名補作『治〔產後〕血悶方』穩妥。」

〔51〕酢,P.2662V 作「醋」,二字同。

〔52〕即差,P.2662V 無。

〔53〕當,寫卷殘存上半,其下殘泐約四字位置。

〔54〕黃,寫卷殘存上半「艹」,其下殘泐。

〔55〕腹,寫卷原作「暖」,形誤。

〔56〕腸,P.2662V 作「腹」。范校:「『腸』當是『腹』字之訛。醫書有治腹中百病而未見治腸中百病的。」

〔57〕病方,「病」下 P.2662V 有「當歸湯主」;「方」,P.2662V 無。

〔58〕「五」下寫卷殘泐,茲據文意擬補「兩」,其後殘泐約五字位置,可據 P.2662V 擬補「大棗」一味。

〔59〕「草」下寫卷無劑量,茲據 P.2662V 擬補「一分」。

〔60〕「升」下寫卷殘泐。

〔61〕炷,P.2662V 作「主」,二字同。

〔62〕「大」下 P.2662V 有「依雀糞」。

〔63〕筋,范校:「『筋』當錄為『觔』。敦煌卷子中的『助』字常寫作『肋』。『觔』當是『筋』的俗字,而敦煌醫書中的筋骨之『筋』則多寫作『觔』。『觔頭』即筷子頭,這句話的意思是艾炷應如筷子頭那麼大。『觔頭』醫書常見,用來形

容面積大小。」

〔64〕炷，寫卷殘存上邊殘畫，其下殘泐約五字位置，P.2662V 作「大，灸復太多」。

〔65〕是，寫卷殘存上半，其下殘泐。

〔66〕智，寫卷存上半。

〔67〕性，「姓」之形誤字。

〔68〕灸，寫卷殘存上半。

（二十）醫方（黑帝要略方）

P.3960V

　　P.3960V，起不知名醫方「取臥」，至不知名灸方「間二七壯，即良驗」，凡二十八行，前十四行和末兩行上截殘，第十五至第十九行中部殘缺。共存方二十一首，內容涉及「房中」各方。《法藏》定名為《醫方書》〔註260〕，王目、施目定名為《藥方書》〔註261〕，范新俊從之〔註262〕。黃目定為《殘醫方書》〔註263〕。馬繼興《敦煌醫藥文獻輯校》、叢春雨《敦煌中醫藥全書》、李應存、史正剛《敦煌佛儒道相關醫書釋要》皆因卷尾題有「黑帝要略方」而定名為《黑帝要略方》〔註264〕，其後仍記六方，為卷尾附加之方，今從其說，將寫卷定名為《醫方（黑帝要略方）》。馬繼興、叢春雨認為寫卷「治」字、「療」字並用，「葉」字避諱，但有不避「旦」字諱，似為唐末、五代之際寫本。

　　馬繼興《敦煌古醫籍考釋》（簡稱「馬繼興」），《敦煌醫藥文獻輯校》（簡稱「馬校」），叢春雨《敦煌中醫藥全書》（簡稱「叢春雨」），李應存、史正剛《敦煌佛儒道相關醫書釋要》（簡稱「李釋」）、沈澍農《敦煌吐魯番醫藥文獻新輯校》（簡稱「沈校」）對寫卷有校釋。

　　寫卷未見傳世之本，今據《法藏》錄文，校錄於後。

錄文：

1. ▨▨取臥▨▨▨▨

2. ▨▨中衣帶三寸，燒作灰，和酒服。

〔註260〕《法藏敦煌西域文獻》第三十冊，287 頁。
〔註261〕《敦煌遺書總目索引》，298 頁；《敦煌遺書總目索引新編》，306 頁。
〔註262〕《敦煌醫海拾零》，290 頁。
〔註263〕《敦煌遺書最新目錄》，750 頁。
〔註264〕《敦煌醫藥文獻輯校》，242 頁。

3. ▭和酒付，吞之可御十婦人。

4. ▭作灰和塗上，大弩蜂吞，亦得之。

5. ▭洗，煮去骨，著少許米，日主〔1〕即服之。

6. ▭二蛾七枚未〔2〕，用雞子和丸，▨〔3〕一度。

7. ▭

8. ▭三升，以清酒一升，煮〔4〕取三弗〔5〕汝〔6〕，大良効。

9. ▭酒，雀卵和丸如大豆，日服一丸，妻不在不得。

10. ▭熱，以血和為丸，丸如梧子，日三丸，其妻不

11. ▭燒灰以好酒和服之，立効驗。

12. ▭

13. ▭二升，以好酒二升，煮令沸服之，不三兩服即

14. ▭

15. 治男子▭令乾搗，煎末，和酒服一方寸匕。日再服，神。

16. 療男子▭

17. 男子房損，取菟絲子▭七日內取如拳大，禱〔7〕取汁，和酒服，服日一度，此令養〔8〕。

18. 療男子陰瘻〔9〕不▭

19. 男子不起，取天▭末，蜜和為丸，如梧子，日服十，益健，又可搗取汁，酒。

20. 黑帝要略方

21. 治人陰下癢堅或搔之黃汁出者，取槐枝切，溫〔10〕半升，水二升，煮取一升。

22. 治人陰邊生瘭〔11〕瘡，隨月生死，取雞毛燒灰，酒和傅，大良。

23. 治人陰瘡，取桃葉一升和塩煮，令三沸，洗即差。

24. 治男子卵腫如斗然，縮入腹中，痛不可忍者，灸腳內踝上，日三壯，愈。不差歧腫，灸二；不差，更灸壯。男左女右。

25. ▭乃屈兩足指甲白密際，灸年壯。

26. ▭間二七壯，即良驗。

校記：

〔1〕主，叢春雨：「疑是『生』字之訛。」

〔2〕未，馬校、叢春雨認為係「末」之訛。

〔3〕 ，形似「我」字，然於文義不順，當是從上文「蛾」字誤抄所致，馬校、
　　　叢春雨疑是「服」字之訛，沈校認為通「臥」，為靜置釀製之法，可備一說。

〔4〕煮，寫卷原作「者火」，誤將「煮」當作二字抄錄，「煮」即「煮」也。

〔5〕弗，應是「沸」之省。

〔6〕汝，叢春雨疑「許」字之誤，沈校疑為「濾」更換聲符的俗字。

〔7〕擣，「搗」之形誤字。

〔8〕養，馬校、叢春雨疑「差」字之誤。

〔9〕瘐，「瘦」之形誤字。

〔10〕鹽，「鹽」之形誤字。

〔11〕瘡，「瘍」之形誤字。

（二一）醫方（螢火丸、段兵散）

P.4837B

　　P.4837B，起「〔雌〕黃」之「黃」字，至「若有兵賊」，凡八行，首行
上截殘，存「螢火丸」、「段兵散」二方，草書抄錄。《法藏》定名為《醫方》
〔註265〕、黃目定名為《藥方》〔註266〕，王目、施目定名為《殘醫方書》
〔註267〕，因寫卷抄錄「螢火丸」與「段兵散」兩方，茲定名為《醫方（螢火
丸、段兵散）》。

　　今據《法藏》錄文，「螢火丸」方可見於《傷寒總病論》，以之參校，校錄
於後。

錄文：

1. ⬜⬜（黃）〔1〕、⬜（礜）〔2〕石各二兩，熒火、鬼箭、蒺藜各一兩，

2. 鐵鎚〔3〕柄燋〔4〕黑者，鍛竈中灰，殺羊角各一分半，

3. 並末之，雞子黃丸並雞冠具，丸如杏子，作三角⬜（絳）〔5〕

4. ⬜（囊）〔6〕盛五丸，於左臂，從軍繫腰，解戶上，驗。

5. 段兵散。雄鯉魚膽，青羊肝，白犬腦，一方用膽，

6. 丹砂、雄黃、款冬花、遠志、鷄子黃，八物各三分，

7. 罷治以七月七之百花末二升，攪和之，安六年多

〔註265〕《法藏敦煌西域文獻》第三十三冊，211頁。
〔註266〕《敦煌遺書最新目錄》，773頁。
〔註267〕《敦煌遺書總目索引》，308頁；《敦煌遺書總目索引新編》，327頁。

8. □□□服半錢，禁薰菜六畜肉，若有兵賊

校記：

〔1〕黃，寫卷殘存左半。其上寫卷殘泐。可據《傷寒總病論》擬補「務成子螢火丸，主辟疾病惡氣，百鬼虎狼、蛇虺蜂蠆諸毒，五兵白刃，盜賊凶害者。雄黃、雌」。

〔2〕礜，寫卷殘存左邊殘畫。

〔3〕鎚，《傷寒總病論》作「錘」，古通用字。

〔4〕燋，焦之俗。

〔5〕絳，寫卷較模糊，右半可辨，據《傷寒總病論》錄。

〔6〕囊，寫卷模糊不可辨，據《傷寒總病論》錄。

（二二）醫方（鐘乳散方）

Φ.356

Φ.356，起「鐘乳散方」方名，至藥名「茯苓」，凡九行，末行上截缺。《俄藏》據首題定名為《鐘乳散方》〔註268〕，馬繼興從之〔註269〕。李應存則據主治病症定名為《治五勞七傷等鐘乳散方》〔註270〕，今據寫卷內容定名為《醫方（鐘乳散方）》。

馬繼興《敦煌醫藥文獻輯校》、李應存《俄羅斯藏敦煌醫藥文獻釋要》、沈澍農《敦煌吐魯番醫藥文獻新輯校》對寫卷有校釋之作。

《醫方（鐘乳散方）》未見於現存醫籍，今據《俄藏》錄文，校錄於後。

錄文：

1. 鐘乳散方

2. 石鐘乳散：治五勞七賞〔1〕，五藏錯逆，氣〔上〕搶心，喘噎倚息，

3. 不得安眠，或食歐（嘔）吐則不下，或咳嗽搶氣，惡聞人聲，俓（徑）便薰之，恐

4. 食之，亦獨冷，心腹脹，不消穀，注暴下。或大病之後動則勞復，骨肉消削，

5. 大人顛眩，小兒發癇，皆悉主之。心腹處有寒疝，不能引食，亦可服之，

〔註268〕《俄藏敦煌文獻》第五冊，294 頁。

〔註269〕《敦煌醫藥文獻輯校》，825 頁。

〔註270〕《俄羅斯藏敦煌醫藥文獻釋要》，52 頁。

但不可將

6. □，將今藥喜發，而與寒氣相絞，將溫便自消，厭食得安和。若患脅下留
飲

7. 結滯為癥者，可先下辟，然後服之，使藥氣盡，勤於自勞，無不愈也。其
服藥

8. 節度將御之法，如後方說，勿使違犯，違犯令人生病。方用藦草分數

9. □□五分，房風四分，細辛三分，茯苓□□

校記：

〔1〕「賞」，「傷」之音誤。「五勞七傷」為常見病症，《千金方‧腎臟‧補腎第八》：
「論曰：『補方通治五勞六極七傷虛損。五勞五藏病，六極六腑病，七傷表裏
受病。』……黃帝問五勞七傷於高陽負。」

（二三）醫方（除咳逆短氣專中丸方）

Φ.356V

Φ.356V，起「人參三分」，至「除咳逆短氣專中丸方」之「九物」，凡七
行，抄於 Φ.356 背面，《俄藏》定名為《除咳逆短氣方，專中丸方》〔註271〕，
李應存《俄羅斯藏敦煌醫藥文獻釋要》從之〔註272〕。馬繼興編為《不知名方
第三十八種殘片》〔註273〕。

馬繼興《敦煌醫藥文獻輯校》、李應存《俄羅斯藏敦煌醫藥文獻釋要》、
沈澍農《敦煌吐魯番醫藥文獻新輯校》對寫卷有校釋之作。今據《俄藏》錄
文，校錄於後。

錄文：

1. 人參三分，杏子六分，甘草，薑

2. 桂，茯苓各五分。凡六物冶合，和以蜜，

3. 丸如彈丸，含咽汁，除咳逆短

4. 氣

5. 專中丸方：用人參，烏頭，蘡華，元〔1〕華，大黃，丹□

6. 雄黃各二分，代堵〔2〕六銖，巴豆，七十枚，去心皮，熬

〔註271〕《俄藏敦煌文獻》第五冊，295頁。
〔註272〕《俄羅斯藏敦煌醫藥文獻釋要》，52頁。
〔註273〕《敦煌醫藥文獻輯校》，823頁。

7. 九物□□□

校記：

〔1〕元，馬校：「芫，假為元。」案：「元」為「芫」之省旁字。

〔2〕堵，馬校：「赭，原訛堵。」

（二四）醫方（婦科秘方）

Дх.00924

Дх.00924，起不知名方「淨洗瘡然」，至「人虐發（病）」方「和臘月（豬脂）」之「月」字，共二十行，上下均殘，存方二十七首。《俄藏》定名為《婦科秘方》〔註274〕，《俄藏敦煌漢文寫卷敘錄》認為寫卷是醫學經典作品，內容是治療婦科病的藥方，但未明確定名〔註275〕。李應存等《俄羅斯敦煌文獻 Дх.00924 婦科疾病為主民間單驗方與 P.2666 療各科病症之單藥方等醫書對比釋要》定名為《婦科疾病為主民間單驗方》。寫卷內容為治療婦科疾病之方，今定名為《醫方（婦科秘方）》。

李應存、李金田、史正剛《俄藏敦煌文獻 Дх.00924 錄校》（簡稱「李校」）、沈澍農《敦煌吐魯番醫藥文獻新輯校》（簡稱「沈校」）對寫卷有校記。今據《俄藏》錄文，以敦煌寫卷 P.2666V 為參校本，校錄於後。

錄文：

1. □□☒（淨）〔1〕洗瘡☒（然）□□〔2〕

2. □取婦人□□

3. □□在〔3〕於大門裏入地一尺，☒（被）〔4〕不蟲食□□〔5〕

4. □□土〔6〕，安〔7〕著〔8〕食中，與婦人吃〔9〕，取〔10〕外□□〔11〕

5. □□出〔12〕取弓弦三尺五寸〔13〕燒作灰，和〔14〕酒□□〔15〕

6. □□☒（白）〔16〕狗腳〔17〕乳，內著產門中行〔18〕房，驗〔19〕。

7. □□☒（酒）〔20〕服之，便迴女為男。五月五日□□〔21〕

8. □□☒（屋）〔22〕梁〔23〕上，宜〔24〕田螺〔25〕，吉。婦人嬈〔26〕，取驢〔27〕蹄□□〔28〕

9. □□☒（湯）〔29〕中，將淋頭，差。婦人倒生，取麻□□

〔註274〕《俄藏敦煌文獻》第七冊，201 頁。

〔註275〕《俄藏敦煌漢文寫卷敘錄》，619 頁。

10. ⬚不〔30〕止〔31〕，塩末以密和小豆許，封眼角⬚⬚〔32〕
11. ⬚喫，飲盡即出。人盜汗，取死人衣⬚〔33〕
12. ⬚中〔34〕垢，吉〔35〕。六月六日取未嫁女衣作⬚⬚
13. ⬚⬚（五）〔36〕月五日日出時取東引桃枝一，刻⬚⬚
14. ⬚▨（酒）〔37〕和飯，堂上坐食〔38〕，家無口舌〔39〕，吉。
15. ⬚▨（產）〔40〕，取眾人尿泥為〔41〕丸，吞〔42〕枚即出〔43〕。
16. ⬚子。婦人產後腹〔44〕中痛，取大豆⬚⬚〔45〕
17. ⬚莖〔46〕燒作灰，和酒與夫喫〔47〕，即愛〔48〕。
18. ⬚婦人腹中子死〔49〕，取苟杞子三升服⬚〔50〕
19. ⬚▨（灰）〔51〕，取井華水服〔52〕，有〔53〕驗。人虐發⬚⬚〔54〕
20. ⬚芥〔55〕去子留皮，▨（曬）乾〔56〕擣〔57〕末，和臘月⬚⬚〔58〕

校記：

〔1〕淨，寫卷殘存下邊殘畫。上有缺文，P.2666V 作「治禿人，三月三日半開桃花，
　　蔭乾百日，與桑赤椹、臘月豬脂和，灰」。
〔2〕然，寫卷殘存上半，其下殘泐，P.2666V 作「後塗豬脂，即差，永更不發」。
〔3〕「在」上寫卷殘泐，P.2666V 作「五月五日埋米一升」。
〔4〕被，寫卷殘缺右下角「又」，P.2666V「被」在「不」後。
〔5〕「食」下寫卷殘泐，P.2666V 作「五穀萬倍，大吉」。
〔6〕「土」上寫卷殘泐，P.2666V 作「知婦人造事，有外夫者，取牛足下」。
〔7〕安，P.2666V 無。
〔8〕「著」下 P.2666V 有「飲」。
〔9〕「吃」下 P.2666V 有「時」。
〔10〕取，P.2666V 作「令夜臥喚」。
〔11〕「外」下寫卷殘泐，P.2666V 作「夫名字，又道期會處，勿使人博之」。
〔12〕「出」上寫卷殘泐，P.2666V 作「凡人純生女，懷始六十日」，無「出」。
〔13〕三尺五寸，P.2666V 無。
〔14〕和，P.2666V 作「取」，下有「清」。
〔15〕「酒」下寫卷殘泐，P.2666V 作「服之，回女為男」。
〔16〕白，寫卷殘存下半。其上寫卷殘泐，P.2666V 作「治婦人無子，多年不產，取」。
〔17〕腳，P.2666V 無。
〔18〕「行」上 P.2666V 有「以」。

〔19〕驗，P.2666V 作「立得」。

〔20〕酒，寫卷殘存下半。

〔21〕「日」下寫卷殘泐，P.2666V 作「於中庭燒牛角，闔家富貴」。

〔22〕屋，寫卷殘存下邊「土」，其上殘泐，P.2666V 作「二月社日，取酒二升，著」。

〔23〕梁，P.2666V 作「梁」。

〔24〕「宜」上 P.2666V 有「家」。

〔25〕「蠶」下 P.2666V 有「財錢橫至，大」。

〔26〕嬈，P.2666V 作「別意」，義同。

〔27〕驢，P.2666V 作「白馬」。

〔28〕「蹄」下寫卷殘泐，P.2666V 作「中土，安婦人枕下，物使人知，睡中自道姓名」。

〔29〕湯，寫卷殘存下半，其上寫卷殘泐。P.2666V 此條為「療頭風方」，文字略不同。

〔30〕「不」上寫卷殘泐，P.2666V 作「治人眼中冷淚出」。

〔31〕「止」下 P.2666V 有「取」。

〔32〕「角」下寫卷殘泐，P.2666V 作「即差」。

〔33〕「衣」下寫卷殘泐，P.2666V 作「帶，燒作灰，以水煮作湯洗，即差」。

〔34〕「中」上寫卷殘泐 P.2666V 作「八月一日旦起，去齊」。

〔35〕吉，P.2666V 作「令人多智，至者無病」。

〔36〕五，寫卷殘泐，茲擬《醫心方》擬補。

〔37〕酒，寫卷殘存下半，其上寫卷殘泐，P.2666V 作「二月社日，取」。

〔38〕「食」下 P.2666V 有「之，合」。

〔39〕「舌」下 P.2666V 有「孝順宜大畜，小兒驚啼，書齊下，作貴字大」。

〔40〕產，寫卷殘存下邊殘畫，其上殘泐，P.2666V 作「治婦人難」。

〔41〕為，P.2666V 無。

〔42〕「吞」下 P.2666V 有「七」。

〔43〕即出，P.2666V 作「令其早產」。

〔44〕腹，寫卷原作「腸」，形誤字，茲據 P.2666V 改。

〔45〕「豆」下寫卷殘泐，P.2666V 作「三枚吞之，須臾即差」。

〔46〕莖，P.2666V 作「尾」，其上寫卷殘泐，P.2666V 作「夫增婦，取鼠」。

〔47〕喫，P.2666V 作「服之」。

〔48〕愛，P.2666V 作「憐婦」，義同。

〔49〕「死」下 P.2666V 有「不出」。

〔50〕「服」下寫卷殘泐，P.2666V 作「即差」。

〔51〕灰，寫卷殘存下半，其上寫卷殘泐，P.2666V 作「治婦人無子，取桑樹孔中草燒」。

〔52〕「服」下 P.2666V 有「之」。

〔53〕有，P.2666V 無。

〔54〕發，P.2666V 作「病」，其下寫卷殘泐，P.2666V 作「日自服半升小便，即差」。

〔55〕芥，P.2666V 作「頰」，其上寫卷殘泐，P.2666V 作「治人痔病，取皂」。

〔56〕曬乾，P.2666V 無。「曬」，寫卷殘存右半「麗」。

〔57〕「擣」下 P.2666V 有「作」。

〔58〕「月」下寫卷殘泐，P.2666V 作「豬脂及蜜溏，作餅子，熱暴坐上，即差」。

（二五）醫方（婦人去子方等）

Дх.1295

Дх.1295，起「人隱具男」，至「治婦」，凡四行，下截殘，行有界欄。《俄藏》定名為《醫書》〔註276〕，李應存定名為《治婦人等病醫方書殘片》〔註277〕，今據其內容有婦人去子方三首定名為《醫方（婦人去子方等）》。

今據《俄藏》錄文，校錄於後。

錄文：

1. ▭▭人隱具男▭▭
2. ▨▨▨（婦人去）〔1〕子方三首。治婦人▨▭▭
3. 羽燒末，三指撮，著酒中，和飲▭▭
4. 血中清為水者，是也。▨▨（治婦）▭▭〔2〕

校記：

〔1〕婦人去，寫卷「婦」殘存左邊殘畫，「人」殘存左半，「去」殘缺右上角筆劃。

〔2〕治婦，寫卷殘存右上角殘畫。

〔註276〕《俄藏敦煌文獻》第八冊，68 頁。
〔註277〕《俄藏敦煌漢文寫卷敘錄》，70 頁。

（二六）醫方（治婦人赤白等方）

Дx.03452　　Дx.04437

　　Дx.03452，存兩行文字，行有界欄，上下皆殘缺，Дx.04437，存四行文字，行有界欄，上下皆殘缺，兩寫卷字體、行款皆相同，特別是「赤」、「服」二字的字體完全相同，當是同一寫卷的兩個碎片，先後順序未明。

　　《俄藏》將 Дx.03452 定名為《儀禮》〔註278〕，誤。Дx.04437 末行有「治婦人赤白」五字，李應存據之定名為《治婦人赤白等醫方書殘片》，且因卷中不避高宗之「治」字諱，推測為五代時期寫本〔註279〕。

　　今據《俄藏》錄文，校錄於後。

錄文：

Дx.03452

　　1. ▨▨▨。▨▨▨▨（治婦人□□）〔1〕▨

　　2. ▨失令正，赤末，服方寸匕▨▨

Дx.04437

　　1. ▨▨▨▨

　　2. ▨▨（椒）〔2〕各一分▨▨▨▨牛角刮▨▨▨▨（鰓）〔3〕酒服，日三。

　　3. 治婦人赤白▨▨

校記：

　　〔1〕治婦人□□，寫卷「治」殘存左半「氵」，「婦」殘存左半「女」，「人」殘存左邊殘畫，其後兩字模糊不可辨。

　　〔2〕椒，寫卷殘存下半。

　　〔3〕鰓，寫卷殘缺右上角。

（二七）醫方（婦人方）

Дx.4158＋Дx.4161　　Дx.4996

　　Дx.4158，起不知名醫方「胎自下」，至不知名醫方「以所斷瓠頭」之「以所」二字右半殘畫，凡三行，上截殘缺。

〔註278〕《俄藏敦煌文獻》第十冊，301 頁。
〔註279〕《俄羅斯藏敦煌醫藥文獻釋要》，71 頁。

Дx.4161，起不知名醫方「著上盛瓠中」，至「去子方」之「分等末綿裹」，凡十二行，上截殘缺，Дx.4158 末行所殘留之「以所」二字右半殘畫可與 Дx.4161 首行「著上盛瓠中，以所斷瓠頭」之「以所」二字左半殘畫相拼接，凡一十四行。

拼接後的寫卷可知醫方有「治婦人善失子方」二首，「壞任（懷妊）未滿三月欲去之方」及「去子方」四首，皆為婦人方。

Дx.4996，起不知名方「乳五六升」，至「治婦人新產後斷氣欲死方」之「下血」，凡六行，首行和末二行上截殘缺，行有界欄，存「身體疼痛方」等婦科類醫方三首。與前兩殘卷未知前後之順序。《俄藏》未定名，李應存將 Дx.4996 定名為《治婦人新產後等醫方書殘片》〔註 280〕，今據寫卷內容定名為《醫方（婦人方）》。李應存據寫卷中不避「治」字諱，推測為五代時期寫本。

李應存等《俄羅斯藏敦煌醫藥文獻釋要》對寫卷有校釋，今據《俄藏》錄文，校錄於後。

錄文：

Дx.4158＋Дx.4161

1. ▨胎自下，令人之，不極神良。
2. ▭▨取新好▨▨瓠，以鋸〔1〕斷其頭▭
3. ▭著上盛瓠中，以所斷瓠頭
4. ▭▨（兒）〔2〕胞。治婦人善失子方。桃
5. ▭▨▨之，埋四交道中，如藏兒杖，令
6. ▭方，作黍米糵一甌，令滿於四交道
7. ▭▨中作橳匕百枚，南向一拜，拜曰：苦无
8. ▭▨（盞）〔3〕是匕，去無還頭作糜時，无令
9. ▭遇得女，神良秘。治婦人善失子
10. ▭▨兒飽，並埋之子方，保父母神▨（良）〔4〕
11. ▭女置胞中，并埋之，後不復失也。
12. ▭壞任（懷妊）未滿三月，欲去之方。雄鳥
13. ▭▨（微）〔5〕下出見止。欲知雄鳥，先燒其羽，置

〔註 280〕《俄羅斯藏敦煌醫藥文獻釋要》，73 頁。

14. □□☒（去）〔6〕子方。附子、桂、甘草，分等末，綿裹

Дх.4996

1. □□☒（乳）〔7〕五六升□□
2. □□疾身躰〔8〕疼痛方，治桂寸匕服□□
3. □□☒（治）〔9〕婦人新產後斷氣欲死方□□
4. □□☒令清冷服之，服之腹中熱□□
5. □□兩，切服□□
6. □□之下血□□

校記：

〔1〕鋸，當是「鋸」之形誤。

〔2〕兒，寫卷殘缺上邊殘畫。

〔3〕盞，寫卷殘缺上邊「戈」。

〔4〕良，寫卷殘存上半。

〔5〕微，寫卷殘存下半。

〔6〕去，寫卷殘存下半「厶」。

〔7〕乳，寫卷殘缺上邊筆劃。

〔8〕躰，「體」之俗字。

〔9〕治，寫卷殘存下半。

（二八）醫方（下血方等）

Дх.4679

Дх.4679，起不知名醫方服食之法「先食」，至不知名醫方病證「下血不止，短氣」，凡五行，下截殘，行有界欄。《俄藏》未有定名，李應存等定名為《殘存阿膠等藥物醫方書》〔註281〕。

從寫卷殘存文字來看，應抄錄三方到四方，但均不完整，或存藥名，或存病證，或存炮製之法，或是服食之法。僅有「下血方」這一具體方名，現據此擬定名為《醫方（下血方等）》。李應存根據卷中用字及藥物，推測為唐以後五代寫本。

李應存《俄羅斯藏敦煌醫藥文獻釋要》對寫卷有校釋，今據《俄藏》錄

〔註281〕《俄羅斯藏敦煌醫藥文獻釋要》，73 頁。

文，校錄於後。

錄文：

1. ☐☐先食，以酒服寸匕，日☐☐
2. ☐☐▨▨（滿把）〔1〕，阿膠大如疏☐☐
3. ☐☐下血方。羊皮二斤，水一斗二升☐☐
4. ☐☐兩㕮咀，內皮汁中，復景▨（陽）〔2〕☐☐
5. ☐☐▨▨▨下血不止，短氣☐☐

校記：

〔1〕滿把，寫卷殘存右半。

〔2〕陽，寫卷殘存上半。

（二九）醫方（殘片）

Дx.7192

　　Дx.7192，起不知名醫方藥劑「當歸二兩」，至「痛愈」，殘存兩行文字，下截殘缺，行有界欄。不知方名，僅存「當歸」、「生薑」兩味藥和部分服食之法，今定名為《醫方（殘片）》。

　　此殘片未有校釋之作，今據《俄藏》錄文，校錄於後。

錄文：

1. 當歸二兩，㕮咀，生薑〔1〕五▨☐☐
2. 七合，日三，▨▨（痛愈）〔2〕▨▨▨☐☐

校記：

〔1〕薑，「薑」為「薑」之省旁字。

〔2〕痛愈，寫卷殘缺左邊筆劃。

（三十）醫方（咳嗽方）

Дx.10298＋Дx.05898＋Дx.11210＋Дx.02999＋Дx.03058

　　Дx.10298，起「治上氣咳嗽方」，至「治咳嗽吐血方」中「服之」，凡九行，下截殘，行有界欄。馬繼興編為《不知名醫方第三十七種殘片》〔註282〕。

　　Дx.05898，起「治上氣咳嗽方」中「各半兩」，至「治咳嗽吐血方」之「又

〔註282〕《敦煌醫藥文獻輯校》，821頁。

方」，共十行，上截殘，行有界欄，前九行可與 Дx.10298 上下相綴合。

Дx.11210，起「治咳嗽吐血方」之「又方」，至「治上氣咳嗽方」之「又方」條「和白蜜服之」，共十六行，下截殘，行有界欄，與 Дx.10298 文字上可相連接。

Дx.02999＋Дx.03058，俄藏已將兩殘片綴合，綴合後的殘片起「治上氣咳嗽方」之「服之□五升」之「升」，至「又方」條「去滓服之」，共七行，上截殘，行有界欄，與 Дx.11210 可上下綴合。

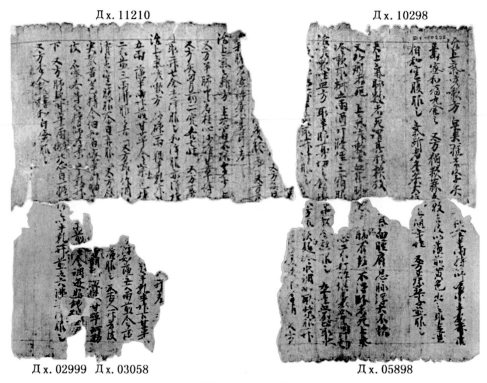

Дx.11210　　　　　　　　　　　Дx.10298

Дx.02999　Дx.03058　　　　　　　Дx.05898

（附：綴合圖）

綴合後的寫卷（見附圖）共抄錄「治上氣咳嗽方」、「治咳嗽吐血方」、「治上氣氣斷方」、「治上氣咳嗽方」四方，各方下又有「又方」數方，茲據其內容定名為《醫方（咳嗽方）》，馬繼興據 Дx.10298 中「治」字不避諱，斷為唐以前寫本。

馬繼興《敦煌醫藥文獻輯校》（簡稱「馬校」）對 Дx.10298 有校釋，其餘寫卷未有校釋之作，今據《俄藏》錄文，後兩方以敦煌寫卷 P.3930 為參校本，校錄於後。

錄文：

1. 治上氣咳嗽方。皂夾一挺，去皮、子炙□□▨〔1〕各半兩，擣篩，

2. 蜜和為丸，含之。又方：獨顆蒜五枚，去皮，以蘓（蘇）煎黃色，出之，取生薑

3. 相和空腹服之。氣斷者，灸大▨（椎）〔2〕上，隨年壯。又方，葵藜子煎服之。

4.

5. 夫上氣脉數者死，謂其形損故。□（上）〔3〕氣，面腫肩息，脉浮大不治，

6. 又加痢者死。上氣咳嗽，吐血，其脉數，身膓〔4〕有熱，不得臥者死。上氣

7. 咳嗽，取椒五兩，酒一升，浸。經三宿，服□心二分，打碎，織囊含澤効。

8. 治咳嗽吐血方。取羊肺一具，切之鎗▨（鐵）〔5〕中熬令熟，服之。卒吐血不止，取水

9. ▨▨▨▨一升半，煎取一升汁，服之。又方。取溲麵，冷水調如酪漿，服一升

10. ──又方。每日▨▨▨▨為清。又方。

11. ──度數。又方。▨（咳）〔6〕──

12. ▨臟及蜜灌囊塞耳，差。

13. 治上氣氣斷方。生蔥白不限多少，▨（無）──〔7〕

14. 又方。羊肺中著桂心、沙碯〔8〕、甘草，擣──〔9〕

15. 又方，灸臂前二穴，各七壯〔10〕。又方，蔓──〔11〕

16. 取二升七合，去澤服之，和澤服〔12〕亦得，擣──〔13〕

17. 治上氣咳嗽方。砂碯〔14〕一兩，殺羊乳一升──〔15〕升，差〔16〕。▨（又）──〔17〕

18. 五兩，蓏〔18〕半升，煎甘草，令紫赤色，擣──〔19〕殺羊乳半升，下甘草〔20〕

19. 二分，煎三兩沸，服之差。又方，取作酒──〔21〕▨（去）〔22〕澤，妙〔23〕蓏三大〔24〕兩，煎令蓏

20. 消盡，空腹服一合，旦再服〔25〕。又方，▨（錫）〔26〕──蘇，服之。又杏人一升去皮

21. 尖，熬黃色，搗令細，和白蜜半升，細□□□（又）方。胡椒、薄樵、甘草、訶勒

22. 皮，石蜜各等分，搗篩為末，半熟一升□□兩煎，煎令調，每服一錢□用□

23. 下。又方。肺熱，甘草一兩，炙搗，蔥白一握，切之，以牛乳一升，煎五六沸，去滓服之。

24. 又方。杏人熬搗，和白蜜服之。

校記：

〔1〕「炙」下寫卷殘缺三字左右，下接「各半兩」，則此處至少有兩味藥，根據《普濟方》關於上氣咳嗽方的記載，可擬補「乾薑」和「桂」兩味三字。

〔2〕椎，寫卷殘存上半。

〔3〕上，寫卷原殘缺，據上下文擬補。

〔4〕腸，當為「腹」之形誤字。「身腸」二字，醫籍中未見，而《醫宗金鑒·初生門》有「面赤唇紅，身腹俱熱，小便不利」等證。

〔5〕「鐵」字殘存上半，應與上字「鐺」互乙。

〔6〕咳，寫卷殘存上邊殘畫。

〔7〕無，寫卷殘存上邊殘畫，其下殘泐，P.3930作「鹽熱餅裏食之，以暖□□即差」。

〔8〕磄，P.3930作「唐」。《說文新附·米部》：「糖，飴也。從米，唐聲。」作「磄」、「唐」皆音訛字。

〔9〕搗，P.3930無，其下寫卷殘泐，P.3930作「乳灌之，熟煮，食之即差」。

〔10〕「壯」下P.3930有「即差」。

〔11〕「蔓」下寫卷殘泐，P.3930作「菁切，取二升，粳米一抄，以水四升，煮取」。

〔12〕「服」下P.3930有「之」。

〔13〕搗，P.3930作「搗」，「搗」為「搗」之俗。其下寫卷殘泐，P.3930作「韭汁服之」。

〔14〕「磄」下P.3930有「好甜蘇各」。

〔15〕「升」下寫卷殘泐，P.3930作「熟煎相和服之，□五」。

〔16〕「差」上，P.3930有「即」。

〔17〕又，寫卷殘存左邊殘畫，其下殘泐，P.3930作「方，甘草」。

〔18〕蘊，P.3930作「蘇」。「蘇」與「蘇」同，寫卷作「蘊」為「蘇」之換旁俗寫。

〔19〕「搗」下寫卷殘泐，P.3930作「為末，每取」。

〔20〕「草」下 P.3930 有「末」。

〔21〕「酒」下寫卷殘泐，P.3930 作「漿四升」。

〔22〕去，寫卷殘存左下角殘畫。

〔23〕妙，P.3930 作「好」，義同。

〔24〕大，P.3930 無。

〔25〕「煎令蘸消盡，空腹服一合，旦再服」句，P.3930 作「即差」。

〔26〕錫，寫卷殘存上半。

（三一）醫方（房中方）

Дx.10769

Дx.10769，起不知名醫方「女不覺」，至「有病者」，共四行，行有界欄，考其內容為治男女房中之方，茲定名為《醫方（房中方）》，今據《俄藏》錄文於後。

錄文：

1. 女不覺，男子如是，刺額出血，刺臂刺腳時，當
2. 使女人急捉，令覺。女人不覺，男子肩以上膝
3. 以下若有癰創，使女人捉男子破无罪隱處，
4. 不得隱處者，肩以下膝以上若付處有病者。

（三二）醫方（備急丸等方）

Дx.11210V

Дx.11201V，起「備急丸」方之「寫藥大黃半兩」，至「大三黃丸」方之「麝香二分」，凡四行，前三行下截殘缺，末行首屬均殘。存備急丸、三黃丸、大三黃丸三方，《俄藏》未定名，今據其內容定名為《醫方（備急丸等方）》。

今據《俄藏》錄文，校錄於後。

錄文：

1. 寫藥大黃半兩，干薑二分，巴豆二分，去▨□〔1〕
2. 必寫，名備急丸。三黃丸：黃連、黃▨□〔2〕
3. 食一日後。忌▨面蒜等。大三黃丸：黃連□
4. □兩，乾薑三分，麝香二分，□

校記：

〔1〕「去」下底卷殘泐，《千金方》有「張仲景三物備急丸，司空裴秀為散，用治心腹諸卒暴百病方。大黃、乾薑、巴豆各等分，右皆須精新，多少隨意。先搗大黃、乾薑，下篩為散，別研巴豆如脂，內散中合搗千杵，即爾用之為散亦好，下蜜為丸，密器貯之，莫令歇氣。若中惡客忤，心腹脹滿、刺痛，口噤氣急，停屍卒死者，以煖水若酒服大豆許三枚，老小量之。扶頭起，令得下喉，須臾未醒，更與三枚。腹中鳴轉得吐利便愈。若口已噤，可先和成汁，傾口中令從齒間得入至良」。可備參考。

〔2〕「黃」下底卷殘泐，三黃丸者，黃芩、大黃、黃連，故可先擬補「連、大黃」三字。

（三三）醫方（藥方殘片）

Дх.19064

Дх.19064，起不知名醫方藥劑「鹿茸半兩」，至「丁香半兩」，凡八行，存二十一味藥，療治病證及炮製服食之法均闕，茲據內容定名為《醫方（藥方殘片）》。

今據《俄藏》錄文，校錄於後。

錄文：

1. 鹿茸半兩〔1〕，沉香三字〔2〕，官桂一兩〔3〕，
2. 附子一兩〔4〕，肉蓯容二兩半，良薑二兩〔5〕，
3. 川濡子二兩〔6〕，厚朴一兩〔7〕，黍半兩〔8〕，
4. 肉豆蔻一兩四分〔9〕，川椒一兩，破故㕭（紙）一兩，
5. 薑二兩〔10〕，桂心半兩〔11〕，巴戟一兩〔12〕，
6. 牛膝一兩〔13〕，烏葉一兩〔14〕，五味子一兩〔15〕，
7. 當歸一兩〔16〕，蓽澄茄三兩半〔17〕，
8. 丁香半兩〔18〕

校記：

〔1〕半兩，寫卷旁注「五分」。

〔2〕三字，寫卷旁注「五分」。

〔3〕一兩，寫卷旁注「六分」。

〔4〕一兩，寫卷旁注「八分」。

〔5〕二兩，寫卷旁注「六分」。

〔6〕二兩，寫卷旁注「四分」。

〔7〕一兩，寫卷旁注「三分」。

〔8〕半兩，寫卷旁注「五分」。

〔9〕一兩，寫卷旁注「四分」。

〔10〕二兩，寫卷旁注「二分」。

〔11〕半兩，寫卷旁注「三分」。

〔12〕一兩，寫卷旁注「五分」。

〔13〕一兩，寫卷旁注「三分」。

〔14〕一兩，寫卷旁注「二分」。

〔15〕一兩，寫卷旁注「二分」。

〔16〕一兩，寫卷旁注「三分」。

〔17〕三兩半，寫卷旁注「七分」。

〔18〕半兩，寫卷旁注「二分」。

（三四）醫方（肺藏篇）

羽43＋？＋P.4038

羽43，為冊子黏頁本，存五面，起「論云，肺藏魄」，至「染鬚法」第三「又方」之「於鬚梢脇之云」，凡五十七行，行約十七字，書寫潦草。其中第一至第十五行內容與孫思邈《備急千金要方》卷第十七「肺臟」的「肺臟脈論第一」，非常相似，但二者又不能完全對等。陳明《西域出土醫學文書的文本分析：以杏雨書屋新刊羽042R和己043號寫卷為例》（以下簡稱「陳明」）〔註283〕認為本段所論述並未超出六朝隋唐中醫傳統論述的範圍，也沒有過多的理論創新，從文字的角度來看，又不是照抄孫思邈《備急千金要方》卷第十七（肺藏）「肺藏脈論第一」，說明在孫思邈的時代（或者其後世）存在著兩種論述肺臟的表達方式，二者文字有出入，內容卻無差池。後四十六行，存換鬚髮方及又方兩種、染鬚法及又方三種。《敦煌秘籍》據第二頁藥方名定名為「換鬚髮方」。

P.4038，起「青龍實中人三兩」，至「一年身若飛」，凡八十三行，行約十七字。存「療丈夫卌已上，七十已下，不及少年方」、「臨川何詮廿四處傳得

〔註283〕《慶賀饒宗頤先生九十五華誕敦煌學國際學術研討會論文集》，503頁。

方」、「鉛梳子方」等九方。《法藏》定名為《道家醫方》〔註284〕，叢春雨定名為《道家養生方》〔註285〕，《敦煌外治法與保健養生》認為卷子內容以養生強身補益方為多，其中道家術語甚多，亦名之《道家養生方》〔註286〕，《敦煌道教文獻研究》命名為「胎息行氣絕谷仙方」〔註287〕，《敦煌佛儒道相關醫書釋要》名之曰「療病養生延年方」〔註288〕。

陳明認為羽43與P.4038是同一抄寫者所寫的同一寫卷，並根據羽43將其命名為「換鬚髮方」，然而P.4038中除「鉛梳子方」、「松笋變白方」、「韋侍郎變白方」及又方等黑髮變白方之外，尚有「通聲膏方」、「療鼻中生瘡方」等實用性的療疾方，以及「療丈夫卌已上，七十已下，不及少年方」、「神仙定年法」、「八公散」等養生之方，故僅以「換鬚髮方」名之略顯不妥。寫卷書寫體例與《備急千金要方》卷第十七「肺藏」篇較為相似，先有總論，後為諸方，總論中言及「肺藏魄」、「鼻為肺之官」、「肺氣通於鼻……中榮於髮，外主於氣」等論述，與後諸方皆相通，今據《備急千金要方》體例擬定名為《醫方（肺藏篇）》。

羽43據《敦煌秘籍》錄文，P.4038據《法藏》錄文，以《備急千金要方》（簡稱「《千金方》」）和《外臺秘要》（簡稱「《外臺》」）為參校本，校錄於後。

錄文：

羽43

1. 論云〔1〕：肺藏〔2〕魄，魄藏者任物，任物〔3〕之情〔4〕，主肺〔5〕，為上將
2. 軍，位在西方金〔6〕，為〔7〕五藏之華〔8〕。隨神往來，謂之
3. 魂〔9〕，並精出入，謂之魄。魄者，主〔10〕肺之藏也，鼻為〔11〕
4. 肺之官，為〔12〕肺氣通於鼻，能〔13〕知臭香〔14〕，循
5. 環紫宮〔15〕，中榮〔16〕於髮，外主於〔17〕氣，內主魯，與
6. 乳相當，主〔18〕辛。重〔19〕三斤二〔20〕兩，六葉兩耳，凡八葉〔21〕。
7. 主藏魄，號〔22〕魄藏，隨節應會，故云肺藏氣。

〔註284〕《法藏敦煌西域文獻》第三十一冊，23頁。
〔註285〕《敦煌中醫藥全書》，673頁。
〔註286〕《敦煌外治法與保健養生》，207頁。
〔註287〕《敦煌道教文獻研究》，272頁。
〔註288〕《敦煌佛儒道相關醫書釋要》，221頁。

8. 其〔23〕病則鼻口張，若〔24〕實熱則喘逆氣急〔25〕，

9. 則陽氣盛；若虛寒則欬息下利，少氣，

10. 則陰氣盛。發其源流虛實，萬不失一，

11. 凡人精氣並〔26〕於肺則悲，悲則傷魄矣。

12. 換鬚髮方　譚家得

13. 婆羅得〔27〕一顆，肥潤新者，母丁香一顆如大杏

14. 人大，生新者上。

15. 右兩般，以生鐵鎚於麁瓦椀中打碎，相和細研，

16. 藥乾，即下生薑汁研，直取細膩如微塵洗之，

17. 又以生薑汁重研千百，搗如稀糊，即收入生鐵

18. 合子中。若用，即以竹枝子取藥如油麻大，先點

19. 鬚所，拔訖，火急，又取藥一兩點，點鬚孔訖，當

20. 日不得洗，至來日縱用洗手面，三日不得使澡豆、

21. 皂莢，三日已後即生黑也。其藥使用已後乾硬，

22. 臨用時，準前以薑汁用鐵鎚重研如稀糊使用，

23. 五年不變。

24. 又方。

25. 菴〔28〕摩勒一顆新好者，婆羅得一顆肥潤者，

26. 母丁香兩顆新者。

27. 右三般，以生薑汁準前方細研如稀糊，取露

28. 蜂窠一房，以藥滿蜂窠孔中，盛之訖，兩箇

29. 瓷椀上下合著，經三日後卻取藥出，又取

30. 薑汁，用生鐵鎚重研使用。一依前方，妙於前

31. 方，十年不變。

32. 又方。

33. 取七月七日百合根熟搗，瓷瓶中盛，取器物

34. 逐大小令滿，又重以瓶器重之，以臘紙密封，懸

35. 於戶楣上，陰之一百日。用依前方，先點後拔，

36. 拔後重點，三日後即黑生也，一年不變。

37. 染鬚法。

38. 取槐根自流汁，斫斷即有汁流。

39. 以瓷瓶子收之，可得五合已來，以生碎鐵二兩入
40. 汁中浸，經半年已來，瀉出於鐵合中，取沒石
41. 子一顆，梧桐子一顆，穀實一升，搗取汁，一時
42. 收槐汁中，要染，即以皂莢水洗鬚，待乾，
43. 用塗之，立即黑也。一年不變。
44. 又方。
45. 就樹上取石榴一顆，以尖刀子刺破通錢
46. 入，即以錫錢二文內入石榴中，以澡豆、麵封
47. 痕，又將綿裹一重，於上更著茗葉，又以綿
48. 裹，無霜即和枝折下取汁，用惹鬚尖，自
49. 引藥入肉中，當時便黑也。用藥之時，先須
50. 含乳，免齒黑，一年不變也。
51. 又方。
52. 取水牛前脛骨一枚，鑽上作孔，如筋頭大，以竹
53. 筯子剌髓令碎，取上色清漆二合，內入骨
54. 中，便以蠟紙密塞孔，又將臘紙三重封裹，
55. 埋馬糞中，經一百日取出，瀉瓷合中盛。若
56. 用，即先淨洗鬚，即塗藥鬚梢頭，去肉一寸
57. 已來，遍塗藥訖，沸湯一椀，於鬚梢脇之云。

P.4038

1. 青龍實中人三兩，杏人也，新白者，湯退皮，去
2. 尖及人，蒸熟，搗為糊。玄中津二升生天門冬子也。去皮心，生
3. 搗，絞取汁，微火煎，令如稀餳，以白蜜一合，已下鍋
4. 中覺和。
5. 右已前諸藥末等，一時入鍋中，調覺乾濕得
6. 所，將出，入鐵臼中，搗一萬餘杵，併手撚為顆，顆
7. 如梧子大，每每空腹酒下卅丸，日再服。服經一百
8. 日，肌骨肥潤，血脉通流，至二百日，眼明耳聰，
9. 宿疾、氣勞、暗風、頭風悉除，手脉自知有
10. 力，面目已有光澤。固得鬚髮不白，永無衰
11. 老，登高履深，筋力不乏，〔行及〕〔29〕奔馬，心神不動。

12. 雖不上升，永為地仙，下鬼冥目，莫能近也。

13. 此藥有神，合和之時，取天玄晴朗，兼擇王

14. 相吉日。忌不具足人，懷任女子，孝子，噁心疾

15. 妬等人見之，飛禽走獸不得令見。合藥成，

16. 捧香爐望北啟，天神太一君、北斗真人，點

17. 心中。若服藥之意訖，即再拜，然始取藥服

18. 之。切忌向惡人、不信道、不信三寶人說此

19. 藥名，玄科天符下罰，令藥無功。

20. 此藥亦忌向無信人說也，餘不忌飲食。

21. 皂莢子、鹿茸、白伏苓、地黃、兔絲子、

22. 苟杞子、杏人、生天門冬汁、白蜜。

23. 療丈夫卅已上，七十已下，不及少年方。

24. 鐘乳一分，令精倍，虵床子一分，遠志一分，

25. 鹿茸一分，並細研如唐〔30〕末，肉從容一分

26. 署預一分　續斷一分，為末。

27. 右已上七味，並搗為散，和合一處，每旦以

28. 無灰好酒服方寸匕，食後再服，十日即自

29. 知，身輕眼明，力生腰脊，神妙不可及也。

30. 臨川何詮廿四處傳得方

31. 漢椒一斤　旋菖花一斤　白芷一斤　瓦

32. 松五兩　桂心一尺闊一寸者，栢花五兩，

33. 側栢者，兼絕人行處者妙。生地黃三斤，

34. 取汁用，取足。

35. 右以前藥共搗為末，乃取生地黃汁浸

36. 諸藥，夜浸，日中曝之，取汁盡為度，練

37. 蜜為丸。每日服十丸，加至一百丸，周而復始。

38. 忌蒜。

39. 又鉛梳子方，鬚髮已白，從根變黑。

40. 折搓紫草一斤，細搗為末，乳頭香一大兩，

41. 搗為末，鉛沙半斤，鐺中鎔鉛成水，乃以

42. 少石流黃末投鉛水中，鉛當時成乾沙，

43. 乾柞木梳子二枚。

44. 右以臘月生油一大升，乾淨瓷器中盛

45. 之，以前三味投油中，浸卌日訖，以梳二枚

46. 安藥中，浸一月日，乃取梳出，拭卻藥，以

47. 梳梳頭並須，乃依前藥中浸，用即更互，

48. 使其功無比。

49. 又松笋變白方

50. 松笋長五寸已來者，採三斤已上，不得取

51. 墓塋上者。

52. 右取松笋曝乾，遇雨即火焙乾，後取

53. 桑椹、地黃、旱蓮子草、南燭葉四味

54. 汁各三升，已上次弟（第）浸松笋，以藥汁盡

55. 為度，然後曝乾，搗篩，蜜和為丸，空

56. 心酒下卌丸，任意加減。

57. 忌依服地黃法。

58. 韋侍郎變白方

59. 生地黃一斤，生牛膝半斤，苟杞子二斤，烏

60. 麻一升熬，黃連五兩，生天門冬五兩。

61. 右以酒三斗，浸七日，任服多少。

62. 通聲膏方

63. 五味子、通草、人參、細辛、桂心、竹茹、

64. 昌蒲、款冬花各三兩〔31〕，杏人、蜜〔32〕、薑汁

65. 各一升，酪蘇〔33〕五升，棗膏一升〔34〕。

66. 右〔35〕微火煎，三上三下，去滓，內薑汁、蜜、棗

67. 等〔36〕，攪調〔37〕，酒服如棗大〔38〕。

68. 療鼻中生瘡方。

69. 黃連、黃蘗、大黃、黃芩各二分，搗為散，

70. 傅瘡上。

71. 神仙定年法　於王五經本

72. 生地黃白廿斤，笮取汁，置桐器中，湯上煎令得

73. 斗許，以乾地黃細末二斗，阿膠二挺　白蜜二斗，煎

74. 可丸，丸如梧子，服十丸，日三，廿日驗。

75. 又方

76. 地黃、門冬各十斤，搗絞取汁，微火煎減半，內蜜

77. 四斤，阿膠五兩。又，煎可丸，服如彈子三、二枚，日三，令

78. 人健，髮不白。

79. 八公神散。

80. 乾地黃卅兩　天門冬十二兩　昌蒲十八兩　遠志

81. 四兩　石韋四兩　五味子四兩　伏苓二兩　桂心

82. 三兩。凡八味，搗篩，飯後服方寸匕，日三，卅日知，

83. 二百日行及奔馬，一年身若飛。

校記：

〔1〕云，《千金方》作「曰」，義同。

〔2〕藏，《千金方》作「主」。

〔3〕任物，《千金方》無。

〔4〕情，《千金方》作「精」，下有「也」。

〔5〕主肺，《千金方》無。

〔6〕位在西方金，《千金方》無。

〔7〕「為」上《千金方》有「所以肺」。

〔8〕「華」下《千金方》有「蓋」。

〔9〕隨神往來，謂之魂，《千金方》無。

〔10〕主，《千金方》無。

〔11〕為，《千金方》作「者」。

〔12〕為，《千金方》無。

〔13〕「能」上《千金方》有「鼻和則」。

〔14〕臭香，《千金方》作「香臭」，下有「矣」。

〔15〕「宮」下《千金方》有「上出於頰，候於鼻下，回肺」。

〔16〕「榮」下《千金方》有「華」。

〔17〕於，《千金方》無。

〔18〕主，《千金方》作「左乳庚，右乳」。

〔19〕「重」上《千金方》有「肺」。

〔20〕二，《千金方》作「三」。

〔21〕「葉」下《千金方》有「有十四童子七女子守之，神名鳥鴻」。

〔22〕「號」下《千金方》有「為」。

〔23〕其，《千金方》作「扁鵲曰：肺有」

〔24〕若，《千金方》無。

〔25〕氣急，《千金方》作「胷憑仰息」。

〔26〕並，《千金方》作「共」。

〔27〕婆羅得，《本草綱目》：「時珍曰：婆羅得，梵言重生果也。」〔註289〕

〔28〕菴摩勒，《本草綱目》作「庵摩勒」，「菴」與「庵」同。《正字通‧艸部》：「菴，草舍曰菴，……釋氏結草木為廬，亦曰菴。一作庵。」〔註290〕

〔29〕行及，底二原缺，沈澍農據古醫籍常例補。案：「行及走馬」古醫籍常見，亦可作「行如奔馬」，「走及奔馬」，「走逐奔馬」等。如《千金方‧養性‧服食法第六》「去三蟲方」有「一年行及奔馬，消息四體安穩」，「服天門冬方」有「三百日身輕，三年走及奔馬」句。

〔30〕唐，為「糖」之省旁。

〔31〕人參、細辛、桂心、竹茹（青竹皮）、昌蒲幾味藥劑，寫卷為三兩，《千金方》為二兩。竹茹，《千金方》作「青竹皮」。

〔32〕蜜之劑量，寫卷為一升，《外臺》同，《千金方》為二升。

〔33〕酪蘇，《外臺》作「酪酥」，《千金方》作「酥」。「酥」與「蘇」同。劑量《千金方》與寫卷同為五升，《外臺》作二兩。

〔34〕一升，《千金方》作「三升」。

〔35〕「右」下，《千金方》有「十三味㕮咀，以水五升」。《外臺》「㕮咀」作「細切」，義同。

〔36〕蜜、棗等，《千金方》作「棗膏、酥、蜜」，《外臺》只有「棗膏」。

〔37〕攪調，《千金方》作「煎令調和」。

〔38〕如棗大，《千金方》作「棗大二丸」。《外臺》作「如棗二枚」。

（三五）醫方（偏方）

BD14709

BD14709，起「子延月孕」，至「鄉愁苦，日月勿正，目視之失明也」方，

〔註289〕《本草綱目》，2030 頁。

〔註290〕《正字通》，934 頁。

存三十行，一方一行，卷軸裝，首尾均殘。《國家圖書館藏敦煌遺書》定名為《不知名雜偏方》，並認為係歸義軍時期寫本〔註291〕。

　　寫卷殘存醫方三十條，多為民間偏方，部分可見於現存醫方，如「食兔肉乾薑立即霍亂」條，《食療本草》有云：「兔與生薑同食，成霍亂。」「麥芒入目，以麥汁入目中，差」條，《本草綱目》治「麥芒入目」，以大麥煮汁洗之，即出。今據其內容擬定名為《醫方（偏方）》，並據《國家圖書館藏敦煌遺書》校錄於後。

錄文：

1. 子延月孕。

2. 食兔肉乾薑立即霍亂。

3. 凡人空腹食藥子，令人鬲上熱，亦作癰癤，食桃永定。

4. 作淋病，婦人月水下，不用行房，為赤帶。

5. 婦人懷孕不得食雀肉，令子小目。

6. 凡人自絞死，以小便灌鼻耳中、口中，即活。

7. 又自勒死，取死人腳直下，掘地可深三尺，二尺必有死炭，取之和酒灌口中，立驗。

8. 麥芒入目，以麥汁入目中，差。

9. 刺存肉中不出，取乾牛糞塗上，差。

10. 凡人勿暗地吃食，令人瘦病及鬼疰。

11. 恒以月朔日洗頭，大吉。

12. 恒以月梅〔1〕沐浴，大吉。

13. 每朝日眼井華水四漉，去万病。

14. 臥訖勿著燈，燗〔2〕人神不安。

15. 夜間星月下勿露形倮〔3〕躰〔4〕，一切黃起及鬼祟害人。

16. 凡人大汗，勿棄床，懸腳成氣病。

17. 沖寒來勿即臨火面上，令作癇病。

18. 吃熱食勿將冷酢漿水嗽口，令人口臭。

19. 諸乾脯火燒不動者，食之百年不消，鸕鷀不能救之。

20. 人臥在床勿歌詠，令不祥事起。

〔註291〕《國家圖書館藏敦煌遺書》第一百三十二冊，6頁。

21. 人臥不得大語，必損力少氣。

22. 人棄井欄坐，令橫口舌起。

23. 婦人不上竈，切忌之。

24. 新哭訖不得喫食，令人作鬼氣病。

25. 凡人新病差，勿食五辛，卑卑眼暗。

26. 人傷飽即成癖痛病。

27. 人飽勿急走，損五藏。

28. 大汗勿令冷水洗，即成刺風疾。

29. 丈夫頭勿北臥，魂魄不安。

30. 彡愁苦，日月勿正，目視之失明也。

校記：

〔1〕梅，當係「晦」之形誤字。

〔2〕燸，與「照」同。

〔3〕倮，與「裸」同。

〔4〕躰，為「體」之俗。

（三六）醫方（牛熱風入心等方）

天理大學藏

此寫卷不知編號，藏於天理大學，起不知名醫方藥劑「穹窮」，至「酒二合合灌，立差」。凡 5 行，主治病證單行大字，藥物、劑量、服食方法雙行小字。沈澍農定名為《牛熱風入心病方》。寫卷只存「熱風入心」四字主治病證，其後小字注明此乃「牛熱風入心病方」，其上尚有未知名方一首，故按本書體例，定名為《醫方（牛熱風入心等方）》。

沈澍農《敦煌吐魯番醫藥文獻新輯校》對寫卷有校釋之作，今據天理大學藏本錄文，校錄於後。

錄文：

1. 穹窮、▨▨（厚朴）〔1〕、▨▨（當歸）〔2〕、▨▨〔3〕、▨▨▨▨▨▨▨▨▨▨▨▨（灌，差）〔4〕。又方。藍澱半兩，甘草二兩，煮烏豆汁三升，和灌，差。

2. 熱風入心。此牛熱風入心病方。大黃、黃連、芒消、青黛各三兩末，酥油各半升，小豆一升。煮（煮）爛，取汁二升，和灌。又方。煮（煮）

取濕虱

3. 果（裹）角上，差。螃蟹二枚，寒水石、朴消各二兩末，麻子汁三升。和
   藥末灌，立差。▨□（又方）〔5〕□□麩醬三升，馬薊一握取汁，苜蓿一

4. ──芒消，青黛，胡桐律，支子□□▨麻子汁二升，生鱉一兩。

5. ──差。又方。桑槐取根一兩□□一升，酒二合，和灌，立差。

校記：

〔1〕厚朴，厚，寫卷殘缺右邊筆劃；朴，寫卷殘存左半「木」。

〔2〕當歸，當，寫卷殘存左半殘畫；歸，寫卷殘存左半「止」。

〔3〕此味藥模糊不可辨。

〔4〕灌差，灌，寫卷殘存左邊「氵」；差，寫卷殘存左半。

〔5〕又，寫卷殘存右邊殘畫。方，據寫卷體例擬補。

二、道家方書

（一）醫方（十二支日得病及治病方）

S.1468

　　S.1468，起「子日得病者」，至亥日得病治病法「令酒喉玉舉鳴」，凡 25 行，諸家多定名為《陰陽書》，叢春雨認為是《陰陽書中有關病症與藥名摘錄》〔註1〕，李應存則具體到《陰陽書中十二支日得病與病症、藥名的摘錄》〔註2〕，王卡則認為是《鎮宅解犯治病日曆（擬）》〔註3〕。寫卷內容抄錄的是十二支日得病與治病之法，故定名為《醫方（十二支日得病及治病方）》。

　　今據《英藏》錄文於後。

錄文：

1. 子日得病者，須赤小豆一升，水花五升，卯上土五升，合渥儲置午地
2. 上，去舍九步，不然九尺，其病即差。
3. 丑日得病者，須火炭卅五梃，每長五寸，取子上土九升，江水三升，生鐵
4. 五斤，合渥置末上，去舍八步，亦八尺，其病□□（即差）。
5. 寅日得病者，須死人骨一枚，大豆三升，生鐵十斤，取亥上土四升作渥
6. 置申上，去舍七十步，亦七步，即差。
7. 卯日病者，須五姓人來者人別土五升，清酒一升，生鐵九斤，置大門
8. 中埋，病即差。

〔註1〕《敦煌中醫藥全書》，738 頁。
〔註2〕《敦煌佛儒道相關醫書釋要》，285 頁。
〔註3〕《敦煌道教文獻研究》，255 頁。

9. 辰日病者，須東家陌頭土七升，以赤小豆七升，白米七升，川流水一升，

10. □甕盛之，置病人房內，即差。

11. 巳日病者，須作土人七枚，每長七寸，書人腹作鬼字，以酒脯祭之，呪
    曰：今

12. 曰：厶（某）甲疾病，今土人七箇；厶（某）乙身命，土人一，去其鬼一
    個，不得更住土人一發，

13. 其病即絕。五止已寒虐毀病人，不得火，急急如律令，送五道頭，

14. 勿反面，其病即差。

15. 午日病者，須舍西方土方別三升，作渥於庭中，◪作土人高一尺，面向

16. 北，遣手把刀，病人即差。

17. 未日病者，須鹿角一枚，雄雞尾一枚，埋大門限下即差。

18. 申日病者，須清絲繩一，長一丈於庭中，◪作坡中，置長刀一口四方

19. ◪◪燃燈，病人即差。

20. 酉日病者，修理頭差病人牀前，吉。又須致鐵器置門下埋之，◪。

21. 戌日病者，藏竹卅五段，每長三尺，桃木廿五段，每長一尺，梧桐木五
    枚，各段

22. 九寸，總來用病人甘水濾之，而五道頭即差。

23. 亥日病者，鬼在佰房中，其人家飲漬，恒相急競，鬼述其心，鬼有◪

24. 一鬼在病人牀頭，常與病人語。又一鬼昨夜驚褚也，鬼長三尺三，兩面，
    上有

25. 生毛在其得樅中，令酒喉玉舉鳴。

（二）醫方（絕穀仙方、去三尸方等道家方術）

S.2438

S.2438，起不知名方「光紫色而」，至不知名方「騰躍自在」，凡 69 行，
其中抄錄絕穀仙方、去三尸方、採黃精方、絕穀不饑、治三尸法等道家方術。
《英藏》定名為《道家方書（絕谷仙方、去三尸方……）》〔註4〕，施目只云
是《藥方》〔註5〕，黃目取前二方名，定為《絕谷仙方，去三尸方》〔註6〕，

〔註4〕《英藏敦煌文獻》第四冊，71頁。
〔註5〕《敦煌遺書總目索引新編》，74頁。
〔註6〕《敦煌遺書最新目錄》，86頁。

叢春雨只取前一方，定為《絕穀仙方》〔註7〕，李應存認為是道家為主兼及佛家之辟穀方書〔註8〕，王卡從之擬為《太清神仙服食經方（擬）》〔註9〕。今據寫卷內容，參考諸家，按本書體例，定為《醫方（絕穀仙方、去三尸方等道家方術）》。

今據《英藏》錄文，校錄於後。

錄文：

1. 光紫色而▢▭

2. 年化為流星，流星千年▢▭

3. 為浮水，金入水不耗反益☒▢▭

4. 太清，此飛仙之法勿☒▢▭

5. 酒二升，與茯苓合☒（餅）〔1〕▭

6. 絕穀仙方　胡麻之法

7. 如一名三光之貴榮，一名☒▢▭

8. 昌，一名含暎，一名青襄，是其葉，食▭

9. 好成熟者搗，持土穢，隨意多少，☒（湯）〔2〕▭

10. 乾後蒸之，使微氣出，極溜通止，更曝▭

11. 曝，每至蒸時，要須快日，天陰不得☒▭

12. 復溫而復蒸，都曝訖，而後搗之，和以白蜜分☒▭

13. 至服時，一服一枚，以日三時服之，可長生不死，☒（一）年☒（便）〔3〕
▭

14. 十一月上亥日，收槐子，熟好者，☒著黃☒▭

15. 服之百日，上見天文，二百☒☒☒☒初服一枚，☒（後）〔4〕▭

16. 又十月上建，收槐子三升，☒☒☒（七）〔5〕枚，一年夜☒▭

17. 二年万病皆除，服之三☒☒☒☒聰明下▭

18. 取章陸根卅斤，去惡▭

19. 陰乾六十日，末篩，方寸匕☒（和）〔6〕▭

20. 取寶，立得不難，日行千▭

21. 金不傳。去三尸方，恒以☒▭

〔註7〕《敦煌中醫藥全書》，677頁。

〔註8〕《敦煌佛儒道相關醫書釋要》，246頁。

〔註9〕《敦煌道教文獻研究》，256頁。

22. 黃、雌黃，等分，末之，以綿☑（裹）〔7〕☐

23. 死，出去，壽五百年活。又☑（方）〔8〕☐

24. 以酒和取，八月破除日，和藥☐

25. 百病癒，服三節，耳目聰明☐

26. 同光。上屍百日，中屍六十日，下☐

27. 雞子，上屍黑，中屍青，下屍☑（白）〔9〕☐

28. 伺人罪過，上奏天翁，世間☐

29. 涸其藥力，令人百病不☑（愈）〔10〕。☐

30. 五色。若不去三尸，但☐

31. 仙人，與日月同光，莫視凡下☐

32. 又方，七月十七日，去手爪足爪，吞腹中，去三☑（屍）〔11〕☐

33. 又方，取蕪荑五升、乾柒四兩、苟杞根☑（四）〔12〕☐

34. 華水服，日一食，五日三尸虫於下部中出時，☐

35. 防護之。三日後自好，不須防。觀世音菩薩☐

36. 傍（螃）蟹八枚，上好酒半升，右☑☑蟹☑末和☐

37. 肉身日行萬里奔馬，趏（趁）不及☑☐

38. 從經劫數已來，不曾見之念☑☐

39. 說令人狐疑顛倒。採黃精方：☑（惡）〔13〕☐

40. 洗卻惡皮毛，細切，一石水煮之，至☑☐

41. 黃末，和作餅，日服如雞子☐

42. 不老，聰明万倍，与天地☑（相）〔14〕☐

43. 搗熟，以水一石煮，復內麻☑☐

44. 可丸如雞子大，日服三丸，十日已後☐

45. 服之百日，万病皆除，三二間即昇天矣。☐

46. 洗，生搗，以生大豆黃末一升，和合作餅如常，以糖☑☐

47. 服一餅，後日三餅，漸自不飢，至十日已後☐

48. 睡眠，自然不須食，一年已後升☐

49. 黃精，二名重樓，三名仙人餘糧☐

50. 天老曰，天地所生草，有食之，令☐

51. 名曰黃精，餌而食之，所以度世☐

52. 之，入口即死，人若信呴〔15〕吻傷☑（人）〔16〕☐

53. 或乎其草精者，葉似竹▢▢

54. 也，夫採以二月、八月、三月▢▢

55. 禁忌食梅。絕穀不飢方：▢〔17〕米，▢▢▢

56. 大豆敖之，上六味各五合，搗篩為末，白蜜一斤，▢▢

57. 可丸如李子大，頓吞服之，令人終不飢渴，夫▢▢

58. 皆須天氣晴明，先當清心齋戒，香湯沐浴▢▢

59. 可合和仙藥。又治三尸法：取狼牙根陰乾▢▢

60. 服之一方寸匕，日三，明虫下得▢▢

61. 麻子二升，大豆一升，已上冬服，麻子▢▢

62. 麻子亦炒，和搗作末，每日一抄，三▢▢服之，▢▢▢▢

63. 服之，若經一年，日行千里。五芝方：烏麻油一▢▢

64. 茯苓半斤、椒四兩，餳半口、口蜜二合，令▢▢▢

65. 日三服，食之三丸，以日出時▢▢▢▢▢及午時、申時▢▢

66. 年，頭白更黑，力徹虛空，口▢（日行）〔18〕千里。王喬▢（傳）〔19〕▢▢

67. 五斤，水三石，於釜口稍稍添水煮之，可至一升▢（人）〔20〕即▢▢

68. 之又內白蜜一升，重湯中更煎五升▢▢

69. 騰躍自在

校記：

〔1〕餅，寫卷殘存上半。

〔2〕湯，寫卷殘缺下邊。

〔3〕便，寫卷殘存左半。

〔4〕後，寫卷殘存上半。

〔5〕七，寫卷殘缺上邊。

〔6〕和，寫卷殘缺下邊。

〔7〕裏，寫卷殘存上半。

〔8〕方，寫卷殘存上邊「宀」。

〔9〕白，寫卷殘存右邊殘畫。

〔10〕愈，寫卷殘缺左下角。

〔11〕屍，寫卷殘存左半。

〔12〕四，寫卷殘存左下角。

〔13〕惡（惡），寫卷殘存上半西。

〔14〕相，寫卷殘存上半。

〔15〕呴，勾也，從下字「吻」加「口」旁。

〔16〕人，寫卷殘存右邊殘畫。

〔17〕此字不可辨，僅存左半「方」。

〔18〕日，寫卷殘闕，行，寫卷殘存左下角殘畫，據上下文擬補。

〔19〕傳，寫卷殘存上半。

〔20〕人，寫卷殘存右邊捺筆。

（三）醫方（辟穀方、車前方、健行方）

S.5795

　　S.5795，首行殘缺較多，只能辨識「及」字，從第四行「吞四丸即不饑」句，應是辟穀方。末行應為健行方又方「遠志一」，凡 14 行。寫卷下半殘缺，抄有辟穀方二首、車前方、健行方二首，《英藏》定名為《醫方（辟穀方等）》〔註10〕，施目、黃目均定名為《醫方》〔註11〕叢春雨據首方定名為《殘辟穀方》〔註12〕，李應存則名為《辟穀長生方》〔註13〕，王卡《敦煌道教文獻研究》名之為《太清神仙服食經方（擬）》〔註14〕，今據寫卷存方擬定為《醫方（辟穀方、車前方、健行方）》。

　　今據《英藏》錄文，校錄於後。

錄文：

1. ☐☐☒（食＋？）〔1〕及☒☐☐
2. ☐☐時時得吃三兩個，非其人勿無限☐☐
3. 雄黃八兩、禹餘糧六兩、消石四分。右三分☐☐
4. 為丸，吞四丸，即不飢。又方：雲母一☒、練松☐☐
5. 車前根葉二升，茯苓一斤，防風一斤，志☐☐
6. 服半升，速欲斷穀，可服一升，日再服，渴飲冷水☒☐☐
7. 不飢，服六十日升仙，智惠（慧）萬倍，日誦千言，憶持☐☐
8. 車前方：取車前根葉、澤寫二物，可恣口☐☐

〔註10〕 《英藏敦煌文獻》第九冊，153 頁。

〔註11〕 《敦煌遺書總目新編》，182 頁；《敦煌遺書最新目錄》，208 頁。

〔註12〕 《敦煌中醫藥全書》，681 頁。

〔註13〕 《敦煌佛儒道相關醫書釋要》，240 頁。

〔註14〕 《敦煌道教文獻研究》，258 頁。

9. 人氣力強足，能超騰，服之百日，身輕目明，服□□

10. 長生不死。健行方，龍骨☑兩，遠□□

11. 臘脂三升，治篩末和豬脂，欲遠行時以□□

12. ☑不得雨露中行，住即洗卻。欲行，更□□

13. □☑方：遠志一□□

14. □□☑□

校記：

〔1〕此字只存左半「食」，上下殘缺，未能辨識為何字。

（四）醫方（三種神藥證治方）

S.6030

S.6030，起「（天神）木三兩」，至「皆來告人吉凶」，凡13行，《英藏》定名為《陵陽禁方》〔註15〕，李應存認為是《道家陵陽禁方》〔註16〕，施目、黃目則定名為《陰陽方術書》〔註17〕，王卡認為是《陵陽子說黃金秘法（擬）》〔註18〕。寫卷抄錄天神木、地神枝及人神根三種神藥及證治方法，定名為《醫方（三種神藥證治方）》。

今據《英藏》錄文，校錄於後。

錄文：

1. □□（天神）〔1〕木三兩五月五日收，地神枝三兩九月九日收，人神根三兩七
   （月七）日收□□

2. 此藥出處人間多饒，此木故不言耳。人將木餌蠶（蠶）子更不重玄也。

3. 地神枝者，桑木東向根肥皮入土是也。此藥案四方取之，東行桑木乃可

4. 用，餘者不用耳。人神根者，构木根東向是也。此藥出處人間偏饒。此藥

5. 取一名楮，一名白苧，一名茄木，一名构木，凡有四名，能通四方鬼，與
   人通靈也。

6. 此三種神藥至其日收之，各別陰干，百日，各別搗三百杵。凡三藥總搗九

7. 百杵畢，搗和丸，以井華水少許和之為丸，大如羊屎，為丸以五色彩囊

〔註15〕《英藏敦煌文獻》第十冊，48頁。
〔註16〕《敦煌佛儒道相關醫書釋要》，275頁。
〔註17〕《敦煌遺書總目索引新編》，188頁；《敦煌遺書最新目錄》，216頁。
〔註18〕《敦煌道教文獻研究》，258頁。

盛之,

8. 藥隨身即隱,不過七日,皆自見形木,使人目覩(睹)分明▨▨。若欲役使之

9. 法,搖振五彩囊三遍,一切鬼神立至,還言語預來報人矣。若欲知他

10. 家有金玉鎖匙穀米,人口大小,皆振囊召鬼神而問之,盡能報人種之□

11. 耳。或家有病,或家平安,或家有賊來侵害人,或有惡人慾來煞害己,皆

12. 召而問之,能逆知未然之事,預覩來吉▨(凶)也,若人家遭疾病時患,或生或

13. 死,皆來告人吉凶。

校記:

〔1〕天神,寫卷原闕,據下文擬補。

（五）醫方（養生方）

S.6052

　　S.6052,起「白子膏」方,至「具方以茯苓伐木」,凡33行,上方殘缺。除白子膏、伏黃連法,其餘方名皆殘缺,內容多為長生、養生之法,《英藏》、劉目、施目、黃目均定名為《醫方》〔註19〕,馬繼興編為《不知名醫方第十一種殘卷》〔註20〕,叢春雨據內容定名為《服食養生方書》〔註21〕,李應存則定名為《養生醫方》〔註22〕,今據內容定名為《醫方（養生方）》。

　　今據《英藏》錄文,校錄於後。

錄文:

1. 白(柏)子膏▨▨▨□

2. ▨乃浮湯中煎如飴,稍稍服之,病癒長生。

3. ▨升,一服半升,日三。治夏志(至)絕傷吐,絕傷吐。

4. ▨又法,生地黃十五斤,一方,八十五斤,生

5. ▨洗,絞令味盡,合銅器微火煎,合三,分

〔註19〕《英藏敦煌文獻》第十冊,59頁;《敦煌遺書總目索引》,234頁;《敦煌遺書總目索引新編》,189頁;《敦煌遺書最新目錄》,217頁。

〔註20〕《敦煌醫藥文獻輯校》,403頁。

〔註21〕《敦煌中醫藥全書》,654頁。

〔註22〕《敦煌佛儒道相關醫書釋要》,236頁。

6. ⬜服五十丸，卅日，三日〔1〕，不知疾病皆愈之。

7. ⬜其鬚葉及細根，搗絞取汁，以精肥者

8. ⬜⬚（更）乾之，可直切，蒸之半數，數以酒瀝灑之。用

9. ⬜⬚（膝）廿斤，以栟木灰，若胡麻灰淋盡，汁干

10. ⬜冷更煮之。如此三過，曝乾搗篩，蜜

11. ⬜四丸，日三，卅日。夜半施草篿席中，進布

12. ⬜道畢，不介（爾），復滿十五日後，見西⬚乃上。

13. ⬜⬚（見）便索玉棌，言曰，瞻天之車，停在魁剄（剛）

14. ⬜便服之。勿中息，升仙灵。禁以衣履借人，雲

15. ⬜雄黃一斤，合搗，蜜和丸如梧子，服五丸，日三。

16. ⬜又方，天門冬十斤，百日。見玉使鬼神

17. ⬜⬚（法）。槐木靈星之精，十月上巳取子，細薪

18. ⬜⬚，服一丸，一日二丸，三日三丸，如此至十五日，日加一丸，計十

19. ⬜⬚（收），此藥主補腦，畢服之，令頭不白，好顏色。

20. ⬜旦夕各吞一枚，十日身輕，卅日髮齒更生黑。

21. ⬜⬚（之）精，一名栙〔2〕或作楮賢〔3〕方

22. ⬜⬚（兩），內蕭〔4〕中，蜜其口，若苦，瓠囊盛之，

23. ⬜⬚（煮）一日一夕，至其時出，著桐器中，微火

24. ⬜卅日，上下東西畢賢，百日出入，不由

25. ⬜行穢。又法，七月七日取赤實

26. ⬜物，暗中著盡。伏黃蓮法。

27. ⬜日正月上卯平旦，以井華水方寸匕，日五

28. ⬜月宜戌中日，取蓮實，九月宜戌日取

29. ⬜已巳日再百日，通神不老，出五符。

30. ⬜松脂丸之，服如梧子十丸，三，令人不老，不

31. ⬜丸之。一方云：白菊花味苦，五月採。又法，菊

32. ⬜日，老⬚成童子。一方無雲母，有門東、半

33. ⬜⬚（若）未令⬚⬚彈丸具，具方以茯苓伐木

校記：

〔1〕三日，叢春雨疑為「日三」之倒文。

〔2〕栙，叢春雨認為是「楖」字之誤。

〔3〕賢，馬繼興與叢春雨認為當作「實」。

〔4〕蕭，叢春雨疑為「筒」字之訛。

（六）醫方（調息方、休糧方、妙香丸子方）

P.3043

　　P.3043，起調息之法之「之脈」二字，至「妙香丸子方」之「次下白」，後殘缺，凡二十行。存調息方、休糧方及妙香丸子方三種道家養生之方。寫卷之定名，諸說紛紜，《法藏》定名為《調息方休糧方妙香丸子方》〔註23〕，黃目定名為《三田住壽方、休糧方、妙香丸子方》〔註24〕，叢春雨定為《服氣休糧及妙香丸子方》〔註25〕，李應存則是定為《調息服氣休糧養生方》〔註26〕，此皆據寫卷內具體醫方所擬；王目定名為《藥方書》〔註27〕，范新俊從之〔註28〕，此定名較簡單而籠統。而王卡的《敦煌道教文獻研究》則將其名為《胎息行氣絕谷仙方》。今從《法藏》等方法，將寫卷定名為《醫方（調息方休糧方妙香丸子方）》。

　　今據《法藏》錄文，校錄於下：

錄文：

1. ▨▨（之脈），▨▨（息）〔1〕▨▨（之脈），▨▨▨▨▨（目無所視），耳無所聞，心無所思，心身然▨，▨▨▨▨▨，經

2. 三百息，漸漸方可，不令意亂，良久便納。學習多時，或得七息，

3. 為之初地之人。初一兩息即教，九十五息放旦，至十五息不通，百

4. 十二十息大通矣。若能集之一千息或三千息仙矣。第一日服七口，弟（第）

5. 二六口，三日五口，四日四口，五日三口，六日兩〔口〕，七日一口，八日不吐不納，如要開食，光

6. 喫麵，或三日來不得吃鹽醋、油膩、生冷、醋滑、凍硬、黏物、小豆、喬

7. 麥麵等。七日、三日有病，六字法如後作之，瘥矣。噓除赤眼、呬除冷、呵

〔註23〕《法藏敦煌西域文獻》第二十一冊，140 頁。

〔註24〕《敦煌遺書最新目錄》，700 頁。

〔註25〕《敦煌中醫藥全書》，671 頁。

〔註26〕《敦煌佛儒道相關醫書釋要》，244 頁。

〔註27〕《敦煌遺書總目索引》，278 頁。

〔註28〕《敦煌醫海拾零》，289 頁。

　　總除四大病；

8. 呵〔2〕除焦口病；嘻除心悶，亦除冷；呼除脾病，唇焦。歌曰：勤守忠，莫放逸。外不入，內不出，還

9. 本源，萬事畢。又歌曰：內有真田不朽，若人得之命長久，上補泥

10. 丸下補元，三田之中為住壽。六字法：大月從呵至呼呬吹噓嘻，小月從

11. 呵噓吹呬呼嘻。極妙之方。

12. 休糧方：大麻子三升，以水浸，夏月三日，冬七日，候藥生蒸為度，乾曬去皮，取仁；

13. 黑豆三升為末，取前麻仁旋旋杵，伴盡豆末，旋曬乾為度，仍候日色，可九蒸九曝，右件藥，特

14. 地杵羅為末。每要絕食時，只可喫三合已來，細細咽之。不〔3〕

15. 不得喫熱物，便飲冷湯冷水。如要開食，喫葵粥退

16. 之。退後三五日，不得吃濕麵、黏食。如覺寂寞，即少少

17. 更喫，不得多。極妙之。妙香丸子：

18. 鶴虱二分，朱砂一分，雨餘糧二分，仁參二分，茯苓一分，苟脊一分，

19. 貫眾一分，白松脂，白臘，黃臘各等分。

20. 右件藥並須細搗，羅為末。先須銷松脂，次下白

校記：

〔1〕服息，「服」，寫卷殘存左半「月」，「息」，寫卷殘存左半。

〔2〕呵，「吹」之誤。噓呵呼呬吹嘻六字訣，為吐納之法。下文有「大月從呵至呼呬吹噓嘻，小月從呵噓吹呬呼嘻」句。

〔3〕不，衍字可刪。

（七）醫方（煉丹法及雜方術）

P.3093V

　　P.3093V，起煉丹方之「子☒☒不佳」，至《定風波》詞「喘粗如睡遭沉溺」。凡 102 行，行約 17 字，抄錄不知名煉丹之法、六一泥法、長生湧泉汞法、釵子法、白朱砂法等煉丹之法以及疾風方、地黃丸等雜症方，後有定風波詞三首。《法藏》定名為《雜方術》〔註29〕，李應存從之〔註30〕。王目曰「藥

〔註29〕《法藏敦煌西域文獻》第二十一冊，289 頁。
〔註30〕《敦煌佛儒道相關醫書釋要》，278 頁。

方書已殘，內有『長生湧泉方』。卷末有定風波三首，詠傷寒」。〔註31〕黃目定為《藥方書》〔註32〕，叢春雨認為是《道家合和金丹法》〔註33〕，王卡《敦煌道教文獻研究》則名為《道教煉丹服食法訣》〔註34〕。今據寫卷內容，參考諸家，定為《醫方（煉丹法及雜方術）》。

今據《法藏》錄文，校錄於後。

錄文：

1. 子⬜⬜不佳，亦不可☐☐
2. 化白慢，其滓共享之亦得；其上藥赤白，共
3. 丸亦得。只要赤者別製庚辛之故，是不
4. 同體。口僉用細羅灰安生纖銚子中，中作
5. 坑子下物，即加藥於其上如庚辛之用即倍赤丸子一口，
6. 以灰覆之，瓷椀闍，大火鍜，頃即勁。便任煆器，
7. 若結沙子即微火，頃出於一模子，候冷，復入
8. 銚子，三度便似面皺。四入火即止，可入櫃用。若
9. 要乾，即以臘裏沙子，武火纖銚子中鍜，煙
10. 盡即勁矣。庚辛用加妊丸制斷勁就
11. 者，物以僉制沙子，揩令勻，微火炙，著軟物輕
12. 拭。又炙三四度，即以赤丸子末，取其勁者，共紙
13. 裏，糖煨，火中燒，以箸急撥令宛轉，頃之
14. 就矣。立就，前安一爐輔訖，取甘鍋子入
15. 妊後。以黑豆、石炭紙裏嚴之，如無二色，即
16. 細羅壁土，以紙裏，安甘鍋子妊上亦得。然後碎
17. 丸子作末，後以紙裏，安豆、炭、土等畔。初以微火，
18. 漸溫蓋，恐鍋子傷損。耳喉膝，輔即急扇，良久，
19. 視之光際如星，即加火又輔，不炊頃作金汁，
20. 出於模子內。亦可預設一盆子少土在傍，恐鍋
21. 子破奔逃，似有煙起，即急以盆子闍（闍）之，周回

〔註31〕《敦煌遺書總目索引》，279 頁。
〔註32〕《敦煌遺書最新目錄》，703 頁。
〔註33〕《敦煌中醫藥全書》，682 頁。
〔註34〕《敦煌道教文獻研究》，269 頁。

－232－

22. 致土，勿令通氣。候良久，於壚中尋求藥妊，俱

23. 抱一物而住，或在壚底上取之。再入好緺子，依前

24. 輔為汁。雌、金線、黃礬、光明砂各半兩，庚一分來，

25. 一處相和，細研，入鼎中，瓷合亦得。壚中用甄襯底，

26. 便坐合中著，用灰擁著合上頭灰蓋卻，著火，用

27. 金箔十片鋪合內底上，置藥了，又用金箔十片蓋藥

28. 合卻，固濟畢。六一泥法：用黃丹瓦刀刮取之，鹽、醋

29. 調和為泥固濟。用熟火五兩已來，養廿一日。七日一

30. 開，研三百下，熟研，准前金箔固濟。三七日候五

31. 斤一斷，通赤。

32. 依前研一分，縮艮一斤，點輔就，須入宿，煎黃

33. 壚濃汁中掏花庚，顆子丹砂，金櫃養，首尾

34. 除，三七日成，非但能齊天地壽，亦能點艮化

35. 為庚。長生湧泉汞法。燒金灰十五斤，

36. 白結砂子卅兩，綠礬、白礬、消石、白鹽、凶砂、石惱油，

37. 已上六味各隨砂子分兩。右以醋水於平底鐺中，用

38. 柳箆不住手攪三日，煮三日。就後，漉淨。其砂

39. 子於銚子內炒，出陰凥，入顆鹽，鐵櫃內如法固

40. 濟。養二七日後，就更添生沙子，須秤櫃內死者，是

41. 母。每兩母可入砂子一兩。此後要結子及造鼎子，

42. 但只用一味，櫃內死者用之。凡凥不在，用限養

43. 櫃法，前須取好灰池深，初用火，可一斤已來，分

44. 三百日，多漸加火三七已來，出櫃殗良也。

45. 顆鹽五斤，火燒杵三千為膠，固濟櫃子所用。

46. 牡利、大赭、膠土、炭灰、大鹽等分，搗羅為

47. 泥黏用之。

48. 釵子法。蝟脂、粉霜等分，和為泥。釵子用醴

49. 酢塗，以火炙通赤。用二藥勻塗，又炙，如此三

50. 上，軟白如艮。

51. 右取牡蠣一所可貯物者，用濕帛拭卻塵

52. 土，然用紙筋泥，厚泥打合，緊曬乾。別取地

53. 榆，五茄皮不計多少，用水煎取濃汁，別

54. 器收，安牡蠣如銚子，入真珠，以五茄皮煎，慢

55. 火煮，耗即添汁。可時服一看極得。碎即出於缽

56. 內，細研，秤一兩。青桐粉一兩，和訖。取黃菁不

57. 限多少，卻根上兩眼子，搗自然汁煎如餳，

58. 和藥丸如菉豆大，日食五丸，須易任下。

59. 金匬匙子，取車前子兩指一撚，水下之。

60. 蓋真珠之功种精尤效。審其擁蔽，服此開通。

61. 又方。珠一兩，魚枕一分，二物生絹袋共貯，取母利一

62. 一枚剜，可受袋，用雲母一片勘合作蓋，線

63. 系變訖，五茄皮、地榆冬二兩，馬牙消

64. 一兩，鹽一合，蠟三兩，蜜三兩，

65. 右取鼎子，入牡蠣合訖，入諸藥，以水

66. 煮一服時即軟。可極碎，乃取瓷合貯乳

67. 半升，出珠囊，安中，取黑豆甗中埋蓋，

68. 同蒸之。豆爛即止，入缽研如粉。日服

69. 一字匕，不必須丸。秘塞已後難通，要通，

70. 取細辛和棗煮啜，甚易。

71. 白朱砂法。砂半兩，礬一兩，

72. 朱砂油、水精五，用火三兩養一服時，

73. 大火五斤斷，出火毒，入龍腦少許、真

74. 蘇一兩和之。合訖，以火養漸赤止。稍冷

75. 開油凝，即加餳丸合化伏矣。

76. 疾風方。雄黑豆三升，豆中小者是，拭光，大麻子三合，

77. 去粃，草烏頭三兩，細剉。

78. 右三味，以無灰酒一斗於瓷瓶中貯，

79. 密封瓶。東舍深房內，東屋下寅地

80. 地安。其烏頭、麻子以絹袋貯，懸酒

81. 內。春夏一七日，秋冬二七日，取黑豆，餘

82. 藥棄之。曬乾，合中成之。每日空心

83. 酒下卅九，三五日覺身癢，切忌抓也，

84. 五十有驗，七十日眉生，百日平伏

85. 五年者並治之。忌房事。愈及每日十立，

86. 百肥。

87. 地黃丸。地黃二斤，搗取自然汁，拭三兩，汁

88. 天麻三兩，神麴十二兩，並搗羅。

89. 右以不津器中取黃汁，浸，用薄絹籠日

90. 煎，唯堪丸，每空心酒下十五立。忌三百

91. 日，吃生薑湯少許。

92. 定風波。陰毒傷脈又微，四支厥冷厭難依。

93. 更遇盲依與宣瀉，休也，頭面大汗永分離。

94. 時當五六日，頭如針剌汗微微。吐逆黏滑

95. 全沈細，胃脈壞，思須兒女獨孤栖。

96. 頰食傷寒脈沉遲，時時寒熱破微微。只為藏

97. 中有結物，虛汗出，公脾連胃睡不得。時當八九日，上氣喘粗人不識，鼻
頓舌摧

98. 容黑。明醫識，墮積千金依不得。

99. 風濕傷寒脈緊沉，遍身虛汗似湯淋。此是三傷

100. 誰識別？情切，有風有恁有食結。時當五六日，言語

101. 惺惺精身出。勾當如同強健日，名醫識，喘粗如

102. 睡遭沈（沉）溺。

三、佛家醫方

（一）醫方（湧泉方等）

P.2637

P.2637，起「湧泉方」，至休糧方「衣（依）前例使用」，凡 76 行，存湧泉方、觀音菩薩最勝妙香丸法、吃草方兩種及出蠱毒方等佛家醫方，其部分藥名或用梵音〔註 1〕。《法藏》定名為《醫方》〔註 2〕，王目定為《不知名藥方書》〔註 3〕，黃目定為《藥方書》，並例舉出具體方名〔註 4〕。今據方名和本書體例，定名為《醫方（湧泉方等）》。

此卷所抄內容未見存世之作，與 P.2703 基本相同，今據《法藏》錄文，略去中間與醫方無關的「佛說停廚經」部分，以 P.2703 為校本，校錄於後。

錄文：

1. 湧湶方：此藥濟急饑虛渴法。
2. 油麻二合，揀淨，去〔1〕皮生用，杏仁二七顆去皮尖生用，塩花一錢宣臅（臘）二兩
3. 右件三味藥細研，以火煎臅（臘）化後，傾向藥椀子內，相和，更研令
4. 勻。只於火伴便丸，如櫻桃大，每服一丸，以津唾下在復〔2〕中，能折食
5. 止飢渴。如要且折食，須不論世方可得。若要開食，請喫

〔註 1〕《敦煌遺書總目索引》，269 頁。
〔註 2〕《法藏西域敦煌文獻》第十七冊，35 頁。
〔註 3〕《敦煌遺書總目索引》，269 頁。
〔註 4〕《敦煌遺書最新目錄》，672 頁。

6. 米飲〔3〕，藥下卻在水中卻洗，取神驗也。

7. 觀音菩薩最勝妙香丸法

8. 尔時觀世音〔4〕菩薩告大梵天王，卻後未來，五濁惡世之時，十魔競

9. 起，三災八難，刀兵飢饉草〔5〕劫，諸難生時，若有比丘入於深山，座

10. 禪持呪，修無上道。飢火所迫，我為人說妙香丸法，令此比丘永得解

11. 脫，不遭水火之難，大小便利，息比斷〔6〕絕。得如來大圓鏡海，壽千万

12. 歲。獲五神通妙香丸法，但依經修合。

13. 毗夜那鶴蝨，諾迦多仁參，必屑，猏脊，摩那朱砂，達多夜，

14. 松脂練（煉）過，菅眾禹，石余，朱膝，茯苓，白蜜三兩，

15. 右件藥各一兩新好者，細搗為末，練密〔7〕為丸，丸如彈子大。若要服

16. 時，於佛前礼拜，發至願，當度眾生。用糯米一升，杏仁一合，白膠

17. 壹〔8〕兩，相和煮粥，飽食一頓後，更吞大豆一合一丸〔9〕，後用乳香湯下一

18. 丸，得。八十日後又服一丸〔10〕，三十二個〔11〕月後更吞一丸，得終身也〔12〕，永脫

19. 飢渴之苦。至須戒貪嗔、五辛、酒肉等物。若力怯時，可食

20. 煮棗三七顆助之。一月已來，定無疑也。若要開食，即喫葵菜湯

21. 轉下，後以香水洗，藥於生土坑內埋三七日取出，如〔13〕服，依前法

22. 食之，後念天王護身真言：唵向那，底娑縛賀。念除飢真言：

23. 唵習縛賀娑縛訶。念智積真言：唵悉羅佉，毗摩尼娑縛訶。念

24. 諸真言及服藥一年後，身輕目明。二年，諸根通利，《大藏經》一

25. 轉無遺。三年後，疾〔14〕如風，五年後，水上不沒。七年後，入火不燒。十

26. 年，万病不侵。十五年，肉眼變為天眼。廿〔15〕年，知一切眾生。心念如來

27. 大圓鏡海，壽命無量，一切無礙〔16〕，是真沙門也。

28. 喫草方：墨荳〔17〕一升，蒼茫〔18〕伍〔19〕兩，

29. 右件二味，已〔20〕水煮欲後，乾炒，令黃色。將行路中，有一切草木樹葉，

30. 將已食之滿口，用法荳五七粒日〔21〕喫，一切草木，並作荳味，兼能香滑，

31. 請各記之。

32. 出蠱毒方〔22〕：荳豉七粒，黃龍怵〔23〕一分，烏龍肝一分。

33. 右件藥細研為末，都為一服，空腹下。若是先喫著藥，服藥時

34. 誦呪即吐出，呪曰：父是蜣蜋蟲，母是耶闍鬼，眷屬百千萬，

35. 吾今悉識你。真言：奄〔24〕迦吒，同吒薩婆訶。佛說呪蠱毒真

36. 言〔25〕：唵支婆卓，毗尼娑卓，嗚蘇摩卓，菩提薩訶賀。

37. 又吃草方：白茫（朮）五兩，十兩亦得

38. 右件藥練蜜為丸，丸如彈子大，遇修事時，已〔26〕升半水化一彈子，

39. 化盡為度。已藥水濕莭（節）一升荳，炒令乾〔27〕為度，熱更莭盡藥

40. 水，炒為度。此藥不但年歲亦得。

41. 休糧方

42. 朱砂一分，膩粉一分，金銀箔各二片，水銀一分，

43. 右件藥並細研如粉，用南白膲（膠）消為丸，丸如彈子大。如要喫時，早

44. 辰面東，用塩茶一盞服之，忌熱物。此藥長在復中，如要開，

45. 卻吃塩湯下來。又：不灰木，太陰玄精，白雲母

46. 銀星石　龍胐（腦）一分　細搗，羅〔28〕為末，使膲，衣〔29〕前例使用。

校記：

〔1〕去，P.2703 作「棄」，義同，下凡同此不復出校。

〔2〕復，P.2703 作「腹」，「復」為「腹」之音訛。

〔3〕飲，P.2703 作「飰」。「飰」，飯也。「飲」為「飯」之形誤字。

〔4〕觀世音，P.2703 作「觀音」。

〔5〕草，P.2703 作「苦」。

〔6〕比斷，P.2703 無。

〔7〕密，P.2703 作「蜜」，二字可通用。

〔8〕壹，P.2703 作「一」，義同。

〔9〕一丸，P.2703 無，後有「用乳香湯下一丸」，疑此「一丸」承下而誤抄。

〔10〕「丸」下 P.2703 有「得」。

〔11〕个，P.2703 作「箇」，同。

〔12〕也，P.2703 無。

〔13〕「如」下，P.2703 有「卻」。

〔14〕「疾」上 P.2703 有「行」。

〔15〕卄，P.2703 作「二十」，義同。

〔16〕礙，P.2703 作「导」，是「礙」之省旁。「礙」為「礙」之俗。

〔17〕荳，P.2703 作「豆」，「荳」為「豆」之俗，下凡同此不復出校。

〔18〕蒼，P.2703 作「倉」。「蒼」為「倉」之增旁字。荒，為「尢」之增旁俗字，下凡同此不復出校。

〔19〕伍，P.2703 作「五」，義同。

〔20〕已，P.2703「以」，二字可通用。

〔21〕日，P.2703 作「同」，從語義上看，用「同」義勝，將方藥與一切草木同吃。

〔22〕「方」下 P.2703 作有「藥用」二字。

〔23〕怵，P.2703 作「朏」。《玉篇·心部》：「怵，憂心也。」《說文·月部》：「朏，月未盛之明。」與此處皆不通。怵當作「惱」，「朏」當作「腦」，「惱」為「腦」之換旁字。

〔24〕奄，P.2703 作「唵」，同。

〔25〕「言」下 P.2703 有「曰」。

〔26〕已，P.2703 作「以」，同。

〔27〕乾，P.2703 作「干」，同。

〔28〕羅，P.2703 無。

〔29〕衣，P.2703 作「依」，「衣」為「依」之省。

（二）醫方（湧泉方等）

P.2703

　　P.2703 起「湧泉方」，至休糧方「依前例使用」，凡 78 行，其內容與 P.2637 基本相同，故此處只錄文。

錄文：

1. 湧涼方：此藥濟急饑虛渴法。

2. 油麻二合，揀淨，棄皮生用　杏仁二七顆棄皮尖生用，塩花一錢　宣膓二兩

3. 右件三味藥細研，以火煎膓化後，傾向藥椀子內，相和，

4. 更研令勻。只於火伴便丸，如櫻桃大，每服一丸，以津唾下

5. 在腹中，能折食止飢渴。如要且折食，須不論世方

6. 可得。若要開食，請喫米飰藥下，卻在水中卻洗，取

7. 神驗也。

8. 觀音菩薩最勝妙香丸法

9. 尔時觀音菩薩告大梵天王，卻後未來，五濁惡世之時，十魔

10. 競起，三災八難，刀兵飢饉苦劫，諸難生時，若有比丘入於深

11. 山，坐禪持呪，修無上道。飢火所迫，我為人說妙香丸法，令此

12. 比丘永得解脫，不遭水火之難，大小便利，息絕。得如來大

13. 圓鏡海，壽千万歲。獲五神通妙香丸法，但依經修合。

14. 毗夜那鶴虱，諾迦多仁參，必屑，猗脊，摩那朱砂，

15. 達多夜，松脂練過菅眾禹，石余，牛膝，茯苓，白蜜三兩，

16. 右件藥各一兩新好者，細搗為末，練蜜為丸，丸如彈子大。若要

17. 服時，於佛前礼拜，發至願，當度眾生。用糯米一升，杏

18. 仁一合，白臈一兩，相和煮粥，飽食一頓後，更吞大豆一合後，

19. 用乳香湯下一丸，得。八十日後又服一丸，得。三十二箇月後

20. 更吞一丸，得終身永脫饑渴之苦。至須戒貪嗔、五辛、酒

21. 肉等物。若力怯時，可食煮棗三七顆助之。一月已來，定

22. 無疑也。若要開食，即喫葵菜湯轉下，後以香水洗。

23. 藥於生土坑內埋三七日取出，如卻服，依前法食之，後念

24. 天王護身真言：唵向那，底娑縛賀。念除飢

25. 真言：唵習縛賀娑縛訶。念智積真言：

26. 唵悉羅佉，毗摩尼，娑縛訶。念諸真言及服藥一年

27. 後，身輕目明。二年，諸根通利，《大藏經》一轉無遺。三年後，行

28. 疾如風，五年後，水上不沒。七年後，入火不燒。十年，万病不侵。

29. 十五年，肉眼變為天眼。二十年，知一切眾生。心念如來大圓鏡

30. 海，壽命無量，一切無导（礙），是真沙門也。

31. 喫草方：黑豆一升，倉茫五兩，右件二味，以水

32. 煮欲後，乾炒，令黃色。將行路中，有一切草木樹葉，將已

33. 食之滿口，用法豆五七粒同吃，一切草木，並作豆味，兼能

34. 香滑，請各記之。

35. 出蠱毒方藥用：豆豉七粒，黃龍胐

36. 一分，烏龍肝一分。右件藥細研為末，都為一服，空腹下。若是

37. 先喫著藥，服藥時誦呪即吐出，呪曰：父是蜣蜋蟲，母是

38. 耶闍鬼，眷屬百千萬，吾今悉識你。真言曰：

39. 唵迦咤，同吒薩娑訶。佛說呪蠱毒真言曰：唵支婆

40. 卓，毗尼娑卓，嗚蘇摩卓，菩提薩訶賀。

41. 又吃草方：白茫五兩，十兩亦得

42. 右件藥練蜜為丸，丸如彈子大，遇修事時，以升半水化一彈子，化

43. 盡為度。已藥水濕莭一升豆，炒令干為度，熱更莭盡藥水，

44. 炒為度。此藥不但年歲亦得。

45. 休糧方

46. 朱砂一分，膩粉一分，金銀箔各二片，水銀一分，

47. 右件藥並細研如粉，用南白膠消為丸，丸如彈子大。如要喫時，早辰

48. 面東，用塩茶一盞服之，忌熱物。此藥長在腹中，如要開，卻喫

49. 塩湯下來。又方：不灰木，太陰玄精，白雲母，銀

50. 星石，龍腦一分，細搗為末，使膠，依前例使用。

（三）醫方（諸病鬼名）

P.2665

P.2665，《法藏》定名為《陀羅尼雜集四天王所說大神咒略抄》[註5]，為佛經，其中抄錄了部分病症的鬼名，故摘抄如下：

錄文：

1. 蔽生目鬼名：支富羅、支富破、支富破、浮奴支富羅、波吒羅、

2. 支富破、莎呵，呪水七遍嗛目。

3. 眼上白晥鬼名：阿富羅、破多奴阿富羅、毗摩破多奴阿富羅

4. 浮婆阿富羅、莎呵，呪三七遍，呪鬱金，青黛水，常使病人向

5. 東方，日出淨明德佛懺悔，洗目至七日。

6. 腰腳痛鬼名：呼盧兜、波吒羅呼盧兜、弥利耆機梨卑呼盧

7. 兜、莎呵，呪三色縷青黃綠，結作七結，繫腳椀，次繫髀，

8. 後繫腰。

9. 耳聾鬼名，胡樓兜、睺睺睺睺胡樓兜，阿呵呵那胡樓兜，

10. 阿若若若若胡樓兜，阿吒吒胡樓兜、莎呵，須三升小接取

11. 清七七遍呪，於晨朝時，慈萁豆安綿搗取七遍，一一稱鬼名。

12. 清盲鬼名

13. 鳩膝茶阿若兜、副梨帝阿若兜、蜜耆帝

〔註5〕《法藏敦煌西域文獻》第十七冊，142頁。

14. 阿若兜、摩煩歸阿若兜、阿路帝阿若兜、旁

15. 耆帝阿若兜，莎呵。

16. 用胡椒、安石榴子、細辛、人參、薑末、小豆、麻子各一

17. 銖，末，和石蜜漿，蒲桃漿。日呪七遍，乃至七日

18. 用作餅，大如錢許，用搭眼上，以水從頭後喋之。

（四）醫方（佛家語喻方）

P.3777

　　P.3777，起「愛之淬津」，至「勿令觸犯五薰辛者」，凡 19 行，抄錄內容僅一方，其體例略似醫案，但非實質性療病方書，更似佛家語喻，故從叢春雨將其定名為《醫方（佛家語喻方）》，今從之。

　　P.3244 寫卷抄錄之部分內容與此卷相同，今據《法藏》錄文，以 P.3244 為參校，校錄於後：

錄文：

1. 愛之淬津，受湮淪之苦▨□□〔1〕

2. 誠可哀哉。亦有九染頑愚▨述，覆染厚□□〔2〕

3. 有昏沉懈怠，厭厭纏身，操暴貪婪，時□□動，或致刑致害，銷

4. 瘦，漸懼凋亡，或覺命衰微，僅存朝少者，此由疎惕良醫不□（存）〔3〕

5. 眼鉺使之然也。僕曾帶斯疾，非常委頓，遇一長者，授僕親試之，

6. ▨□（信有）〔4〕良驗，乃先聖秘要，豈虛傳哉？所須藥味，列之如右。

7. 西域真阿拂利一分取至心珍重者，息世緣一分取絕不關心者，離貪愛一分取如辟惡賊者，

8. 制情欲一分取了知虛幻者，親善友一分取魚思水者，怖生死一分取觀如大宅者，樂正法

9. 一分取如渴思漿者，勤觀察一分取動念皆知者，廣慈悲一分取不損含靈者，普恭敬一分

10. 取觀真如者，深慚愧一分取決欲酬恩者，大歡喜一分取粉身無悔者，常精進一分取勇

11. 猛堅固者，摧人我一分取謙損柔和者，順軌儀一分取圓備無缺者，巧方便一分取不失時機者

12. 右件一十六味，皆純真上妙者，以分別智刀刮削，令淨，拂乱

13. 相，塵埃勿容，輒污。然用大惠杵於淨心臼中擣，令和合末為

14. 一相以觀察。羅細篩，取解脫香水以為丸，其丸大小如菩提

15. 子，欲服藥時，選無為吉日，入淨戒堂中，先阿拂利湯漱口，

16. 次以懺水遍身沐浴，然後面向光明，正念服之，仍用讚誦蜜

17. 漿，徐徐下藥者。先禁五種薰辛，必須堅固，慎勿令觸犯五

18. 薰。盡此一劑，限一周時，晝夜三分為七服，相去如人行六七里

19. 服此藥者，先禁五種薰辛，必須堅固，勿令觸犯五薰辛者。

校記：

〔1〕「苦」下有一字，模糊不可辨，其下殘泐約十三字位置，P.3244 有「之要道廣
　　生」，其間尚有缺漏。

〔2〕「厚」下寫卷殘泐約九字位置，P.3244 有「經針刺未能痊癒」七字，尚有缺
　　漏。

〔3〕存，寫卷原闕，據 P.3244 擬補。

〔4〕信有，「信」，寫卷原闕，據 P.3244 擬補。「有」，寫卷殘存右半。

（五）醫方（佛家語喻方）

P.3244

　　P.3244，起「三毒昏亂」，至「勿令觸犯五薰辛者」，凡 19 行，其內容與
P.3777 基本相同，但殘缺較多，今據《法藏》校錄於後：

錄文：

1. ▢▢三毒昏▧（亂）〔1〕▧

2. ▢▢之要道廣生

3. ▢▢經針刺未能全愈

4. ▢▢動〔2〕，或致刑致害銷瘦漸

5. ▢▢▧（良）〔3〕醫不存眼鉺使之然也

6. ▢▢僕親試之，信有良驗，乃先聖秘

7. ▢▢傳哉，所須藥味，列之如右。

8. ▢▢拂利一分取至心珍重者，息世緣一分取絕不關心者，離貪愛一分取如避惡
　　賊者，制情慾一分

9. ▢▢生死一分取觀如大宅者，樂正法一分取如渴思漿者，親善友一分取如魚思
　　水者，勸觀察一分

10. ▢▢取動念皆如者，廣慈悲一分取不損含靈者，普恭敬一分取觀真者，深漸愧一
    分取決欲酬恩者大歡喜一分

11. ▢▢取粉身無悔者常精進一分取勇猛堅固者，摧人我一分取謙遜柔和者，順軌儀
    一分取圓備無缺者，巧方便一

12. 分取不失時機者

13. 右件一十六味，皆純真上妙者，以分別智刀刮削令淨，拂亂想塵埃，勿

14. 容輒污。然用大惠杵於淨心臼中搗，令和合末為一相以觀察。羅細篩

15. 取解脫香水以為丸，其丸大小如菩提子，欲服藥時，選無為吉日入淨

16. 口（戒）堂中，先含阿拂利湯漱口，次以懺水遍身沐浴，然後面向光明正
    念服

17. ▢（之），仍用讚誦蜜漿徐徐下藥者，先禁五種薰辛，必須堅固，慎勿令
    觸犯

18. ▢（五）薰。盡此一劑，限一周時晝夜三分為七服，相去如人行六七里。
    服此藥

19. 者，先禁五種薰辛，必須堅固，勿令觸犯五薰辛者。

校記：

〔1〕亂，寫卷殘存左半「舌」。

〔2〕P.3777「動」上有「有昏沉懈怠，厭厭纏身，操暴貪婪，時口口」

〔3〕良，寫卷殘存下半。其上殘泐，P.3777作「懼凋亡，或覺命衰微，僅存朝夕者，
    此由踈」。

（六）佛頂心觀世音菩薩療病催產方

P.3916

　　P.3916，起首題「佛頂心觀世音菩薩療病催產方卷中」，至「西方極樂世
界面見」，凡十七行，內容為女子難產及善男善女諸病，以佛家醫方治之之
法。今據《法藏》錄文於後：

錄文：

1. 佛頂心觀世音菩薩療病催產方卷中。

2. 又設復若有一切諸女人，或身懷六甲，至十月滿足，坐草之時，忽

3. 分解不得，被諸惡鬼神為作鄣難，令此女人苦痛叫喚，悶絕號哭，

4. 無處投告者，即以好朱砂書此陀羅尼及祕字印，密用香水吞之

5. 當時分解，產下智惠之男，有相之女，令人愛樂。

6. 又若復胎衣不下，致損胎傷煞，不然兒為母死，乃至母為兒亡，或復

7. 母子俱喪。速以朱砂書此頂輪王秘字印，用香水吞之，當即便

8. 椎下亡兒，可以速棄向水中。若懷姙婦人，不得喫狗肉、鱔魚、鳥雀物

9. 命之類，即日須常念寶月智嚴光音，身在王佛。

10. 又若復有善男子、善女人，或身遭重病，經年累月，在於床枕，以名藥

11. 治之不差者，可以朱砂書此陁羅尼及秘字印，向佛前用茅香水吞之，

12. 其病當即除差。若諸善男子、善女人卒患心痛，不可申說者，又以

13. 朱砂書此陁羅尼及秘字，用青木香及好茱萸煎湯相和吞之，一切疾患

14. 無不除差。又諸善男子、善女人，若至父母兄弟親眷到臨命終之時，

15. 恓惶之次，速取西方一掬淨土，書此陁羅尼燒作灰，以和其淨土作泥

16. 置於此人心頭上，可以者著衣裳蓋覆。如是之人於一念中間承此陁羅

17. 尼，威力便生，西方極樂世界面見。

（七）醫方（毗沙門天王奉宣和尚神妙補心丸方）

S.5598

　　S.5598，起「佛說加句靈驗尊勝陁羅尼神妙章句真言曰」，至「功力廣大不可述」，凡 13 行，抄有「毗沙門天王奉宣和尚神妙補心丸」一方。《英藏》據此定名為《毗沙門天王奉宣和尚神妙補心丸方，雜寫（定昌等名）》[註6]，施目、黃目據首題定名為《佛說加句尊勝靈驗陀羅尼神妙章句》[註7]，叢春雨據內容定為《佛家神妙補心丸》[註8]，張儂則簡化為《天王補心丸》[註9]。今據其所抄之方，定名為《醫方（毗沙門天王奉宣和尚神妙補心丸方）》。

　　據《法藏》校錄於後：

錄文：

1. 佛說加句靈驗尊勝陁羅尼神妙

2. 章句真言曰：

3. 毗沙門天王奉宣和尚神妙補心丸方。

〔註 6〕《英藏敦煌文獻》第八冊，119 頁。

〔註 7〕《敦煌遺書總目索引新編》，174 頁；《敦煌遺書最新目錄》，198 頁。

〔註 8〕《敦煌中醫藥全書》，704 頁。

〔註 9〕《敦煌石窟秘藏醫方》，28 頁。

4. 乾薯蕷，乾地黃，杜仲，百節（節），方〔1〕風，

5. 芢〔2〕參，丹參，茯苓，茯神，貝母，乳

6. 糖，五味子，石菖蒲，麥門冬去心，

7. 甘草炮過，遠志，柏子仁。右

8. 件藥十七味，細剉，洗去塵，乾▨（焙）〔2〕

9. 為末，練白粉蜜為丸，如彈子

10. 大，每日空心含一丸，徐徐咽津，

11. 去滓，細爵〔3〕咽下。服十日、廿日支▨

12. 清雅，三十日骨健身安，不驚疑。

13. 開心、益智、補髓，久食駐顏，功力廣大不可述。

校記：

〔1〕方，防也。「方」為「防」之省。

〔2〕芢參，即「人參」。「人」與「仁」同，作「芢」為「仁」之增旁訛字。

〔3〕焙，寫卷殘缺右下角「口」。

〔4〕爵，嚼也。「爵」為「嚼」之省。

（八）醫方（香藥洗浴方）

P.3230

P.3230，《法藏》定名為《金光明最勝王經卷第七》〔註10〕，其中抄有香藥三十二味及梵音注釋，附有洗浴之法，今節錄其中 16 行，定名為《醫方（香藥洗浴方）》。S.6107 抄有相類似內容，今以之為參校，校錄於後。

錄文：

1. ……疫病之苦，聞諍戰陣，

2. 惡夢鬼神、蠱毒、厭魅，咒術起屍。如是諸惡，為

3. 障難者，患令除滅。諸有智者，應作如是洗浴

4. 之法，當取香藥三十二味，可謂。

5. 昌蒲 跋者，牛黃 瞿嚧折娜，苜蓿香 塞畢力迦，

6. 麝香 莫訶婆伽，雄黃 末捺眵羅，合昏樹 尸利灑，

7. 白及 因達囉喝悉哆，芎藭 闍莫迦，枸杞根 苦弭，

8. 松脂室利薜瑟得迦，桂皮咄耆，香附子目率哆，

9. 沉香惡揭嚕，旃檀旃檀娜，零凌香多揭羅，

10. 丁子索瞿者，鬱金荼矩麼，婆律膏曷羅婆，

11. 葦香捺刺拖，竹黃鷯路戰娜，細豆蔻蘇泣迷羅，

12. 甘松苫彌哆，藿香鉢坦羅，茅根香嘔▨□（屍囉）〔1〕，

13. 叱脂薩洛計，艾納世黎也，安息香，□□□（婁具囉）〔2〕，

14. 芥子薩利教跋，馬芹葉婆你，龍花鬘那伽□□□（難薩羅）〔3〕，

15. 白膠薩折羅婆，青木矩瑟佗，皆等分，

16. 以布灑星日一處，搗篩，取其香末，當▨（以）〔4〕

校記：

〔1〕屍囉，「屍」，寫卷殘存上半，「囉」，寫卷闕，據 S.6107 補。

〔2〕婁具囉，寫卷闕，據 S.6107 補。

〔3〕難薩羅，寫卷闕，據 S.6107 補。

〔4〕以，寫卷殘存上半，S.6107 作「此呪，呪一百八遍，呪曰」。

（九）醫方（香藥洗浴方）

S.6107

　　S.6107，本為《金光明最勝王經》，抄有香藥三十二味和梵音注釋，並附有洗浴之法，今節錄其中 18 行，定名為《醫方（香藥洗浴方）》，校錄於後。

錄文：

1. □▨（聞者）說其□□（呪藥洗浴之法，彼人）〔1〕所有惡星災

2. 變，與初生時□□（星屬相遭，疫病）〔2〕之苦，聞諍戰

3. 陣，惡夢鬼神，□□（蠱毒厭魅，呪）〔3〕術起屍，如是諸惡

4. 為障，難者悉□□（令除滅，諸有）〔4〕智者，應作如是洗

5. 浴之法，當取香□□（藥三十二味）〔5〕，所謂

6. 昌蒲跋者，牛□□（黃瞿嚧折娜，苜蓿）〔6〕香塞畢力迦，

7. 麝香莫訶婆伽，雄□□（黃末捺眵羅）〔7〕合昏樹尸利灑

8. 白及因達羅喝悉哆，芎藭闍莫迦，枸杞根苦弭，

9. 松脂室利薜瑟搏迦，桂皮咄耆，香附子目率哆，

10. 沉香惡揭嚕，旃檀旃檀娜，零凌香多揭羅，

11. 丁子索瞿者，鬱金荼矩麼，婆律膏曷羅婆，

12. 葦香捺刺拖，竹黃鷃路戰娜，細豆蔻蘇泣迷羅，

13. 甘松苫彌哆，藿香缽坦羅，茅根香嘔屍囉，

14. 叱脂薩洛計，艾納世黎也，安息香裏具囉，

15. 芥子薩利教跛，馬芹葉婆你，龍花須那伽難□□（薩羅），

16. 白膠薩折羅娑，青木矩瑟侘，皆等分，

17. 以布灑星日一處，搗篩，取其香末，當以此呪，

18. 呪一百八遍，呪曰

校記：

〔1〕呪藥洗浴之法，彼人，寫卷原缺，據 P.3230 擬補。

〔2〕星屬相遴，疫病，寫卷原缺，據 P.3230 擬補。

〔3〕蠱毒厭魅，呪，寫卷原缺，據 P.3230 擬補。

〔4〕令除滅，諸有，寫卷原缺，據 P.3230 擬補。

〔5〕藥三十二味，寫卷原缺，據 P.3230 擬補。

〔6〕黃瞿嚧折娜　苣蓿，寫卷原缺，據 P.3230 擬補。

〔7〕黃末捺胗羅，寫卷原缺，據 P.3230 擬補。

〔8〕薩羅，寫卷原缺，據 P.3230 擬補。

（十）醫方（索邊丸、萬金丸、金剛王方等）

羽 42R

　　羽 42R，收於李盛鐸《敦煌秘籍》，起不知名醫方藥劑「胡薑一錢」，至「金剛王方」之「火力令人發陰陽」。卷首有「敦煌石室秘籍」、「李盛鐸印」、「李滂」三顆印，凡二十行，行約十九字，後三行下截殘。《敦煌秘籍》定名為「藥方」，沈澍農定名為「醫方」〔註11〕，今據其內容擬定為《醫方（索邊丸、萬金丸、金剛王方等）》。沈澍農《敦煌吐魯番醫藥文獻新輯校》（簡稱「沈校」）對寫卷有校釋之作。

　　今據《敦煌秘籍》錄文，校錄於下。

錄文：

1. 胡薑一錢，水一升，都煎，煎取二合与之。若不可者，又進

2. 苦蓲飲子：訶利勒、毗利勒、阿沒勒、通草、胡薑、

〔註11〕《敦煌吐魯番醫藥文獻新輯校》，599 頁。

3. 苦苣、縢膠〔1〕各一錢對，麁搗，水一升和合煎，煎取二合，

4. 服之，若黃熱不可者，再服三兩件。

5. 又療人風冷腰冷不定，亦有疼痛者，須服索邊丸。

6. 索邊兩分，安悉香兩分，西阿魏一分，黑塩一分，胡薑兩分，

7. 蓽撥兩分，桂心兩分，骨咄齋一分，火炭子兩分，西馬近

8. 子兩分，訶利勒半分。都和合擣櫳〔2〕，細羅取密和為

9. 丸，丸如豆子，一服一錢半，若欲寫利者，須加牽牛子

10. □（闍）磨咄。又療人風淡病方。闍磨咄一錢，石蜜三錢，

11. ▨（蓽）〔4〕撥三錢，訶利勒末三錢，此四末各調和羅擣櫳，分為

12. 三服，看病人氣力與之。又治一切淡冷風氣結病，須服

13. 萬金丸。獨頭蒜卅課（顆），芥子二升，淨擇赤肥者，別擣櫳，分

14. 作十二量五兩細荊。右件藥熟擣一萬杵，即下蘇一兩，流密一兩，

15. 更搗五千杵作丸，丸如小棗，每日空腹服三丸，無忌。此藥

16. 須十月至正月一日休。又四月服至六月休，如是三年

17. 服之。一切風冷淡氣病，又金剛王方，能除一切風冷▨（癱）〔5〕

18. 氣，或時有熱發心痛□□□

19. 羹，火力令人發陰▨（陽）〔6〕□□□

20. ▨，茴▨（香）〔7〕，蓽▨（撥）〔8〕□□□

校記：

〔1〕縢膠：《本草綱目・草部・秦艽》：「秦艽出秦中，以根作羅紋交糾者佳，故名秦艽、秦乣。」〔註12〕寫卷作「膠」為「艽」之音借字。「縢」則從「膠」增「月」旁。

〔2〕櫳，本字當作「篩」，寫卷作「櫳」為「篩」之換旁俗寫，下凡同此不復出校。

〔3〕闍，寫卷原殘泐，據下文「又療人風淡病方。闍磨咄一錢」擬補。

〔4〕蓽，寫卷殘泐下半。

〔5〕癱，寫卷殘存左半。

〔6〕陽，寫卷殘存右上角殘畫。

〔7〕香，寫卷殘存上半禾。

〔8〕撥，寫卷殘存上邊殘畫，其下殘泐。

〔註12〕《本草綱目》，783 頁。

參考文獻

說明：著作以拼音字母順序排列，論文按作者編排。

一、著作

1. 《備急千金要方》，唐‧孫思邈，北京：人民衛生出版社，1955 年。
2. 《本草撮要》，清‧陳其瑞，《珍本醫書集成》第一冊，中國中醫藥出版社，2012 年。
3. 《本草綱目》，明‧李時珍，北京：人民衛生出版社，1975 年。
4. 《本草經集注》，梁‧陶弘景，北京：人民衛生出版社，1994 年。
5. 《本草拾遺輯釋》，唐‧陳藏器撰，尚志鈞輯釋，合肥：安徽科學技術出版社，2003 年。
6. 《出土亡佚古醫籍研究》，馬繼興，北京：中醫古籍出版社，2005 年。
7. 《丹溪治法心要》，元‧朱丹溪，《朱丹溪醫學全書》，太原：山西科學技術出版社，2014 年。
8. 《讀書雜志》，清‧王念孫，南京：江蘇古籍出版社，1985 年。
9. 《敦煌道教文獻研究》，王卡，北京：中國社會科學出版社，2004 年。
10. 《敦煌佛儒道相關醫書釋要》，李應存，北京：民族出版社，2006 年。
11. 《敦煌古醫方研究》，劉喜平，北京：科學普及出版社，2006 年。
12. 《敦煌古醫籍校證》，陳增岳，廣州：廣東科技出版社，2008 年。
13. 《敦煌古醫籍考釋》，馬繼興主編，南昌：江西科學技術出版社，1988 年。

14. 《敦煌秘籍》，武田科學振興財團杏雨書屋，2009 年。

15. 《敦煌社會經濟文獻詞語論考》，張小豔，上海：上海人民出版社，2013 年。

16. 《敦煌俗字典》，黃征，上海：上海教育出版社，2005 年。

17. 《敦煌俗字研究》，張湧泉，上海：上海教育出版社，1996 年。

18. 《敦煌外治法與保健養生》，張景紅，蘭州：甘肅文化出版社，2001 年。

19. 《敦煌文化與中醫學》，李金田、戴恩來主編，北京：中國中醫藥出版社，2017 年。

20. 《敦煌石窟秘方與灸經圖》，張儂，蘭州：甘肅文化出版社，1995 年。

21. 《敦煌吐魯番文書與絲綢之路》，姜伯勤，北京：文物出版社，1994 年。

22. 《敦煌吐魯番醫藥文獻新輯校》，沈澍農，北京：高等教育出版社，2016 年。

23. 《敦煌寫本宅經校錄研究》，陳於柱，北京：民族出版社，2007 年。

24. 《敦煌醫粹——敦煌遺書醫藥文選校釋》，趙健雄，貴陽：貴州人民出版社，1988 年。

25. 《敦煌醫藥文獻輯校》，馬繼興、王淑民、陶廣正、樊飛倫輯校，南京：江蘇古籍出版社，1998 年。

26. 《敦煌醫藥文獻真蹟釋錄》，袁仁智，北京：中醫古籍出版社，2015 年。

27. 《敦煌遺書總目索引》，商務印書館編，北京：中華書局，1983 年。

28. 《敦煌遺書總目索引新編》，敦煌研究院編，北京：中華書局，2000 年。

29. 《敦煌遺書最新目錄》，黃永武編，臺北：新文豐出版公司，1986 年。

30. 《敦煌中醫藥全書》，叢春雨主編，北京：中醫古籍出版社，1994 年。

31. 《敦煌中醫藥精粹發微》，叢春雨，北京：中醫古籍出版社，2000 年。

32. 《俄藏敦煌漢文寫卷敘錄》，孟列夫主編，上海：上海古籍出版社，1999 年。

33. 《俄藏敦煌文獻》，俄羅斯科學院東方研究所聖彼德堡分所、俄羅斯科學出版社東方文學部、上海古籍出版社編，上海：上海古籍出版社，1994～1998 年。

34. 《俄羅斯藏敦煌醫藥文獻釋要》，李應存等，蘭州：甘肅科學技術出版社，2008 年。

35. 《爾雅注疏》，晉·郭璞注，宋·邢昺疏，《十三經注疏》，上海：上海古籍出版社，1997 年。

36. 《法藏敦煌西域文獻》，上海古籍出版社、法國國家圖書館編，上海：上海古籍出版社，2001～2005 年。

37. 《干祿字書》，《叢書集成初編》，北京：中華書局，1985 年。

38. 《古今醫統大全》，明·徐春甫，北京：人民衛生出版社，1991 年。

39. 《廣雅疏證》，清·王念孫，江蘇古籍出版社，1984 年。

40. 《國家圖書館藏敦煌遺書》第一百三十二冊，北京：北京圖書館出版社，2010 年。

41. 《國語》，上海：上海古籍出版社，1978 年。

42. 《後漢書》，宋·范曄，北京：中華書局，1965 年。

43. 《黃帝內經素問》，北京：人民衛生出版社，1956 年。

44. 《急就廣生集》，清·程鵬程輯，北京：中國中醫藥出版社，2008 年。

45. 《集韻》，宋·丁度，上海：上海古籍出版社，1985 年。

46. 《金石萃編》，王昶輯，北京：北京市中國書店，1985 年。

47. 《晉書》，唐·房玄齡，北京：中華書局，1974 年。

48. 《靈樞經》，北京：人民衛生出版社，1956 年。

49. 《龍龕手鏡》，遼·釋行均，北京：中華書局，1985 年。

50. 《龍門藥方釋疑》，張瑞賢主編，鄭州：河南醫科大學出版社，1999 年。

51. 《普濟方》，明·朱橚，北京：人民衛生出版社，1959 年。

52. 《千金翼方》，唐·孫思邈，北京：人民衛生出版社，1955 年。

53. 《全唐詩》（增訂本），中華書局編輯部點校，北京：中華書局，1999 年。

54. 《如病得醫——敦煌醫海拾零》，范新俊，蘭州：甘肅民族出版社，1999 年。

55. 《傷寒總病論》，北京：人民衛生出版社，2007 年。

56. 《神農本草經疏》，明·繆希雍，太原：山西科學技術出版社，2013 年。

57. 《聖濟總錄》，宋·趙佶，北京：人民衛生出版社，2013 年。

58. 《聖濟總錄纂要》，清·程林，《新安醫籍叢刊》，合肥：安徽科學技術出版社，1992 年。

59. 《釋名疏證補》，東漢·劉熙撰，清·畢沅疏證，王先謙補，北京：中華

書局，2008 年。

60. 《說文解字》，漢·許慎，北京：中華書局，1963 年。

61. 《說文解字舊音》，清·畢沅，北京：中華書局，1985 年。

62. 《說文解字句讀》，清·王筠，北京：中華書局，1988 年。

63. 《說文解字繫傳》，南唐·徐鍇，北京：中華書局，1987 年。

64. 《說文解字注》，清·段玉裁，上海：上海古籍出版社，1988 年。

65. 《說文解字注箋》，《續修四庫全書》第 225 冊，上海：上海古籍出版社，1995 年。

66. 《說文通訓定聲》，清·朱駿聲，武漢：武漢市古籍書店，1983 年。

67. 《宋本玉篇》，北京：北京市中國書店，1983 年。

68. 《太平聖惠方》，宋·王懷隱等編，北京：人民衛生出版社，1958 年。

69. 《外臺秘要》，唐·王燾，北京：人民衛生出版社，1955 年。

70. 《五經文字》，《後知不足齋叢書》，南京：鳳凰出版社，2010 年。

71. 《小爾雅》，漢·孔鮒，北京：國際文化出版公司，1985 年。

72. 《新校互注宋本廣韻》，上海：上海辭書出版社，2000 年。

73. 《一切經音義》，唐·慧琳，上海：上海古籍出版社，2008 年。

74. 《醫心方》，日·丹波康賴，北京：人民衛生出版社，1955 年。

75. 《英藏敦煌社會歷史文獻釋錄》，郝春文，北京：社會科學文獻出版社，2010 年。

76. 《英藏敦煌文獻》，中國社會科學院歷史研究所、中國敦煌吐魯番學會敦煌古文獻編輯委員會、英國國家圖書館、倫敦大學亞非學院編，成都：四川人民出版社，1990～1995 年。

77. 《英藏敦煌醫學文獻圖影與注疏》，王淑民，北京：人民衛生出版社，2012 年。

78. 《英國收藏敦煌漢藏文獻研究：紀念敦煌文獻發現一百週年》，北京：中國社會科學出版社，2000 年。

79. 《惲鐵樵醫學史講義》，《民國名中醫臨證教學講義選粹叢書》，北京：中國醫藥科技出版社，2017 年。

80. 《針方六集》，清·吳昆，《新安醫籍叢刊》，合肥：安徽科學技術出版社，1992 年。

81. 《針灸甲乙經》，晉·皇甫謐，北京：人民衛生出版社，1956 年。

82. 《針灸資生經》，宋·王執中，北京：人民衛生出版社，2007 年。

83. 《正字通》，明·張自烈等編，北京：中國工人出版社，1996 年。

84. 《證類本草》，宋·唐慎微，上海：上海古籍出版社，1991 年。

85. 《中國出土醫書考釋與研究》，馬繼興，上海：上海科學技術出版社，2015 年。

86. 《中國醫籍考》，日·丹波元胤，北京：人民衛生出版社，1956 年。

87. 《中國醫籍通考》，嚴世蕓，上海：上海中醫學院出版社，1990 年。

88. 《中醫大辭典》，北京：人民衛生出版社，1995 年。

89. 《中國巫術通史》，高國藩，南京：鳳凰出版社，2015 年。

90. 《仲景傷寒補亡論》，宋·郭雍，蘇州：錫承醫社，1925 年。

91. 《肘後備急方》，晉·葛洪，北京：人民衛生出版社，1956 年。

92. 《諸病源候論》，隋·巢元方，北京：人民衛生出版社，1955 年。

93. 《遵生八箋》，明·高濂，北京：人民衛生出版社，1994 年。

94. 《字彙字彙補》，明·梅膺祚，上海：上海辭書出版社，1991 年。

二、論文

1. 陳明，《西域出土醫學文書的文本分析：以杏雨書屋新刊羽 042R 和己 043 號寫卷為例》（《慶賀饒宗頤先生九十五華誕敦煌學國際學術研討會論文集》，北京：中華書局，2012 年。

2. 陳增岳，《敦煌醫方〈雜症方書第八種〉校勘拾遺》，《中醫文獻雜誌》，2000 年第 1 期。

3. 范崇峰，《敦煌醫藥卷子 S.1467 校補》，《燕山大學學報（哲學社會科學版）》，2009 年第 1 期。

4. 范崇峰，《敦煌醫藥卷子 P.3930 校補》，《中醫文獻雜誌》，2007 年第 1 期。

5. 郭嘉成，《敦煌遺書中兒科醫方闡述》，《河南中醫》，2014 年第 6 期。

6. 侯成成，《敦煌本〈證道歌〉再探討》，《敦煌學輯刊》，2016 年第 4 期。

7. 林富士，《祝由釋義：以〈黃帝內經〉為核心的文本討論》，《臺灣：中央研究院歷史語言研究所集刊第八十三本第四分》，2012 年。

8. 李應存、李金田、史正剛，《俄藏敦煌文獻 Дx.00924 錄校》（《西部中醫藥》第五期 2006 年）。

9. 李應存等，《敦煌醫學中古醫方的研究與應用概況》，《甘肅中醫》，2000 年第 3 期。

10. 李應存等，《俄羅斯敦煌文獻 Дx.00924 婦科疾病為主民間單驗方與 P.2666 療各科病症之單藥方等醫書對比釋要》，《中華中醫藥學會第九屆中醫文獻學術研討會論文集萃》，2006 年。

11. 彭馨、沈澍農，《敦煌醫藥卷子 P.3930 校讀補遺》，《南京中醫藥大學報（社科版）》，2007 年第 2 期。

12. 錢鈺、劉濤，《從桃符到春聯的演進——基於祝由文化興衰的視角》，《民間文化論壇》，2018 年第 1 期。

13. 僧海霞，《敦煌〈備急單驗藥方卷〉綴輯本考補》，《石河子大學學報（哲學社會科學版）》，2014 年第 1 期。

14. 僧海霞，《敦煌〈備急單驗藥方卷〉考補》，《敦煌研究》，2018 年第 6 期。

15. 僧海霞，《敦煌遺書中美容醫方初探》，《中醫藥文化》，2012 年第 6 期。

16. 沈澍農，《敦煌醫藥文獻 P.3596 若干文字問題考證》，《南京中醫藥大學學報（社科版）》，2003 年第 2 期。

17. 王春豔、張如青，《近 20 年來敦煌古醫方研究概況》，《上海中醫藥大學學報》，2004 年第 3 期。

18. 王冀青，《英國圖書館藏〈備急單驗藥方卷〉S.9987 的整理復原》，《敦煌研究》，1991 年第 1 期。

19. 王淑民，《敦煌〈備急單驗藥方卷〉首次綴輯》，《中華醫史雜誌》，2001 年第 1 期。

20. 楊佳楠等，《敦煌遺書婦科相關古醫方研究概況》，《國醫論壇》，2018 年第 1 期。

21. 李應存等，《以佛書為主的敦煌遺書中的兒科醫方概要》，《中醫兒科雜誌》，2006 年第 1 期。

22. 王春豔，《敦煌遺書性醫方考》，《中醫文獻雜誌》，2009 年第 2 期。

23. 薛實宇等，《敦煌遺書之婦科方書殘卷集萃》，《中醫研究》，2011 年第 3 期。

24. 張瑞賢，《洛陽龍門石窟藥方與敦煌卷子〈備急單驗藥方卷〉同源》，《中華醫史雜誌》，1998 年第 2 期

25. 張小豔，《〈敦煌醫藥文獻真蹟釋錄〉校讀記》，《敦煌吐魯番研究》第 17 卷，上海古籍出版社，2017 年。

26. 朱定華，《敦煌醫學卷子醫方類的研究述評》，《上海中醫藥雜誌》，1989 年第 4 期。